호주선교사

The Australian Missionaries in Korea B Moore, R & A Watson, M Alexander

베시 무어
·
왓슨 부부
·
마가렛 알렉산더

통영선교부 설립 110주년 기념
호주선교사 베시 무어, 왓슨 부부, 마가렛 알렉산더

편 저 자 · 양명득
펴 낸 이 · 성상건
발 행 인 · 서상록
발 행 처 · (사)호주선교사기념사업회

펴 낸 날 · 2022년 9월 2일
펴 낸 곳 · 도서출판 나눔사
주   소 · (우) 10270 경기도 고양시 덕양구 푸른마을로 15
            301동 1505호
전   화 · 02)359-3429   팩스 02)355-3429
등록번호 · 2-489호(1988년 2월 16일)
이 메 일 · nanumsa@hanmail.net

ⓒ 양명득, 2022

ISBN 978-89-7027-949-7-03230

The 110th Anniversary of Tongyung Mission Station
The Australian Missionaries in Korea B Moore, R & A Watson, M Alexsander

Author & Editor: Myong Duk Yang
Publication: Tongyeong Australian Missionary Memorial Association
Date: September 2, 2022

통영선교부 설립 110주년 기념
The 110th Anniversary of Tongyung Mission Station

호주선교사

The Australian Missionaries in Korea B Moore, R & A Watson, M Alexander

베시 무어
·
왓슨 부부
·
마가렛 알렉산더

양명득 편저

나눔사

그들의 숭고한 삶 속에

서상록
(사단법인 호주선교사기념사업회 회장)

32년 전 여름. 막연한 호기심으로 통영의 기독교 역사를 알고 싶어 아내와 함께 배낭에 장비와 음식, 간단한 구급 약품을 넣고 한산도를 시작으로 일주일간의 답사 여행을 떠났다. 그 후 조금씩 자료가 쌓여가면서 호주선교사들의 숭고한 삶에 매료되었고, 결국은 필자도 선교사로 헌신하게 되었다.

이후 호주선교사들의 발자취를 하나하나 더듬어 나가는 작업은 끊어질 듯 이어졌고, 통영 근대화의 산실로서 항일만세운동과 통영이 자랑하는 한국을 대표하는 숱한 예술가들을 배출하는 데 많은 영향을 주었던 호주선교사의 집을 복원하는 데까지 발전해 온 것은 주님의 인도 하심이다.

통영의 첫 호주선교사였던 베시 무어는 여러 섬을 순회하며 어떤 사역을 하였을까? 통영사람들이 양관이라 일컫던 영국식 붉은 벽돌집과 진명학교를 건립했던 왓슨 선교사와 그의 부인은 어떤 분이었을까? 육지에서 가장 멀리 떨어져 있는 섬 욕지도를 오가며 부흥사경회를 인도했던 알렉산더의 선교적 열정은 어떠했을까?

통영선교에 주춧돌을 놓았던 그분들의 구체적인 활동에 대하여 항상 궁금해하였는데, 호주선교사로 한국에 파송 받아 활동하고 있는 양명득 선교사님의 헌신적 노력으로 그들이 본국으로 보내었던 많은 자료를 찾아 번역하여, 통영선교부 설립 110주년을 기념하는 한 권의 책으로 출판하게 되어 감격스럽다.

그들의 생생한 증언 속에

탁지일

(부산장신대학교 교수)

　한반도 동남단 땅끝 부산·경남지역은 조선 선교의 관문이었습니다. 비록 기독교의 중심이었던 평양과 서울로부터 가장 멀리 떨어진 곳에 있었고, 지금도 복음화율도 가장 낮은 불교의 땅이자 6·25전쟁 피난의 땅이지만, 하나님의 자비와 긍휼이 충만하게 머무는 은혜의 땅입니다. 이곳 부산·경남지역 곳곳에는 호주선교사들의 신실한 신앙과 온전한 헌신의 깊이 스며들어 있습니다.

　2023년 호주선교회 통영지부의 설립 110주년을 기념하는 소중한 도서의 발간을 진심으로 기뻐하며, 양명득 목사님의 노고에 진심으로 감사드립니다. 이 책을 통해, 호주선교사들이 부산·경남지역에서 행한 하나님과 우리 민족을 위한 헌신적인 사역들이 널리 전해질 수 있게 되었습니다. 이곳에 기록된 복음 전도의 이야기를 통해 당시 문화와 형편도 생생하게 접할 수 있게 되었을 뿐만 아니라, 향후 관련 후속 연구를 위한 소중한 일차자료의 역할도 하게 될 것입니다.

　통영을 거점으로 배를 타고 섬들을 방문하며 복음을 전한 최초의 서양 여성이었던 베시 무어 선교사, 모든 이동 수단을 동원해 헌신적인 순회 복음 전도를 멈추지 않았으며 자신의 육신이 쇠할 때까지 헌신했던 왓슨 선교사 부부, 사회적으로 가장 소외된 여성들의 인권과 자립을 지원하기 위해 애썼던 마가렛 알렉산더 선교사의 감동적인 복음 전도 이야기 속에서, 오늘날 부산·경남지역에서 살며 신앙 생활하는 그리스도인들의 믿음의 뿌리를 찾을 수 있습니다.

코로나로 힘든 세상 속에 현재 우리가 살고 있습니다. 조선에 복음이 전해지던 시기도 콜레라를 비롯한 전염병이 창궐했던 역병의 시대였습니다. 하지만 정치적 불안과 역병의 위험에도 불구하고, 이 땅을 찾아온 호주의 젊은 선교사들은 아낌없이 그들의 사랑을 나누며 우리 민족을 섬겼습니다. 호주선교회는 부산·경남지역의 소외된 하나님의 백성을 섬기며 복음을 전했던, 신실한 그리스도의 제자들이었습니다. 이 책에 담긴 생생한 증언을 통해, 우리를 향하신 하나님의 부르심을 느끼기를 소망하며, 여러분들의 일독을 권합니다.

그들의 헌신적인 노력 속에

김일룡

(통영문화원 원장)

통영(統營)은 유서 깊은 역사와 찬란한 전통문화 및 예술을 꽃피운 예향입니다. 구국의 영웅 충무공 이순신의 한산진과 더불어 조선 수군의 총본영이었던 통제영 등 명승고적이 산재한 역사의 고장입니다. 예부터 조선팔도에서 가장 명품으로 칭했던 통영갓, 통영자개, 통영소반, 통영소목 등의 전통공예와 승전무, 남해안 별신굿, 통영오광대 등 전통문화로 이름난 고장입니다. 그리고 근대 우리나라를 대표하는 유명 예술인들이 대거 태어난 문화예술의 도시이기도 합니다.

이러한 수많은 예술인의 탄생은 유구한 역사와 전통문화 그리고 빼어난 자연경관에서 비롯한 것으로 알려져 있습니다. 그러나 우리는 근세 초기의 기독교 전파와 그 영향 또한 간과해서는 안 됩니다. 이미 1890년대에 호주 선교사들이 선교 활동을 시작한 이래 통영 대화정교회의 설립과 호주 장로교 선교회 통영선교부를 개설함으로써 그 기반을 다집니다. 그 후 1941년 일제의 강제추방령에 따라 귀국하기까지 복음 선교와 함께 의료 및 교육을 통해 이 고장 통영의 근대문화 발전에 크게 기여함과 동시에 수많은 인물을 배출하게 됩니다.

나아가 근세 초기 통영의 청년 계몽운동과 항일민족정신 및 근대문화예술의 혼을 일깨운 저변에도 호주선교사들의 숭고한 봉사정신과 헌신적인 노력이 있었음을 잊지 말아야 할 것입니다. 통영의 3.1만세운동을 비롯한 초기 청년문화 운동의 대부분은 기독교청년회 조직이 그 주축을 이루었습니다. 당시 통영 청년들의 거사가 일제 경찰에 의해 좌절되자, 호주선교회의 진명유치원 보모들이 중앙시장으로 뛰쳐나와 태극기를 흔들며 외친 '조선 독립 만세!'가 통영 최초의 3.1만세 의거였습니다. 그 후 10여 차례 있었던 통영 만세운동의 기폭제가 되었음은 주지의 사실입니다.

2023년 통영호주선교부 설립 110주년을 맞이하여, 이 고장 통영의 근대문화 발전과 더불어 수많은 인물을 배출한 호주선교회의 숭고한 박애 정신과 그 공적을 기리고, 그 자취를 보전 계승하는 사업은 매우 뜻있는 일이라 하겠습니다. 부디 성공리에 통영호주선교사기념사업이 이루어지기를 간절히 소망합니다.

그들의 잊힌 기록 속에

   2023년은 호주선교회의 통영선교부가 설립된 지 110주년 되는 해이다. 베시 무어, 앤드류 아담슨 그리고 겔슨 엥겔은 설립 이전부터 부산에서부터 거제, 통영 그리고 남해 지역을 순회하며 교회를 설립하거나 설립을 돕고 있었지만, 호주선교회는 부산, 진주, 마산에 이어 1913년 공식적으로 통영에 선교부를 설치하였다.

   각 선교부마다 목사 선교사가 주재해야 한다는 원칙에 따라 통영에 임명된 초대 선교사는 로버트 왓슨과 그의 아내였다. 동시에 순회 전도를 위하여 베테랑 선교사 무어도 함께 임명되었다. 그 후 이들은 통영과 남해 지역 그리고 그 일대 섬에서 교회의 초석을 놓게 된다. 그리고 몇 년 후 통영에 임명된 선교사 중 마가렛 알렉산더가 있는데, 그녀는 1941년까지 그곳에 남아있던 마지막 선교사 중 한 명이었다.

   당시 통영에서 선교하던 이들의 보고서와 편지 그리고 신문기사 등을 추적하여 찾아내고, 그리고 번역하고 편집하여 한국교회 앞에 처음으로 공개한다. 한반도 최남단 지역에 복음이 소개되고 그곳에 근대교육이 시작되어 발전되는 중요한 역사의 한 부분이 호주선교사들의 기록 속에 그동안 숨겨져 있었다.

본 도서를 통영의 호주선교사기념사업회에서 발행하게 되어 기쁘다. 기념사업회는 통영에 호주선교사들이 세운 집과 학교를 복원할 목적으로 몇 년 전부터 힘쓰고 있다. 이들의 노력으로 그 옛날 순수하고 열정적으로 복음을 전하였던 호주선교사들의 정신이 통영과 남해 지역에 다시 한번 부흥을 가져오기 바란다. 호주선교사기념사업회의 기도와 헌신에 꼭 열매가 맺히기를 응원한다.

편저자 양명득
2022년 8월

차 례

(1)
호주선교사 베시 무어

(2)
베시 무어의 보고서

베시 무어(Elizabeth 'Bessie' Moore, 1863–1956)

〔1〕
호주선교사 엘리자베스 무어

엘리자베스 무어(한국명: 모이리사백)는 1863년 호주 멜버른에서 1시간 정도 떨어진 데일스포드에서 태어났다. 그녀는 동료들이나 선교회에 베시 무어로 더 잘 알려져 있었고, 후에 한국에서는 모부인, 모 씨 혹은 무어 부인으로 불리었다.

무어의 젊은 시절과 교육 배경에 관하여는 잘 알려지지 않고 있다. 다만 나중의 기록을 보면 그녀는 학교를 졸업하고 회사에서 일하고 있었다.

> "(그녀는) 후에 사업에 종사하였는데 한 개 이상의 유명한 회사에서 일하였다. 그녀는 그곳에서 자신의 능력과 친절한 태도로 인정을 받았다. 이 당시 그녀는 주일학교에서 가르치기 시작하였는데, 이것이 결국 그녀가 한국으로 가게 된 동기가 되었다."
> (더 크로니클, 1956년 3월, 2-3)

무어에게 디커니스 칭호가 있었던 것을 보면 그녀는 최소한 교회의 디커니스 교육을 받았을 것이다. 그뿐만 아니라 그녀는 멜버른 병원에서 간호사 훈련을 받았고, 그 훈련을 다 마치는 조건으로 빅토리아여선교연합회가 그녀의 신청서를 받아들인 것을 보면 간호사 자격증도 있었을 것으로 생각된다.

1892년 6월 5일 멜버른 시내에 있는 총회회관에서 매케이를 다시 한국으로 보내는 송별회가 열렸다. 그는 병으로 인하여 호주로 돌아와 한 달 치료를 받고 다시 한국으로 돌아가는 길이었다. 빅토리아장로교 총회장은 매케이와 무어를 격려하고 축복해 주었다.

그들은 멜버른에서 출발하여 시드니, 다윈, 홍콩, 나가사키를 거쳤고, 이해 8월 3일 부산에 도착하였다. 당시 그녀의 나이 29살이었다.

'큰 엄마' 모 부인

부산에 도착한 무어는 10개월 정도 먼저 한국에 들어온 멘지스, 페리, 퍼셋이 구한 초가집에서 그들과 함께 생활을 시작하였다. 그러나 퍼셋은 매케이와 결혼하여 나갔고, 페리는 후에 여선교연합회 선교사직을 사임하므로 멘지스와 주로 생활을 함께하며 일을 하였다.

또한, 그들의 집에는 고아들도 함께 살았다. 미우라고아원으로 알려지게 되는 이 복지기관이 그곳 여선교사의 집에서 시작된 것이다. 그리고 2년 후인 1894년 벽돌과 기와로 지은 새 건물을 건축하여 이사하였고, 여선교사들과 고아들은 좀 더 나은 삶의 환경을 가지게 되었다.

멘지스와 페리 그리고 무어는 돌아가며 이 고아원을 책임 맡았고, 이곳에서 1895년 3년 소학교 과정인 부산진일신여학교가 시작되게 된다. 호주장로교 선교부의 첫 교육기관이자 경남지방 최초의 근대 여성기관인 것이다. 앞서 언급한 대로 이 해 페리가 떠나므로 무어는 멘지스와 함께 이 학교를 이끌고 있었다.

1896년에 무어는 고아원 아이들 한명 한명의 근황을 빅토리아 교회에 상세히 소개하고 있다.

> "저녁때가 되면 우리 구성원은 우리의 집으로 모이는데(자신들의 집에서 가깝다), 함께 찬송하고 함께 예배하며 그들을 선한 목자께 위탁한다. '굿 나잇'이라고 인사를 마치면, 다음 날 아침까지 그들의 목소리는 더는 들을 수 없다. 아침이면 각자 자신이 맡은 일을 하게 되는바, 가장 어린아이도 참여한다. 이웃과 외부인이 함께하는 우리의 한국어 예배가 마치면, 공부가 시작된다. 영국이 밤일 때 한국은 바쁜 낮이라는 사실이 이 아이들에게는 우스운 일인가보다. 그리고 세계 지도에 위치한 조선이 작은 땅이라는 사실에도 그렇다."
> (더 레코드, 1896년 9월, 14-15)

이 글의 끝에 고아원 아이들은 멘지스를 '작은 엄마', 브라운을 '중간 엄마', 그리고 무어를 '큰 엄마'로 지칭하고 있는 것이 흥미롭다. 겔슨 엥겔이 1900년 부산진선교부로 부임하여 여선교사들의 사역을 지도하게 되었지만, 사실상 학교 책임은 멘지스가, 고아원 책임은 무어가 나누어 맡고 있었던 것이다.

무어는 이곳의 학생들과 새해에 차와 다과를 나누며 친교 하는 '티 파티', 즉 다과회를 열었던 경험을 편지로 쓰고 있다. 당시 한국사회에서 인정을 못 받던 소녀들이 개화되고 부유한 여성들만 경험하는 서양사회의 다과회에 초청이 된 것이다.

> "우리는 올해 다른 방법으로 새해를 축하하였다. 티 파티를 가진 것이다. 이것은 도전이었다. 왜냐하면, 우리 여학생들은 전에 자신의 손에 찻잔과 접시를 한 번도 들어 본 적이 없었기 때문이다.

우리는 3시에 종을 울렸고, 소녀들은 고아원에서 올라왔다. 그들이 입은 색색의 옷은 아름다운 분위기를 만들었다. 우리는 우리의 작은 식당을 꾸미었고, 학생들은 들어 와 바닥에 앉았다. 그리고 관심 있게 그들이 어떻게 하는지 보았다.

우리는 먼저 '감사의 찬송'을 불렀다. 그리고 곧 우리의 염려는 사라졌다. 모두 즐겁게 참여하였다. 우리 중에 오직 한 명의 소년 노만 엥겔은 '몇 명의 소녀들은 차를 잘 마셨다'라고 하였다."

(더 크로니클, 1911년 4월 1일, 10)

멘지스와 마찬가지로 무어는 고아원의 장금이와 서매물에 관하여 많은 관심을 가지고 있었다. 그녀는 이 둘에게 시계를 선물하면서 크게 기뻐하고 있다.

"여러분들이 금이와 매물이 에게 보내준 후원의 돈으로 어떤 일이 일어났는지 안다면 여러분은 매우 기뻐할 것이다... 이들은 학교에서 이용할 수 있는 시계를 오랫동안 원하여 왔다. 그래서 엥겔과 맥켄지가 시계를 샀는데, 예쁜 금장 시계였고 줄도 있었다. 우리는 이 두 학생을 데이비스 부인과 켈살 양과 동행하여 엥겔 부인에게 데리고 갔다. 그리고 시계를 선물로 주었다. 이들은 너무 기뻐서 말을 못 하였다. 얼마나 좋아하는지 얼굴에서는 빛이 났다. 후에 매물이 가 나의 방에 슬며시 들어와 말하였다.

'우리의 마음이 감사함으로 꽉 차서 어떻게 표현해야 할지 모르겠습니다.'" (더 크로니클, 1911년 5월 1일, 7)

부산진과 동래읍에서

무어는 부산진에 근거를 두고 있었기에 멘지스 등이 시작하고 인도하는 예배에 참석하였다. 당시 부산교회(후에 부산진교회) 예배는 여선교사관 식당에서 열렸으며, 무어는 어린이와 여성에게 성경을 가르치며 봉사하였다.

> "매카이 목사가 일본 고베에서 (풍금을) 구입했는데, 이 악기가 주일 예배에 사용되었고 무어는 예배 시 반주자였다. 구입한 풍금 포장을 풀자 무어가 제일 처음으로 연주한 곡이 "예수 사랑하심은 거룩하신 말일새"였다고 한다."(이상규, 185)

후에는 빅토리아여선교연합회 설립자 케인즈 여사가 기증한 오르간에 맞추어 찬송을 인도하였다.

부산교회는 1901년 초 초가집 한 채를 매입하고 방 세 칸을 터수리하였다. 드디어 독립된 예배당을 갖게 된 것이다. 선교사관 식당은 이제 너무 비좁았다. 그 후 초가지붕의 부산교회 앞에서 촬영한 사진을 보면 무어와 브라운이 서 있고, 전도부인 복장을 한 한국인 여성들도 뒷줄에 함께 있는 모습이다. 하얀 두루마리와 검은 갓을 쓴 남성들도 보이고, 앞줄에 어린이들이 나란히 줄을 맞추어 서 있다.

멘지스가 긴 휴가를 마치고 부산으로 돌아왔을 때, 무어의 선교 중심은 동래읍이 되어있었고, 그곳 교회에서 그녀는 여성과 소녀들을 가르쳤다.

"여기 학생들은 배우는데 열심이다…. 학생 수는 기복이 있지만, 평균 60명이 참석하고 있다. 학생 대부분은 이방인 부모의 자녀들이고, 양반집의 하녀들이다. 지저분하고 흐트러져 보이는 이 무리는 그러나 배우려는 욕망이 있다. 이들이 참석하는 것은 대단한 기쁨이다.

주일학교 오후 안 믿는 자에게 나아가는 활동도 시작되었다. 박길수가 인도자이고, 기독교 여성들이 교사이다. 약 300명의 소년 소녀가 참석하고 있다. 그중 20명 정도의 어린 소녀들이 있는데, 그들은 아기를 업고 있었다. 그들은 출석 체크도 하고 매 주일 표도 받는다." (더 크로니클, 1913년 7월 1일, 4)

당시의 상황을 후에 에디스 커는 자신의 책에 다음과 같이 말하고 있다.

"이들은 기차와 자동차가 있기 전, 심한 고생을 하며 순회 전도를 다녔으며, 그들의 희생적인 생활을 통하여 증언하였으며, 그들의 신앙적인 가르침을 통하여 복음과 기독교인의 삶의 방법을 부산과 그 주변 사람들에게 전하였는바 어떤 칭송도 모자랄 정도이다."
(커와 앤더슨, 62)

무어는 경남 동부지방에서 브라운 선교사 등과 함께 순회 전도를 하며 기독교를 전파하는데 크게 영향을 미치었다.

"그런데 무어는 특히 동래지방 사역에 열정을 쏟았던 선교사였으므로 지금의 동래 수안교회는 무어에게 영적인 빚을 지고 있다고 할 수 있다." (이상규, 183)

부산 동편 순회전도

무어는 무엇보다도 빅토리아교회의 첫 전임 순회전도자였다. 그녀는 경남 동부지역과 내륙, 그리고 후에는 남부와 도서 지역을 순회하면서 기독교를 알리는 데 큰 공헌을 하게 된다.

> "무어의 주요 임무는 전도와 새로 믿은 여신자들에게 신앙을 교육하는 것이었다. 무어는 강인한 체력의 소유자였으나 체력의 한계를 넘도록 자신을 재촉했고, 그로 인해 한차례의 장티푸스를 포함하여 여러 차례 질병을 앓기도 했다. 그녀는 작은 무리의 새 신자들이 있는 곳이나 신앙 탐구자들이 있는 곳을 방문하기 위해 조수들과 함께 나귀를 타거나 걸어서 수백 킬로를 여행하였고, 예수와 그리스도인의 도를 가르치고 세례를 준비시켰다."(브라운, 59)

무어는 한국인 전도부인 김유실과 주로 순회를 다녔고, 백차명, 송순남 등도 때로 동행하였다. 이들은 당시 빅토리아여선교연합회가 주는 봉급을 받고 일하였다.

1907년 무어는 울산을 방문하고 그곳에 새 교회당이 건축되고 있음을 알리고 있다. 동시에 그녀는 그곳의 교인들은 목자 없는 양떼 같다고 적고 있다.

> "무어는 어떤 형태든지 울산에 거주지를 가질 수 있도록 기도해 달라고 우리에게(빅토리아여선교연합회-저자 주) 요청하였다. 이곳에는 50명 정도의 교인이 있는 교회가 있고, 누가 그곳에 머물면서 지도해야 할 필요가 있다고 한다. 그들은 목자 없는 양 떼와 같고, 목자 한 명을 진실히 원하고 있다. 하나님께서는 우리를 위하여 역사하신

다. 우리는 그 역사하심을 방해하지 말아야 하고, 그의 양 떼들을 실망하게 하지 말아야 한다!

한국인 교인들은 특별 모금을 하고 있고, 새 교회당의 한 부분을 짓고 있다. 한 여성은 자신의 머리카락을 팔아 그 돈으로 헌금을 하였다. 무어의 전도부인 유실은 자신의 은반지를 팔았다. 다른 이들도 자신을 부인하며 드리고 있다. 한 남성은 신자는 아니지만, 한국 돈 10냥을 드렸다. 하나님께서 영광 받으시고 있다."

(더 크로니클, 1907년 2월 1일, 2)

숙소의 어려움

서양 선교사들이 한국에서 가장 힘들어하는 것 여섯 가지를 게일은 다음과 같이 말하고 있다. 온돌 바닥, 잠자리, 음식, 남자의 무리, 해충, 그리고 질병과 죽음이다. 무어도 이것들에서 벗어나지 못하였다.

무어는 당시 동래, 구서, 두구동, 기장 등을 다녔고, 가는 곳마다 이미 전도한 여성 교인들의 환영을 받았다. 그러나 무어에게 어려움은 항상 숙소였다. 대부분 교인이 내어주는 방 한 칸에서 동행하는 여성들과 함께 잠을 자야 하였다. 그녀는 창문이 있는 방을 좋아하였는데, 창문을 통하여 신선한 공기를 마실 수 있기 때문이었다.

"우리가 묵을 첫 번째 집의 가족들이 다 모였다. 그리고 방문을 열자 작은 방이 있었는데, 새로 벽지를 발랐다. 벽지는 나의 아버지가 보내준 '리더스' 종이였다.

'무어 부인. 우리는 당신을 위하여 이 방을 준비하였습니다. 작은 창문도 내서 깨끗한 공기가 들어옵니다. 우리는 부인이 이것을 좋

아하는 것을 압니다.'

사랑스러운 그들의 생각이 나를 전율하게 하였다."

(더 크로니클, 1908년 8월 1일, 4)

또한, 숙소와 관련하여 무어에게 어려운 일은 방문하는 마을 사람들이 몰려와 그녀의 일거수일투족을 관찰한다는 것이다. 이것은 그녀가 밤에 잠을 잘 때도 예외는 아니었다.

"우리가 이곳에 머물렀던 3일 동안 아침부터 저녁까지 이웃 마을에 사는 사람들까지 나를 보러 찾아왔다. 나는 혼자 있는 시간이 없었다.

심지어 밤에 자려고 할 때도 쥐가 내는 소리 같은 바스락거리는 소리가 방문 밖 창호지에서 들렸다. 나는 종이로 된 창호지에 구멍이 뚫리고 있다는 것을 곧 깨달았다. 나는 옷으로 방문 위를 덮기도 하였고, 밖에 있는 사람들을 물러나가게도 하였다."

(더 크로니클, 1908년 1월 1일, 3)

그뿐만 아니라 시골의 방에는 이나 벼룩 같은 벌레가 항상 있었다. 벌레들의 공격으로 무어는 종종 뜬눈으로 밤을 지새웠다.

"이곳에서 20리 떨어진 높은 산중의 마을을 방문하였다. 그러나 이곳에는 우리를 환영하는 사람이 없었다. 계속 행진하라는 충고가 있었다. 10리만 더 가면 편안한 여관이 있다는 말이었다. 우리는 어쩔 수 없이 계속 길을 갔는데 슬프고 실망스러웠다. 그러나 그 여관도 완전히 실패였다. 우리는 밤새도록 벌레에 시달렸다."

(더 크로니클, 1908년 5월 1일, 9)

개척의 즐거움

초창기 순회의 여러 어려움 속에서도 무어는 후대 순회선교사들에게 '순회 전도는 이런 것이다'라는 하나의 유형을 제시하였다. 적어도 빅토리아여선교연합회는 무어의 순회 전도를 하나의 기준으로 평가하면서, 호주교회에 소개하고 있다.

> "비가 많이 왔고, 강마다 물이 넘쳤다. 종종 우리는 무릎까지 올라오는 시냇물을 건너야 하였고, 때로 너무 깊어 돌아가야 하기도 했다. 그러나 포기하지 못하고 전진해야 하는 이유는 우리가 온다는 소식을 이미 건넛마을이 듣고 기다리고 있기 때문이다…. 차고 넘치는 시냇물과 강바닥의 자갈들을 헤치고 온 것은 참 잘한 일이었다." (더 크로니클, 1908년 8월 1일, 4)

특히 무어는 다니는 지역의 여성들에게 많은 사랑을 받았다. 가는 곳마다 그녀는 환영을 받았고, 관심을 받았다. 여성들과 아이들은 동구 밖까지 나와 그녀를 맞았으며, 떠날 때는 멀리까지 배웅해 주었다.

> "나는 많은 달걀을 선물로 받았다. 한 여성은 내가 올 줄 알고 자신이 2개월을 모은 것이라며 자랑스럽게 내놓았다! 교회에서 준 닭은 매우 질겼는데, 양쪽 다리를 공중에 든 모습으로 접시에 내어놓았다! 이 모든 것을 함께 즐길 수 있는 친구가 있었으면 얼마나 좋았을까." (더 크로니클, 1909년 7월 1일, 2)

여성들은 무어가 기독교의 진리를 가르쳐 주어 감사해하였고, 특히 당시 한국 사회에서 여성에게 관심을 두고 사랑을 주어 고마워하였다.

> "주일은 이들이 오래 기억할 수 있는 날이었다. 휘장으로 남성과 여성들을 나누었고, 여성들은 내가 가르쳐준 '영광의 찬송'을 불렀다. 평생 처음으로 그들은 남성들도 모르는 것을 할 수 있었다. 교회에서 가장 부자인 교인이 그 찬송을 들으며 크게 기쁨을 표시하였다. 여성들의 찬송이 끝나자 그는 말하였다.
> '무어 부인. 소년들을 위해서도 뭔가 가르쳐 주십시오. 그래야 그들이 질투를 안 할 겁니다.' (앞의 책, 2)

그러면서 무어는 끊임없이 호주교회를 향하여 재정적인 후원과 인적 지원을 호소하고 있다.

> "그리스도를 위한 이 놀라운 사역에 누가 와서 자신을 드리는가. 다가오는 해에 우리 연합회의 모든 회원을 하나님이 축복하셔서, 우리 교회 역사에 길이 기억되는 해가 되기를 바란다. 한국선교를 위하여 자발적으로 자신을 드리는 역사 말이다."
> (더 크로니클, 1909년 4월 1일, 3)

통영에서

호주선교사 공의회는 1912년 1월 부산진 모임에서 남해에는 남해선교부 그리고 칠암에는 칠암선교부를 설립하기로 하였었다. 남해선교부는 남해, 하동 그리고 곤양 지역을 담당하고, 칠암선교부는 칠암, 거제, 고성 그리고 진해까지 담당하기로 하였다.

그러나 그다음 해 칠암선교부를 통영선교부로 그 이름을 변경하였고, 남해선교부 설립은 취소하였다. 그리고 이때 두 사람의 개척자를 통영에 파송하게 되는바 바로 무어와 왓슨이었다. 왓슨은 당시 경상노회로부터 위임받은 지역이 통영, 고성, 거제 지역이었고, 무어는 부산선교부에 속해 있었으나 그동안 통영을 비롯한 서편 지역도 순회하였기에 이 둘이 적임자였던 것이다.

> "통영선교부가 요청하는 무어의 이전은 승인한다. 빅토리아여선교연합회는 그곳에 여성 교육선교사 한 명도 필요하며, 멀지 않은 장래에 여성들을 위한 사택의 필요성도 제기하였다."
>
> (더 레코드, 부산진, 1913년 9월, 55)

무어의 통영 이전은 그 지역의 교회 지형에 큰 변화를 가져오게 한다.

> "순회전도 여행은 왓슨 목사와 동행하기도 했는데, 세 가지 방향에서 전개되었다. 통영 지역을 순회하던가, 고성지방으로 향해 삼천포 지방과 그 인근으로 순회하던가, 거제도로 향해 지세포, 장승포, 고현 등지를 순회하는 방식이었다. 이 순회의 결과로 욕지교회(1902)와 충무교회(1905)에 이어 남해 지역에 교회가 설립되고 복음이 확산하는 결과를 가져온 것이다." (이상규, 189)

무어는 통영을 사악한 곳이라 말하고 있다. 많은 배가 드나들며 일본인뿐만 아니라 여러 나라의 선원들이 거쳐 갔으며, 그들을 위한 술집이나 유흥가가 형성되어 있었던 것이다. 만약에 사악한 곳으로 가기를 원한다면 통영읍을 그대로 지나치지 못할 것이라고 그녀는 말하면서, 죄에 빠진 많은 영혼이 주님의 사랑과 피로 씻는 능력이 필요하다고 하였다. 여행하는 사람들에게는 통영 앞바다의 많은 섬이 풍경도 아름답고 날씨도 좋아 희망차 보이지만, 무어는 깊게 드리운 어두운 그림자를 보고 있었다.

당시 통영선교부에는 전도부인 한 명이 있었는바, 그녀의 이름은 유순이였다. 무어는 그녀와 함께 가는 곳마다 여성들을 모아 사경회를 하거나 성경반을 운영하였다. 무어와 친구가 된 여성들은 그녀를 신실하게 따랐고, 그녀를 반겼다. 심지어 '무어의 깃발'이라는 것이 있어, 시골 주변의 사람들이 그 깃발이 올라가기만 기다리고 있었고, 그 깃발에는 '모 부인이 오셨다'라고 쓰여 있었다고 한다.

무어는 특히 통영 지역의 미신과 차별에 대항하여 싸웠다.

> "우리는 길가에서 그리고 마을에서 씨를 뿌리는 귀한 시간을 공유하였다. 많은 사람이 무거운 짐을 지고 고생하다가 얼굴을 돌려 하늘을 보게 하였다. 자신의 육신 생존을 위하여 수고하는 사람들에게 영적인 도전을 하였다. 그리고 죄악의 유혹에서 이기는 심령들을 보면 우리는 뛸 듯이 기뻤다.
> 한 여성은 가난하고 무지한 한 어부 여성에게 하나님에 대하여 들었다. 그러나 그녀는 귀신 숭배를 포기할 용기가 없었다. 그녀가 성경에 대하여 배우더니 이렇게 말하였다.
> '와서 나의 남편에게도 가르쳐 주세요. 그는 고집이 세고 나쁜 남자입니다. 나는 그도 이 놀라운 이야기를 듣기 원합니다.'"
> (더 크로니클, 1916년 8월 1일, 4)

언덕 위의 새집

1914년 말, 빅토리아여선교연합회는 통영의 무어의 집, 즉 여선교사관과 여학교 건물을 위한 일차 예산을 의결하였다. 여선교사관 건축을 위해서는 450파운드, 여학교 건축을 위해서는 160파운드를 허락하고, 건축 기금에서 지출하기로 하였다.

그리고 그다음 해, 통영의 대화정 호주선교부 부지에 무어를 위한 2층으로 된 멋진 집이 세워졌다. 왓슨 부부의 선교관 다음으로 지어진 건물이었다. 무어는 이 집 건축을 손수 감독하였고, 내부 장식과 가구 구입 등을 위한 세심한 수고를 하였다.

> "모든 것이 훌륭하였고, 우리는 이 집을 '목이 긴 집'이라 불렀다. 모든 문짝은 미국에서 왔고, 문마다 튼튼한 패널이 가로질러 있었다. 좋은 나뭇결에 니스 칠이 잘 되어있다. 쇠창살은 상해에서 왔는데, 내 친구인 빌런다크 부인이 영국회사에서 나를 위하여 염가로 구입하였다.
> 식당은 진홍색 타일로 되어있고, 공부방 타일은 하얀색 바탕에 두 개의 녹색이 섞여 있다. 전체적으로 정말 보기 좋은 집이다. 위층의 각 침실에는 유리창으로 된 각각의 난간이 있어 편안하고 유용하였다. 그중 가장 멋진 것은 그 창문을 통하여 보이는 전경이다."
> (더 크로니클, 1916년 1월 1일, 3)

이 집이 무어에게 중요하였던 것은 순회 전도의 고단함을 마치고 돌아와 편히 쉬며 재충전할 수 있는 곳이기 때문이었다. 어느 지역이나 섬을 방문하던 무어는 보통 한밤중에 녹초가 되어 집에 도착하곤 하였다.

"집에 다다랐을 때는 새벽 2시였다. 집에 있는 가족은 나를 포기하고 있었다. 그래서 나는 열린 뒷문으로 들어갔고, 위층으로 기어 올라가 나의 침대를 찾았다. 다음 날 아침, 아래층에 있는 나의 짐을 보고, 왓슨 부인과 조크는 나를 찾았다. 우리의 5주 된 갓난아기 도날드 매크레는 잘 있었다. 왓슨 부부도 건강하고 행복해 보였다."
(더 크로니클, 1915년 1월 1일, 3)

무어는 이 집이 빅토리아여선교연합회 재산이며, 곧 또 다른 여선교사가 이 집으로 파송되기를 기대하고 있었다.

한국선교 25주년 기념예배

1917년은 무어가 한국에서 선교를 시작한 지 25주년 되는 해였다. 그녀의 사역을 기념하는 감사예배가 통영의 대화정교회에서 열렸다. 축하 편지와 전보가 세계 각국에서 도착하였고, 부산과 통영 지역의 많은 교인이 예배에 참석하였다.

예배 전날부터 욕지, 고성, 배둔 등에서 교인들이 벌써 도착하기 시작하였다. 섬에서는 돛단배로, 내지에서는 도보로 낮의 더위를 피하여 밤에 먼 거리를 걸어왔다. 통영과 거제 근처의 교회에서는 더 많이 모였다. 부산진에서도 이날 밤 도착하였는데, 무어와 함께 오래 일해 온 심취명 목사도 다음 날의 행사에 참여하기 위하여 일찍 도착하였다.

당일 교회당은 아침 일찍부터 이미 많은 사람이 모여 있었다. 기념예배의 순서를 재구성해보면 다음과 같다.

무어 부인 한국선교 25주년 기념예배

사회: 박 목사(성명 미상)

개회기도	사회자
찬송	다같이
성경봉독	
부산지역 선교보고	심취명 목사
통영지역 선교보고	(장로로만 지칭됨)
감사의 찬송	
특송	여학생부
선물증정	부산진, 통영, 고성, 여선교회연합회 등
감사의 말씀	로버트 왓슨 목사
폐회	다같이

심취명 목사는 부산지역에서의 무어의 업적을 소개하였는바, 그녀가 첫 여성 호주선교사의 한 명으로 고향과 사랑하는 가족과 친척과 친구를 떠나 오래전에 한국에 온 것으로부터 시작하였다.

호주의 여성들이 처음에 무어에게 이렇게 말하였다고 그는 말하였다.

"가지 마세요. 이곳에도 하나님을 위하여 할 일이 많습니다. 만약 가면 그곳의 사람들이 당신을 잡아 죽일 것입니다."

사람들은 그 말에 좀 놀라서 고개를 들었고, 참석자들의 웃음이 곧 터질 것이라고 기대하였다. 그러나 그러기에는 예배의 분위기가 너무 심각하였다. 교인들의 얼굴은 조용하였고 심각한 모습이었다.

그 말에 대한 무어의 대답은 다음과 같았다고 한다.

"나는 이미 한국을 위하여 나 자신을 드렸습니다. 하나님을 믿으니 어떤 두려움도 없습니다."

이때 교인 중에 흐느끼는 소리가 들렸다. 아름답고 강한 여성, 그리스도의 군사 팔개도 흔들리는 감정을 보였고, 그녀의 빛나는 눈에는 눈물이 고였다. 그러나 그녀의 입은 꼭 다문 채 앞만 응시하고 있었다.

무어가 처음 도착하여 한국어를 배울 때 변변한 교재가 없어 도움을 받기가 어려웠다고 심 목사는 말하였다. 경상도에 기독교인이 거의 없을 때, 한국어 선생의 도움을 받아 초가집을 구입하여 부산진의 사람들 사이에 멘지스와 함께 거하였다. 이웃 사람들은 처음에 이 여성들을 수상하게 생각하여 경계하였고, 다음과 같이 말하였다고 하였다.

"이 서양 여성들이 우리 중에 같이 사는 것을 못 하게 하자."

한국어 교사와 전 주인의 설득에도 불구하고 사람들은 여선교사들에게 위협을 가하였다.

이 두 여성이 얼마나 열정적으로 그리스도를 전하였고, 자비로운 사랑을 보였고, 그리고 결국은 한국어 교사와 이웃들이 마침내 그리스도를 고백하게 되었나를 심 목사는 증언하였다. 이 모든 일은 그들이 작고 어두운 방에서 살며, 종종 아프고 피곤한 상태에서 이루어졌다. 자신들 고향의 크고 넓고 편한 집을 떠나 한 일이었다.

무어는 부산진에서만 일한 것이 아니라 시골 먼 곳까지 다녔고,

기회가 있을 때마다 전도하였다. 지금도 새로 온 여 선교사가 전도하는 모습을 보는 안 믿는 사람들은 이렇게 말한다고 한다.

"저기 무어 부인이 전도하고 있다!"

어디서나 드러나는 무어의 외모는 관심의 대상이었고, 한국말도 잘하여 항상 사람들이 모여들었다.

> "우선 그의 키도 컸지만, 머리숱이 유달리 많아 실재보다 훨씬 크게 보였다. 당시 호주 여성들이 선호했던 복장이 발끝까지 닿은 원피스였는데, 그가 주름 잡힌 흰색 원피스를 입고 거리를 나서면 그 자태가 천사 같았다고 한다." (이상규, 188)

그런가 하면 길 위에는 항상 위험과 어려움이 도사리고 있었고, 말 위에서 떨어지는 것도 피할 수 없었다. 부산진에 살면서도 무어는 마산과 통영 지역을 순회전도 하였고, 곳곳에서 많은 어려움을 겪었다. 결국, 1913년 가을 그녀는 통영으로 이주하였다.

기념 예배에 참석한 교인들은 무어의 사역을 통하여 과거를 돌아보았고, 그 결과 지금은 신실한 여성들, 한국인 목사 2인, 장로, 그리고 남성과 여성 일꾼이 많이 생겨났다.

다음의 연사는 참석자들을 좀 더 현재로 돌아오게 하였다. 그 한국인 장로는 무어의 통영 지역 선교에 대하여 말하였다. 제일 순회하기 어려운 섬과 내륙 지역의 돌과 흙길을 무어는 주로 걸어서 다녔다. 높은 산을 넘는 것도 예사였다. 바다에서는 느리고 불편한 한국 고깃배를 타고 다녔고, 그녀는 여성과 소녀들 사이에서 자신의 노동을 무상으로 제공하였다고 하였다.

그는 온당치 못한 것에 주저하지 않고 말하는 무어의 용기에 대하여도 말하였다. 무어의 입에서는 종종 이런 말이 나왔다.

"자매님, 그렇게 해서는 안 됩니다."

기독교인으로 하지 말아야 하는 행실이 보이면 무어는 참지 않았고, 마지막에는 변화에 대하여 감사와 사랑을 표현하였다.

이후 감사의 찬송이 그 뒤를 이었고, 소녀들이 특송을 하였는데 기독교인 2세들이었다. 그리고 선물 증정식이 있었다. 부산진과 통영교회에서 각각 기념 메달을 선물하였다. 통영의 오랜 친구 한세는 아름답게 수놓은 것을 선물하였고, 한국식 모양의 작은 장식장도 있었고, 고성에서는 각 교회의 이름이 진주알로 수놓아진 한복을, 그리고 다른 선물들도 있었다. 빅토리아여선교연합회에서는 손목시계를 선물하였다.

왓슨은 무어를 대신하여 참석자들에게 감사를 표현하였고, 호주 장로회 선교부의 사랑과 감사도 전하였다. 예배 후, 교인들은 조용히 흩어져 진명학원으로 모였고, 그곳에서 오후를 함께 보냈다.

2시에 학교는 사람들로 붐볐다. '과자와 차' 게임이 시작되었다. 여성들의 시간이었고, 그렇게 준비되었다. 이 나이 든 여성들은 이제 '성인'이 되었는데, 25년 전의 이들이 지금 노래와 춤으로 기쁨을 주고 있었다. 이들의 얼굴에는 아직 천진난만하고 귀여운 모습이 있었고, 교회의 영향 안에서 자란 이들은 자신들의 어머니가 알던 귀신에서는 멀어졌다. 이들은 돌아가며 감사의 노래를 다정하게 불렀다.

사진사가 들락거렸다고 하는 기록을 보면 기념사진도 촬영하였을 것이지만, 현재 그 사진은 찾아볼 수 없다. 기념 예배에 참석하였던 왓슨 부인은 과거 25년을 돌아보고 현재의 교회들을 생각할 때, 생각나는 성경 구절이 있다고 하였다. 마태복음 10장의 말씀이다.

"나를 위하여 집이나 형제나 자매나 어머니나 아버지나 자식이나 전토를 버린 자는 현세에 있어 집과 형제와 자매와 어머니와 자식과 전토를 백배나 받되, 박해를 겸하여 받고 내세에 영생을 받지 못할 자가 없느니라." (더 크로니클, 1918년 2월 1일, 6-7)

떠나는 무어

무어는 25주년 기념 예배가 있은 지 1년여 후인 1918년 중순, 호주로 휴가를 떠나게 되었다. 그런데 사실 이것이 그녀에게는 마지막이었다. 어떤 이유로 무어가 나중에 은퇴하게 되는지는 상세히 나와 있지 않지만, 그녀 나이 55세였고, 많이 지쳐있었다. 동시에 알렉산더, 스키너, 레잉 같은 새 세대의 순회전도자들이 활동하고 있었다.

6월 21일 오후 무어의 환송식이 열렸다. 진명학원의 한국인들은 빨간색과 파란색 끈으로 학교를 장식하였고, 꽃도 준비하였다. 여성들은 슬퍼하였고, 그들의 노래 속에는 무어가 타고 다녔던 고깃배의 출렁임이 담겨 있는 것 같았다. 그들이 준비한 선물은 무어의 이름이 새겨져 있는 진주로 세공한 아름다운 장식장이었다.

무어는 감사의 말을 하였고, 눈물과 웃음은 서로 멀지 않은 감정이었다. 그녀는 여인들과 다과를 함께 하면서 마지막 순간을 보냈다. 그러나 6월은 농촌의 바쁜 달이었다. 무어와 멀리서 온 여인들은 매우 나누기 어려운 안녕을 서로 고하고 헤어졌다.

호주로 돌아온 무어를 환영하기 위한 모임이 같은 해 8월 16일 멜버른에서 열렸다. 빅토리아여선교연합회와 총회 해외선교위원회는 교회를 대신하여 헌신한 무어로 인하여 하나님께 영광을 돌렸고, 안전하게 집으로 돌아와 하나님께 감사하였다.

그리고 곧 무어의 은퇴 소식이 알려졌다. 해외 선교 총무 로랜드 여사는 지난 5년 동안 통영 지역에서 여성 사역을 여는 힘든 사역을 잘 감당해 주었다고 무어를 높이 평가하였다. 또한, 자신의 가장 빛나는 세월을 한국을 위하여 헌신하였고, 여선교사 중 현재까지 가장 오래 근무한 선교사라고 하였다. (더 크로니클, 1918년 10월 1일, 2)

빅토리아여선교연합회는 그녀의 공석에 곧 다른 여선교사를 임명하였는바, 바로 메이지 테잇이다.

무어는 선교사 직책에서 완전히 은퇴하기 전, 1년여 동안 빅토리아 전역을 다니며 노회와 선교단체 등에서 강의하며 한국선교를 널리 알렸다. 그리고 1919년 말, 그녀는 임무를 모두 마치었다. 그녀는 많은 호주인의 마음에 감동을 주었으며, 최소 4개의 여선교연합회 새 지부를 개척하였다. 그리고 5명의 한국인 전도부인을 지원하겠다는 약속을 받아내었다.

'긴 하루를 마치었다'

무어의 이름은 그 후 오랫동안 등장하지 않는다. 1956년 2월에 가서야 더 크로니클 선교지에 다시 등장한다. 이해 1월 8일 '본향으로 부름'(Home call)을 받았다는 것이다. 그리고 그다음 달 그녀의 추모사가 선교지에 실렸고, 그녀가 그동안 어떤 일을 하고 있었는지 전하고 있다.

27년 동안의 한국선교를 마치고 호주로 돌아온 무어는 디커니스로 새로운 봉사의 장에서 일하였다. 멜버른에 있는 많은 병원이었다. 그곳의 환자들은 시골에서 올라온 외로운 여성들이다. 멜버른이란 도시에 친구가 없던 이 여성들은 무어의 정기적인 방문을 특별히 감사하였고, 그녀는 자신의 정원에서 가꾼 꽃을 가지고 와 이들과 나누며 위로하였다.

이때 무어는 하나의 전통을 발전시켰는데 크리스마스 때마다 라벤더 꽃이 담긴 작은 봉지를 만들었고, 그 위에 적절한 메시지를 붙여 모든 환자에게 선물로 준 것이었다. 이것으로 그녀는 '라벤더 부인'이란 이름을 가지게 되었다. 이렇게 작게 시작된 일이 점점 커졌고, 그 전통은 '스코티쉬 마더스 유니온'에 의하여 지속되었다.

무어의 추모사가 실린 같은 더 크로니클 선교지에는 '라벤더 꽃다발'이라는 작은 제목의 기사도 실렸는데, 지난 성탄절에 멜버른의 각 병원에 나눈 라벤더 꽃에 관한 보고서였다. 무어는 이 사역을 80살이 넘게까지 하였고, 오래 사는 동안 그녀가 사귄 친구들에 의하여 애정 속에 기억되었다.

> "이 일이 얼마 전 사망한 디커니스 무어에 의하여 1927년 시작이 되었다는 것이 흥미롭다. 그 이후 이 사역은 크게 확장되었고, 그녀는 우리의 방문자였고, 꽃을 나누어 주었다." (더 크로니클, 1956년 3월, 7)

1953년 나빠진 건강으로 무어의 활동적인 삶은 마침내 끝이 났다. 자신이 랜스우드사립병원의 환자가 된 것이다.

> "그녀는 침상에서도 많은 환자에게 격려와 용기를 주었고, 매일 저녁 그녀의 친구들을 위하여 기도하였다. 마침내 부름의 음성이 왔을 때, 끝까지 사용해 달라는 그녀의 기도는 풍성하게 이루어졌다. 승리 속에 무어는 '긴 하루를 마치었다.'" (더 크로니클, 1956년 3월, 2-3)

1956년 1월 8일 그녀는 93세의 나이로 소천하였다.

에필로그

무어는 은퇴 이후, 한국을 다시 방문하지 못하였다. 1931년 부산진교회가 살아있는 그녀를 위한 공로기념비를 세웠을 때도 말이다. 더군다나 그녀의 이름은 통영 지역의 많은 섬에서 여전히 회자되고 있었다.

"무어는 많은 마을을 방문한 최초의 서양 여성이었고, 그 후 60년이 지나 이 교회들 안에서 민간전승 일부가 되었다." (브라운, 59)

자신의 가장 빛나는 세월을 한국인을 위하여 헌신하였던 무어, 그녀는 자신이 통영 지역에서 '민간전승의 일부'가 되고 있다는 사실을 모르고 눈을 감았다.

<참고 자료>

빅토리아여선교연합회, 「더 크로니클」, 멜버른, 1911-1956.
이상규 & 양명득, 『호주선교사 열전 – 진주와 통영』, 동연, 2019.
존 브라운, 정병준 역, 『은혜의 증인들』, 한장사, 2009.
호주선교사 공의회, 「더 레코드」, 부산진, 1913년 9월.
호주장로교회, 「Our Missionaries at Work」, 멜버른, 1911-1917.
호주와 태즈메이니아 장로교회, 「더 레코드」, 멜버른, 1896년 9월.
커 & 앤더슨, 양명득 역, 『호주장로교 한국선교역사 1889-1941』, 동연, 2017.

〔2〕
엘리자베스 무어의 보고서

1. 한국 선교사 신청

매케이 부인의 사망으로 위원회는 좀 더 충분한 의료지원의 필요성을 자각하였다. 무어 양으로부터 신청서가 접수되었을 때, 그녀는 멜버른병원에서 간호사 훈련을 받고 있었다. 인터뷰 전에 위원회는 그녀에게 소명서와 건강진단서를 요청하였다. 그녀는 훌륭한 추천을 받아 인터뷰에 왔고, 모든 질문에 매우 만족스럽게 대답하였다. 그녀는 재정이 허락하는 선에서, 그리고 간호사 훈련을 다 마치는 조건으로 받아들여졌다.

그녀는 6월 중순 매케이 목사와 동행하여 한국으로 떠났다. 그녀의 파송 예배는 1891년 6월 13일에 있었다.

[알렉스 텔스마, 그곳에 많은 여성이 있었다, 1991, 27-28]

2. 매우 가치 있는 일꾼

에벤에셀. 주님의 선하신 인도하심으로 우리는 지금까지 건강하고 안전하게 (한국으로) 여행하고 있습니다.

이곳까지의 여정은 참 즐거웠습니다. 무어 양이나 나에게 아직 뱃멀미는 없습니다. 브리즈번에서 서스데이 섬까지의 항해도 좋았습니다….

무어 양과 나는 온종일 프랑스어와 한국어 공부를 하며, 편지를 쓰며 시간을 보냅니다. 그러는 동안 시간은 빠르게 지나갑니다….

친애하는 프랭크 양, 이제 편지를 마무리하려고 합니다. 무어 양도 우리의 항해에 관하여 당신에게 편지를 썼을 것입니다.

당신은 나에게 그녀를 잘 돌보아달라고 부탁하였죠. 나는 최선을 다하고 있습니다. 그러나 그녀는 내가 그녀를 돌보아주듯이 나를 돌보고 나를 붙잡아 주는 능력 있는 사람입니다. 그녀가 우리의 선교에 함께하게 되어 하나님께 감사합니다. 내 생각에 그녀는 매우 가치 있는 일꾼이 될 것입니다….

제임스 매케이

[다윈항 근처, 1892년 7월 6일]

3. 무어의 부산진 합류

빅토리아여선교연합회(베시 앤더슨 명예 총무)는 매케이 부인의 사망을 슬퍼하는 동시에, 천천히 그러나 안정성 있게 진행되는 선교에 대하여 보고하였다. 매케이는 한국에서 열심히 일하고 있으며, 무어 양은 이미 멘지스, 퍼셋 그리고 페리와 합류하였다.

[더 프라한 텔리그라프, 1892년 11월 9일, 3]

4. 남성 교사

매일 12명 정도의 여성들이 우리를 보러 오지만, 우리 집 문 주위에 보이는 일들로 우리의 마음은 종종 슬프다. 잘못 보고된 대로 이들은 기독교나 복음에 목말라 있는 것이 아니다. 이들은 우리의 전도를 듣고 "참 좋소"라고 한다. 그중 2~3명의 사람이라도 빛을 구하는 것을 하나님이 보여주면서 우리에게 힘을 주신다.

지난번 보고서에 언급한 여성 노인은 우리가 이곳에 도착한 지 다음날 밤에 우리를 찾아왔다. 그녀는 여전히 정직하게 복음에 대하여 더 알기 원하고 있으며, 자신을 죄인으로 고백하고 있는데, 대부분 사람이 자신은 죄가 없다고 하는 것을 생각하면 상당한 의미가 있다.

월요일 아침에는 슬픈, 매우 슬픈 모습을 보았다. 나는 아이 중 한 명의 집으로 향하고 있었다. 그 아이의 오빠가 아파서 약을 가지고 가는 중이었다. 내가 그 집에 도착하였을 때 뭔가 이상한 분주해 보이는 분위기를 느끼었다. 집안으로 들어설 때 그 아이가 나에게 인사를 하였다.

"오빠가 죽었어요."

가족들은 사망한 아이의 수의를 만드느라 바쁜 모습이었다. 방한 칸만 있는 집이었는데, 6명이 살고 있었다. 그의 시신은 방안에 뉘어 있었고, 가족들은 밖에 앉아있었다.

아내는 머리를 산발하여 얼굴을 덮고 슬퍼하고 있었다. 그녀는 몸을 앞뒤로 흔들며 "아이고, 아이고"하고 울었다. 산에 장사지내기 전에 시신을 눕힐 짚으로 된 관을 아버지는 두 명의 일꾼과 함께 만들고 있었다. 그가 입던 옷도 모두 정리하고 있었는데, 결국 시신과 함께 묻힐 것이다.

상 위에는 쌀이 담긴 세 개의 그릇, 술 한 병, 3개의 새 짚신이 올려져 있었다. 음식과 신발은 귀신을 위한 것이고, 한국인은 귀신이 세 개의 영이 있다고 믿어 귀신을 달래주기 위함이었다. 귀신을 위하여 망자의 모자와 옷 한 개는 태웠다. 시신은 집에 3~4일 안치되다가, 가마 같은 것에 운반되어 나간다. 여자들은 장례식에 같이 갈 수 없다.

모든 절차가 다 마치었을 때 사람들은 아내에게 물었다.

"다시 결혼하기 원하는가? 아니면 친정으로 가기 원하는가?"

만약 그녀가 남편의 가족들과 남기 원한다면 이곳에서는 '매우 좋은' 것으로 여겨진다.

페리는 몇 개월 전에 사망한 그 남성에게 성경을 주고, 예수에 관하여 이야기를 해주었다. 그는 끝까지 관심 있게 들었지만, 진리를 얼마나 깨달았는지는 알 수 없다.

이곳 어린이들은 몸과 얼굴에 상처를 달고 사는 것 같다. 그리고 아이들을 위한 우리의 간단한 치료는 매우 성공적이다. 붕대와 갈색 비누, 그리고 가정상비약이 우리의 사역을 돕는데, 이들이 치료는 받고 나면 예수를 전하는 좋은 기회가 되기 때문이다.

주일 오후에는 우리의 선생이 우리의 남성 일꾼을 가르치는데, 그의 형제들과 가족도 참석한다. 우리의 선생은 변화된 남성이기를 우리는 믿고 희망하는바, 그는 한국에서 하나님의 사역을 촉진하는 좋은 수단이다. 그는 우리의 집을 사들이는 일을 통하여 그의 신실함을 증명하였다. 집은 한국인을 통해서만 안전하게 확보할 수 있다. 그가 우리 외국인과 가깝다는 이유로 그의 친구들은 그를 조롱하면서, 그의 마음이 달라진 것이 무슨 우리가 준 무슨 약을 먹었기 때문이라 비방하였다.

하루는 그가 이렇게 말하였다.

"내가 여러분을 돕는 것은 예수님을 위함입니다."

그를 위하여 기도하기를 요청한다. 그가 예수의 이름으로 공개적으로 세례를 받으면, 핍박이 한층 더 심해질 것이다.

멘지스와 페리는 잘 있다. 이들은 나와 함께 여러분에게 안부를 전한다. 우리가 이 땅에서 우리 주님을 영화롭게 하는데 더 지혜로워지고, 힘 있고, 능력 있게 되기를 여러분의 기도를 요청한다.

무어
1893년 4월 4일
[더 프레스비테리안 만슬리, 1893년 8월 1일, 266]

5. 친애하는 무어 양에게

우리는 지금까지 편안하고 안전하게 항해하고 있습니다. 우리는 고베에 일요일 아침 도착하였고, 태풍을 피할 수 있었습니다.

어젯밤 7시 30분에 우리는 베로나 호로 홍콩으로 출발하였습니다. 홍콩에서 에어리 호로 갈아타기 원하지만, 아직 확실치 않습니다. 매케이 부인은 건강하고 나도 양호하지만, 나의 목 상태는 나아지지 않고 있습니다.

고베에 있을 때 우리는 무어 양에게 줄 지네를 순수한 알코올이 들어있는 작은 병에 담았습니다. 알코올에 담겼으니 그 상태를 유지할 것입니다.

이것과 함께 우리 부지 증서 영수증을 동봉합니다. 필요할 때 이 영수증을 꼭 보여주기를 바랍니다.

우리는 고베에서 매우 좋은 오르간을 매입하였습니다. 100달러였으나 주인이 90달러로 깎아 주었습니다. 당신이 말한 10파운드를 초과하였지만, 당신이 원하는 가격의 것은 없었습니다. 주인은 우리에게 아주 좋은 중고 손풍금을 80달러에 제안하였습니다. 그러나 우리는 당신이 오르간을 원하는 것을 알고 있었기에, 10달러를 더 주고 오르간을 산 것입니다.

우리는 그것이 매우 훌륭하고 저렴한 악기라고 생각합니다. 고베에서 우리는 동양의 기후에 '메이슨과 함린'보다 '클라우와 워렌'의 오르간이 더 잘 견딘다고 들었습니다. 빅토리아에 도착하면 당신이 10파운드보다 더 큰 비용을 지불해야 한다고 여회원들에게 알리고, 초과액을 당신께 보내도록 해보겠습니다. 청구서를 이 편지와 함께 동봉합니다. 나는 상점 주인에게 첫 조선 가이샤 증기선에 오르간을 실어달라고 요청하였습니다. 이 배는 다른 배보다 화물을 적게 싣습니다.

우리는 당신이 이것으로 기뻐하리라 생각하고 또 그렇게 희망합니다.

여러분 3명의 여선교사에게 무덤을 잘 돌보아 달라고 부탁할 수 있을까요.

무덤을 관리하는데 드는 비용은 제가 기꺼이 지급하겠습니다.

사망한 제 아내의 묘비 글귀는 1년 후에 다시 칠해야 합니다. 그 것은 2년마다 덧칠해져야 합니다.

데이비스 씨의 묘비는 납으로 새겨져서 다시 칠할 필요가 없습니다. 홍콩에는 그런 식으로 매케이 부인의 묘비를 만들 수 있는 사람이 없습니다. 부디 이것을 참작하여 저에게 큰 은혜를 베풀어 주기를 바랍니다.

나가사키, 1893년 9월 7일

나는 막 당신의 은행 계좌에 680.03달러를 입금하였습니다. 이 돈을 '빅토리아 장로교회 선교기금'이라는 이름으로 보냈고, 여러분 세 명의 이름으로 된 수표들이 승인될 것입니다. 나는 당신의 이름으로 된 계좌를 여는 것이, 다시 돌려보내야만 하는 수표를 보내는 것보다 낫다고 생각했습니다.

나는 적당한 한 일본인 선교사에 관하여 들었습니다. 증기선이 이제 출발하니 글을 마칩니다.

주님을 섬기는 동역자
제임스 매케이
(베로나 호, 인도양, 1893년 9월 6일)

6. 심상현의 주택 구매 모금

　　호주 여선교사들은 심상현과 이도념, 귀주 두 여인을 한국선교의 첫 열매로 얻어 기뻐하였다. 동시에 생활이 그리 넉넉하지 못한 심상현을 돕기 위하여, 그가 세례를 받았던 4월을 전후하여 무어 등 여선교사들은 호주 빅토리아주 발라렛의 기도 후원자들에게 심상현의 주택을 구입하기 위한 모금 요청 서신을 보냈다.

　　이 편지에 응답하여 호주의 '환우(患友)기도회'는 정성껏 모금하였고, 후원금을 부산에 송금하였다. 선교부는 이 돈으로 부산진의 여선교사관 맞은편에 심상현의 한옥을 매입할 수 있었다. 심상현은 후에 '환우기도회' 회원들에게 감사의 편지를 보냈다.

(1894년 4월)

7. 부산의 선교부 아이들

　　여러분은 우리 고아원에 있는 아이들에 관하여 듣고 싶을 것이다. 그래서 그들 중 몇 명에 관하여 이야기를 하려 한다.

　　먼저 총명하고, 밝고, 집시 같은 얼굴을 가진 혜기가 있다. 그 아이는 노는 것과 웃는 것을 좋아하는데 때로 자신이 싫어하는 일을 하게 되면 어두운 부분이 드러나기도 한다. 그런데도 그녀는 성경이나 다른 질문에는 빠르고 올바른 대답을 하는 총명한 소녀이다.

　　홍이는 천성적으로 느려 어느 것에도 빠르지 못하지만, 때로 긴 구절의 성경을 암송하여 우리를 놀라게 한다. 언제 정신을 차리고 그것을 외웠을까? 홍이는 꽉 안는 것으로 자신의 사랑을 표현하며, 둥근 얼굴을 들이대어 뽀뽀를 받기 원한다.

우리의 우람스럽고 걱정 없는 작은 보배는 누구나 사랑하는데 열심을 가지고 일하지만 별 결과는 없다. 때로 그녀는 자신의 마음속에 귀신이 들어왔다며 화를 내지만, 자신의 친구인 예수님께 기도하면 낫게 해 줄 것이라고 믿고 있다.

봉순이는 작은 엄마같이 식사시간에 밥을 잘 나누어 준다. 나이에 비하여 점잖고, 귀가 잘 안 들리지만, 강하고 공부를 잘하고 있다. 이 아이는 우리에게 온 후로 한 번도 벌을 받지 않았다.

우리의 작은 꼽추 금이는 많은 사랑과 돌봄을 받은 이후 다른 아이들보다 총명하고 똑똑하여졌다. 금이가 밥을 하기 위하여 큰 가마솥 아궁이에 불을 지피는 모습을 보면 얼굴에 웃음이 절로 난다. 그녀는 자신의 이 책임을 매우 중요하게 여긴다!

순복이는 7살 된 당찬 작은 아이이다. 때로 그 아이는 '유다'로 불리기도 하는 악동인데, 사랑과 돌봄이 필요하고 예수님의 왕관에 보배가 되도록 기도를 해 주어야 한다.

연한 장밋빛 얼굴을 가진 영국 소녀 같은 매물이는 우리의 매력적인 오월의 꽃과 같다. 이 아이는 우리가 기도할 때 슬며시 끼어들기를 좋아하고, 자신의 작은 손을 우리의 손과 맞잡고 기도를 하거나 함께 찬송을 부른다. 찬송을 배우는 시간에 그녀의 작은 목소리는 기괴하게 점점 더 커지고, 마지막에는 얼굴이 빨개지며 숨이 남아 있지 않을 정도로 목청 높여 노래를 부른다.

세기는 그중 가장 평탄한 성격을 가진 아이이다. 조용하고 말을 잘 들으며, '엄마'를 즐겁게 하는 일은 무엇이든 좋아한다. 그런데 얼마 전에 세기가 베드로와 같이 화를 냈다고 매물이가 '큰 엄마'를 부르며 이야기했다.

저녁때가 되면 우리 구성원은 우리의 집으로 모이는데(자신들의 집에서 가깝다), 함께 찬송하고 함께 예배하며 그들을 선한 목자께 위탁한다. '굿 나잇'이라고 인사를 마치면, 다음 날 아침까지 그들의 목소리는 더는 들을 수 없다.

아침이면 각자 자신이 맡은 일을 하게 되는바, 가장 어린아이도 참여한다. 이웃과 외부인이 함께하는 우리의 한국어 예배가 마치면, 공부가 시작된다. 영국이 밤일 때 한국은 바쁜 낮이라는 사실이 이 아이들에게는 우스운 일인가보다. 그리고 세계 지도에 있는 조선이 작은 땅이라는 사실에도 그렇다.

이 소녀들은 멘지스를 '작은 엄마'로, 브라운을 '중간 엄마'로, 그리고 나를 '큰 엄마'로 부른다.

[더 레코드, 1896년 9월, 14-15]

8. 초읍에서의 성경반

오직 몇 년 전만 해도 이 땅에는 이방의 어두움이 있었다. 그러나 이번에 내가 다시 돌아와서 보니 그동안 선교의 진전이 인상 깊다. 몇 명의 기독교인 여성은 '예수의 사설' 진리로 자신들의 남편을 설득하였다. 그리고 그들도 이제 주일예배에 참석하고 있다.

글 읽기를 배우던 여성과 소녀들은 이제 신약이나 복음서를 유창하게 읽는다. 이 얼마나 의미 있는 일인가. 그리고 이것은 다른 이들에게도 축복인바, 진리를 전할 수 있기 때문이다. 몇 가정은 부산에서 인근 마을로 이사하였다. 그들을 잃어버려서 아쉽지만 기쁜 소식은 그들과 같이 퍼져 나갔다.

주일 아침 우리는 4~5마일 거리에 있는 초읍으로 걸어서 갔다. 그곳에서 성경반을 여는데 이웃 마을에서도 전에 참여하였던 여성들도 왔다. '하나님의 말씀은 공허하게 울리지 않는다.' 그들은 귀신 섬기는 일을 버리고, 박해를 당하면서도 더 배우기 위하여 주일예배에 온다. 전에 불교 신자였던 나이 든 여성들이 이제는 주님의 발아래 앉아 달고 오묘한 말씀을 배우고 있는 모습은 내 마음을 기쁘게 한다.

기독교인의 땅에서 오랜 휴가를 보낸 나는 이곳의 더럽고 불결한 것에 대하여 더 느끼고 있다. 마을 사람들은 지금 상어 고기를 요리하여 먹고 있다. 공기는 기름 냄새로 진동하고, 지금 이곳에 있기가 불편하다.

3월 21일 부산, 무어
[더 메신저, 1900년 5월 25일, 283]

9. 무어의 간청이 응답되다

부산에서 무어가 쓴 6월 22일 자 편지 내용이다.

"한국선교에 아직 아무도 자원하지 않았다는 여러분의 소식에 우리는 고통스러웠습니다. 이렇게 지연되는 데에는 하나님의 숨겨진 목적이 확실히 있을 것입니다! 우리는 계속 일하면서 기다릴 것입니다. 우리의 최고의 욕망은 주님의 뜻을 이루는 것입니다.”

6월의 바로 그 날, 엥겔은 위원회에 공식 편지를 써 우리의 대표로 한국에 가 봉사하겠다고 주저함 없이 자원하였다.

[더 메신저, 1900년 8월 24일, 537]

10. 엥겔을 맞이하는 무어

오전 9시에 배가 닻을 내렸다. 우리는 곧 한 부인이 가마를 타고 일본인 거류지역을 향하여 오는 것을 보았다. 무어 양이었다. 그녀는 지난밤 미국선교회의 로스 부인 집에서 잤던 것이다. 그녀는 곧 우리가 타고 있는 배에 올랐다. 우리는 두 대의 작은 삼판선에 짐을 싣고 뭍으로 갔다. 문제는 이 짐들을 어떻게 운반하느냐는 것이었다. 모든 짐과 우리가 한배로 부산까지 가는 것은 불가능하였다….

짐꾼들이 떠나자 우리는 우체국으로 갔다. 무어 양은 편지를 찾았고, 나는 나의 도착을 알리고 나의 이름과 거주지를 등록하였다. 그리고 나는 나의 일을 보았고, 무어 양은 다른 볼일이 있어 헤어졌다. 11시 30분이었다.

[엥겔의 일기, 1900년 10월 29일]

11. 나는 천당에 있었습니다

우리는 주님을 섬기는 가운데 또다시 매우 즐거운 성탄절과 새해를 보냈다. 우리의 한국인들은 작년과 같이 행복한 시간을 가졌다. 예배를 드렸고, 선물을 나누었고, 선물이 담긴 봉지를 모두 받았다. 날씨도 좋았다. 만약 춥거나 젖거나 하였으면 많은 교인이 집에 머물렀을 것이다. "모든 것이 합력하여 선을 이루느니라." 하나님은 우리의 기도에 응답하신다는 것을 다시 알게 되었다.

초읍에서부터 들것에 옮겨 온 한 절름발이 할머니가 참석하게 되어 기뻐하였다. 그녀는 지난 8년 동안 자신의 오두막에서 한 번도 밖으로 나오지 못하였다! 이 모임에 참석하게 된 그 할머니의 놀라는 얼굴과 기쁨을 상상해 보라. 교회 근처에 사는 우리 여성이 그녀에게 잠자리를 제공하였고, 교회당까지 데리고 오고 갔다. 그 할머니를 주일까지 머물게 하여 부산에서의 모임에 대한 기억을 가지고 돌아가도록 하였다.

하루는 엥겔 부인의 사택으로 그녀를 데리고 왔다. 그녀는 그곳에 있는 거울을 보고 다음과 같이 말하였다고 한다. "왜 저기에 나와 같이 생긴 사람이 또 있습니까?" 그리고 그녀는 우리 집에도 와 생전 처음 컵에다 차를 마셨다. 그녀의 주름진 얼굴에 기쁨이 피어나며 감사해하였다. 그녀는 돌아가는 길에 이렇게 말하였다.

"나는 천당에 있었습니다."

그녀에게 주는 기쁨은 우리의 것이었고, 하나님이 주신 큰 은혜에 감사할 뿐이다.

1월 6일. 부산.

무어

(더 메신저, 1902년 3월 7일, 90)

12. 총회장이 된 엥겔

엥겔과 브라운은 미국인 동역자들과 함께 총회 참석차 서울로 갔다. 엥겔이 총회장으로 선출되었다. 대단히 큰 영광이며, 영어뿐만이 아니라 한국어로도 총회 토론을 진행하는데 큰 능력이 필요하였다. 모두 그가 회의 운영을 훌륭히 하였다고 말하였다. 브라운도 모임을 즐겁게 참석하였고, 건강도 나아 보였다.

이곳의 아이들도 건강하게 잘 있고, 염려할 것이 없다. 나는 산속에 있는 마을 내덕을 방문하였다. 가는 길이 매우 거칠다. 적지 않은 거리를 나귀로 혹은 걸어서 갔다. 다시 그들을 떠날 때 그들은 나를 놓아주지 않으려 하였다. 그들은 계곡 아래 1마일까지 내려와 서로 안 보일 때까지 손을 흔들었다.

어떤 사람은 흐느끼고 울며 외쳤다. "꼭 다시 오세요. 빨리 오세요." 이런 상황에서 눈에 눈물이 흐르지 않는다면 이상할 것이다. 왜냐하면, 선교사 수가 적어 '빨리 다시 오지' 못할 것이기 때문이다.

9월 29일. 부산.
무어.
[더 메신저, 1904년 12월 2일, 892]

13. 무어의 보고회

빅토리아여선교연합회 회원은 총 4,984명이며, 선교를 위하여 지난 9월 말까지 모금된 재정은 총 1,308파운드로 보고되었다.

현재 휴가 중인 무어 양이 지난 13년 동안의 한국선교 경험에 대하여 흥미로운 보고를 하였다. 한국의 호주선교사는 두 명의 선교사와 그들의 아내, 두 명의 여성 선교사, 그리고 의료선교사 한 명과 그의 아내로 구성되어 있다.

부산에서 그들은 정기적으로 예배 모임을 하고 있으며, 한국 교인들도 꾸준히 참석하고 있다. 부산에서 선교사들은 부근의 마을을 방문하고 있고, 한국인들은 그들의 말에 적극적으로 귀를 기울일 뿐 아니라, 선교사들의 방문을 환영하고 기독교에 관하여 가르쳐주기를 원하고 있다.

무어 양은 그들 이방인이 처해 있는 환경에 관한 흥미로운 보고를 하였는바, 깨달음을 위한 큰 수요가 있는 동시에 기독교로 회심하는 좋은 결과도 있다고 하였다.

(지롱 어드버타이저, 1905년 11월 29일, 4)

14. 한국의 물품과 한복 소개

나감비교회 - 24일 화요일 무어는 성 앤드류 학교 강당에서 빅토리아여선교연합회 회원들을 만났다. 그녀는 그들에게 한국의 선교에 대하여 2시간 강연을 하였다. 그녀의 연설은 많은 청중의 마음을 움직이고 동정을 끌어냈는바, 이들은 처음으로 은둔의 나라에서의 위험과 어려움에 대하여 들었고, 진정한 선교사들의 승리 소식으로 위안을 받았다.

저녁에도 좋은 수의 회원들이 더 많은 이야기를 듣기 위하여 교회에 모였다. 여기에서 무어는 한국인의 생활과 예의범절에 대해 또 한 번의 가장 흥미롭고 유창한 연설을 하였다. 그리고 국내와 해외 선교를 위한 선교사와 재정 후원을 호소하였다. 2파운드 10실링이 모금되었으며, 그 이후 4파운드까지 증가하였다. 무어는 한국인들의 흥미로운 물품과 옷도 보여주었다.

이날 밤, 회원들은 세계 선교에 관한 찬송을 불렀다. 다로 목사가 사회를 보았으며, 페이튼 목사가 교회를 대신하여 무어에게 감사하였다. 무어는 다음 달 21일 시무어를 방문하는데, 따뜻한 환영이 그녀를 기다리고 있다.

[더 메신저, 1906년 5월 11일, 235]

15. 가장 흥미롭고 매력적인 사람들

한국선교사인 무어 양은 지난 14년 동안의 힘든 사역을 마치고 휴가 중에 있다. 그녀는 지난 월요일 저녁 자기 일에 대한 매우 흥미로운 보고를 하였다. 많은 청중이 모여 무어가 쉽게 그러나 상세히 설명한 한국선교지의 빛과 어두움, 시험과 기쁨 등의 이야기를 들었다.

무어 양은 다른 두 명의 여성 선교사와 부산에 거주하고 있다. 그녀는 한국 땅을 광범위하게 여행하며, 한국인 사이에 많은 일을 하고 있다. 그녀는 한국인을 가장 흥미롭고 매력적인 사람들이라 하였다.

14년 동안의 선교 결과는 기대 이상이며, 무어 선교사가 호주로 떠난다는 소식에 깊이 슬퍼하는 사람들을 보면 좋은 일이 진행되고 있다는 증거이다.

그녀는 한국인들의 조상 숭배, 가정생활과 관계, 습관, 의복, 사회 환경 등을 상세히 소개하였다. 특히 그곳의 결혼 풍습에 대하여 설명할 때 젊은 여성들의 웃음소리가 들렸다….

무어 양은 한국인에 대해 큰 신뢰를 하고 있다고 하였으며, 한국인이 온유하고 겸손한 기독교인이 되는 것은 시간문제라고 하였다. 오늘날 많은 한국인은 세례를 받고 장로교의 신앙을 받아들이며 주님을 위해 일한다고 하였다.

(더 브로드포드 쿠리어, 1906년 6월 8일)

---

16. 미션 박스

한국으로 보내는 미션 박스는 아마 9월 중순쯤 무어를 통하여 보낼 것이다. 요청되는 물품은 모든 종류의 완성되지 않은 옷감인데, 플란넬, 프린트, 옥양목, 크레톤 그리고 패치 워크를 위한 피륙 등이다.

또한, 밝은색의 비단, 벨벳, 재봉질할 면과 명주실, 바늘, 골무, 슬레이트, 연필, 주머니칼, 작은 손거울, 검은 머리 인형, 그림책, 작업가방, 뜨개질 책, 긴 옷소매의 모직, 비누, 바세린, 붕산, 유칼립투스,

퀴닌, 쓰던 린넨 등이 필요하다.

완성된 옷감은 고아원 소녀들의 잠옷을 위하여 필요하다.

(더 메신저, 1906년 7월 20일, 407)

17. 울산의 목자 없는 양 떼

무어에게서 온 다음의 편지 일부를 흥미롭게 읽을 수 있다. 무어는 부산으로 돌아간 직후 이 편지를 썼는바, 그녀는 부근의 몇 마을 방문을 시작하고 있다. 그녀는 11일 동안 34마일을 걸었고, 각기 다른 집에서 2~3일씩 머물렀다. 그 집들은 우리의 방식으로는 그저 '대피소' 정도 수준일 것이다. 집에는 벌레들이 들끓었지만, 긍정적인 것은 그곳 기독교인들의 대단한 환영이었다!

무어는 어떤 형태든 울산에 거주지를 가질 수 있도록 기도해 달라고 우리에게 요청하였다. 이곳에는 50명 정도의 교인이 있는 교회가 있고, 누가 그곳에 머물면서 지도해야 할 필요가 있다고 한다. 그들은 목자 없는 양 떼와 같고, 목자 한 명을 진실히 원하고 있다. 하나님께서 우리를 위하여 역사하신다. 우리는 그 역사하심을 방해하지 말아야 하고, 그의 양 떼들을 실망하게 하지 말아야 한다!

한국인 교인들도 특별 모금을 하고 있고, 새 교회당의 한 부분을 짓고 있다. 한 여성은 자신의 머리카락을 팔아 그 돈으로 헌금을 하였다. 무어의 전도부인 유실(전유실 혹은 김유실-역자 주)은 자신의 은반지를 팔았다. 다른 이들도 자신을 부인하며 드리고 있다. 한 남성은 신자는 아니지만, 한국 돈 10냥을 드렸다. 하나님께서 영광 받으시고 있다.

내년에는 또 다른 노력이 있을 것이다. 무어는 말하였다. "여러 분들이 그들의 가난을 본다면, 놀라 일어설 것이다." 무어의 내덕 친구들은 그녀가 그곳에 빨리 오기를 원하였고, 그녀도 방문하기를 원하고 있다. 무어는 처음으로 그들에게 복음을 전한 자이고, 그러므로 그들은 무어가 자신들의 목자이고 자신들은 그녀에게 속하여 있다고 여기고 있다.

부산의 여학교

부산의 우리 여성 선교사들에 의하여 초창기에 시작된 기관은 고아원과 여학교이다. 처음에는 매우 소수의 여학생만 학교로 불러올 수 있었고, 고아원의 방에 그들을 충분히 수용할 수 있었다. 그 이후, 학교에 대한 한국인들의 편견이 매우 천천히 무너지기 시작하였고, 오늘날에는 75명의 학생이 주간반에 등록하여 있다.

12명을 수용할 수 있는 숙소는 75명에게는 불충분하고, 그 인원은 매년 늘어날 것이다. 그래서 고아원 외에 100명을 수용할 수 있는 학교 건물을 건축하기로 작년에 결정한 것이다.

무어 양은 새 건물 건축 모금을 위하여 가치 있는 도움을 주었는데, 그녀가 떠나기 전까지 충분히 모금되지는 못하였다. 현재 건물은 세워지고 있을 것이며, 후원자들의 명단을 추가하여, 아직 학교 건축 소식을 듣지 못한 사람들이 30파운드를 더 보내주기를 희망한다.

누가 이 여학교의 가치를 평가할 수 있을까? 여기에서 기독교인 아내와 어머니가 나올 것이며, "요람을 흔드는 자가 세상을 지배한다"라는 것을 우리는 안다.

여학교 건축을 위하여 기부한 자들의 명단과 모금된 액수를 회계가 이 자리에 공개한다. 기금이 더 필요하므로 더 많은 기부가 있기를 바란다.

무어 양: 71파운드, 10실링 11펜스, 그 외 명단 생략.

총 151파운드 6실링 8펜스.

[더 크로니클, 1907년 2월 1일, 2-3]

---

18. 전도부인 유실과 함께

부산에 도착한 후 2번째 주부터 일속에 빠져들었다. 나의 전도부인 유실과 함께 6마일 반 떨어진 동래로 갔다. 그곳에서 나는 사랑스러운 여성들에게 진심 어린 환영을 받았다.

그다음 주는 이틀간 머문 동래에서부터 한 무리의 기독교인이 있는 구서로 갔다. 화장실은 우리를 위하여 부분적으로 비워두었고, (그 안은 무릎을 구부리고 들어가야 한다) 곧 내가 도착하였다는 소식이 알려졌다. 방문자들이 오기 시작하였고, 모두 나를 환영해 주었다.

저녁에는 작은 방에 모두 모였다. 우리는 함께 기도하였고, 나는 그들의 많은 질문에 대답하여야 하였다. 우리는 늦게야 파하였다. 그리고 어둠이 들자마자 벽 틈새에서 벌레들이 기어 나와 우리의 잠을 방해하였다. 낮에는 찬양을 부르고, 그리고 20명의 여인과 대화를 나누었는데, 그들은 대화를 나누면서 콩 껍질을 벗기었다.

올해는 수확이 좋은 해이고, 모두 기뻐하였다. 작은 마을에서는 이웃들이 서로 돕기 때문에 평소보다 여성들이 많았다.

주일에는 이 가족의 거의 모든 사람이 신실하게 참석을 하였다. 복음서의 본문을 두 번 반복하여 설명하였고, 찬송과 기도를 하였다. 저녁 예배는 기도회 형식으로 모였다.

월요일 우리는 6마일 반 거리에 있는 두구동으로 떠났다. 여기 숙소는 좀 나았지만, 수리할 곳이 많았다. 두구동에는 교인들이 많지 않았다. 그러나 저녁에 방은 사람들로 찼고, 다음날 가가호호 방문하여 6권의 책을 팔았다. 또한, 가까운 이웃 마을에서도 사람들이 왔다.

이틀 후, 우리는 기장 지역으로 가는 길에 10마일이나 되는 산을 넘었다. 참 아름다운 날이었다. 구경꾼들 없이 조용하게 풍경을 감상할 수 있어서 좋았다. 우리가 산에 올랐을 때 하얀 옷을 입은 사람들을 보았다. 유실은 말하였다.

"저 사람들은 자신들 조상 산소의 풀을 깎기 위해 왔습니다."

작은 소년들은 어깨에 있는 것을 내려놓고, 손에는 낫을 쥐고 있었다. 그리고 그들은 풀을 베기 시작하면서 소리를 질렀다.

"I go." "I go." (아이고. 아이고.)

우리는 그곳을 지나쳐서 수남이네 집으로 갔다. 그곳에서 휴식을 취하였다. 그녀의 아들 '바울'은 귀여운 어린 아기였다. 그녀는 자신이 고아원에 있을 때 자신을 후원한 사람들에 관하여 모두 알고 싶어 하였다. 나는 또한 교인들 집을 방문하였는데, 한 할머니의 생일잔치가 있었다. 이 잔치에 한 외국인 여성이 참석하자 모두 더 흥겨워하였다.

기장에서 3일을 보낸 후, 유실과 나는 집으로 돌아왔다. 우리는 11일을 다녔고, 34마일을 걸었다. 한국인들의 집을 경험한 다음에는 부산진의 선교관이 고급 저택으로 느껴졌다.

우리는 모두 잘 있고, 즐겁게 사역을 하고 있다. 평안을 빈다.

여러분의 참된 선교사,

베시 스튜어트 무어

[더 크로니클, 1907년 4월 1일, 2-3]

19. 성탄절 이야기

경애하는 친구들 여러분,

얼마나 즐거운 성탄절이었던가. 여러분 개개인과 모두에게 감사를 드린다. 예배를 위하여 모인 회중을 보는 것은 가장 흥미롭고 재미있는 일이다. 어린이들은 밝은 색색의 옷을 입었고, 노인 여성들은 흰색의 옷, 그리고 남성들은 흰색이나 검은색의 옷을 입었다.

예배는 짧았지만, 케인즈 여사가 기증한 오르간에 맞추어 어린이들이 찬송을 이끌었다. 심 장로(심취명 장로-역자 주)가 질문과 대답 시간을 인도하였다.

성탄 선물 나누기 시간이 돌아왔고, 어린이나 어른이나 모두 선물을 받았다. 모두 400명 정도 되었으며, 여러분이 보내준 선물을 받고 즐거워하였다. 담요는 선물로 주지 않았고, 집을 떠나 교회에 올 수 없는 아픈 사람이나 소경들에게 나중에 나누어 주었다. 그들은 담요를 고맙게 받았는데, 이곳의 추위가 맹렬함에도 어떤 이들은 덮을 것이 없기 때문이다.

성탄절의 나머지 시간은 게임을 하거나, 젊은 여성들은 어깨춤을 추거나, 남성들은 삼삼오오 모여 여러 가지 한국식 여흥을 가졌다. 그리고 '롤리 스크램블'(호주에서 어린이들이 여러 가지 사탕을 섞어서 하는 게임-역자 주)이 있었는데, 심지어 노인 남성들도 참가하며 모두 즐거워하였다.

저녁에는 복음을 전하는 설교가 있었다. 그리고 화려한 조명 아래 찬양의 시간이 있었는데, 외부인들도 들어와 보며 찬양을 들었다. 많은 사람이 성탄 축하를 나누었고, 설교가 끝나고 한국인들은 먹을 것들을 돌렸다.

1906년도 성탄절의 이 짧은 이야기가 여러분의 사랑이 어둠의 이 땅을 어떻게 밝히는지 전할 수 있기를 바란다. 그리고 우리를 향한 하나님의 놀라운 사랑을 얼마나 찬양해야 할지 느끼기를 바란다. 새해의 축복을 빈다.

여러분의 선교사. 엘리자베스 무어
1906년 12월 28일
(더 크로니클, 1907년 4월, 3)

20. 시급히 필요한 지원

나는 울산에서 한 달을 지냈다. 사람들은 나에게 더 있어 달라고 간청하고 있지만, 머물 곳이 없다. 천으로 나는 이 작은 방을 반으로 갈랐고, 주일에는 나의 짐 모두 밖으로 내어놓아야 하였다.

교인들은 오전 8시부터 도착하였고, 오후 5시나 6시까지 모임이 계속되었다. 쉴 틈이 없었다. 비 오는 날 하루를 제외하고는 주중에도 매일 저녁 모여 기도회나 성경공부를 하였다. 만약 내가 거할 곳만 있다면 기쁘게 더 머무를 것이다.

사실 누가 이곳에 있어야 한다. 주일에는 150명 정도가 모이는데, 어떤 이는 10마일을 걸어오기도 한다. 상주하는 교사 한 명이 이 교회에 필요하다. 여기는 부산과 마찬가지로 사역이 성공하고 있다. 다음은 이곳 교인들의 요청이다.

"누가 여기 계속 머물면서 우리를 가르쳐줄 수 있나요? 우리는 무지합니다. 우리는 예수에 대하여 더 배우기를 원합니다."

교육받지 못하고 눈 한쪽이 먼 박 서방이 하나님의 도구로 이곳에서 지도자 역할을 하는데, 장티푸스 열로 지금 누워있다. 그는 계속하여 기도하고 있다.

"하나님. 목사님을 우리에게 보내어 가르쳐주옵소서!"

사람들은 말하기를 그는 이 기도만 드리고 있다고 하였다. 울산은 지원이 시급히 필요한 곳이고, 만약 지원이 없다면 곧 어려움에 부닥칠 것이다.

…

이 지역의 관원이 우리의 모임에 참석하였는데, 우리가 머무는 초라한 숙소로 인하여 당황해하였다. 나중에 관공서에서 연락이 오기를 방이 3개 있는 오래된 집에 우리가 머물 수 있다는데, 그 집의 타일과 나무와 돌을 옮겨달라는 것이었다. 나는 주저하지 않고 대답하였고, 관공서는 허락하였다.

우리 교인들, 노인, 여성, 소년, 소녀 할 것 없이 지게나 머리 위로 짐들을 날랐다. 7살 난 한 소녀도 도우면서 말하였다.

"모 부인. 저도 돕고 있습니다."

타일은 모두 10파운드의 값어치가 있었다. 우리는 새 예배당을 위하여 주일 헌금을 하였다. 돈을 낼 수 없는 사람들은 노동으로 봉사하였다. 우리는 모든 작업을 마치고 즐겁고 흥겨운 놀이 시간을 가졌다.

무어가 떠나게 되어 모두 아쉬워하였고, 좀 더 오래 아니면 계속 있을 수 있는지 물었다. 그곳에 한 여성이 있었는데, 엥겔(왕길지-역자 주)이 귀신을 쫓아 준 여인이었다. 그녀의 남편이 예배당을 관리하였고, 그녀도 함께 있었다. 그녀는 아름다운 머리카락을 가지고 있었는데, 무엇인가 이상하게 보였다.

"머리카락에 무슨 일이 있어요?"

나는 물었다.

"나의 머리카락을 잘랐어요. 예배당에 나도 돈을 내고 싶은데 가진 돈이 없어서요. 파는 대로 그 돈을 교회에 드릴 겁니다. 5실링 정도 될 거예요."

그녀는 구매자를 찾았고, 기뻐하였다.

"하나님이 이렇게 하는 것을 기뻐하실까요?"

나는 감정이 복받쳤다.

"네. 하나님이 기뻐하실 거예요."

목섬에 잠깐 들렀다가 무어 부인과 유실은 5주간의 순회를 마치고 부산으로 돌아왔다. 부산으로 돌아온 무어는 다음과 같이 적었다.

"그날 오후 박 서방은 좋아지지 않고 있었다. 그의 5살 난 남아는 죽었다. 모두 5명이 아프다. 떠나기 정말 싫었다. 도움을 남기고 갈 것이다. 이들은 정말 가난하다."

울산에서.

1907년 4월 6일.

[더 크로니클, 1907년 7월 1일, 3-4]

21. 우리가 입양한 이 땅

친구 여러분들에게,

우리가 입양한 이 땅에 변화의 물결이 빠르게 지나가고 있다. 내가 여러분 중에 있을 때 보고 하였던 것처럼 이 지역의 유일한 여학교를 우리가 운영하고 있다. 지금은 소녀들의 교육 발전을 위하여 두 개가 되었는바, 여기에서 3마일 반 정도 거리에 생겼다.

남학생들을 위한 교육도 변하고 있다. 우리 바로 옆에 있던 작은 학교는 철거되고 훌륭한 새 건물이 최근 세워졌다. 여기에서는 중국인 아이들을 가르치고 있다. 그곳에 또 하나의 큰 건물이 세워지고 있는바, 일본어, 영어, 그리고 다른 언어와 과목을 가르치기 위함이다. 알려진 바로는 기독교 교육이 이 학교에서는 부재한다고 한다.

한국과 한국인들의 전체적 생활이 빠르게 바뀌고 있는데, 작은 것들 예를 들어 옷의 색도 달라지고 있다. 모든 계층에서 다양한 계열의 색깔이 있는 옷을 입으며, 수 세기 동안 유지되던 옷의 모양도 변하고 있다. 이런 가운데 새로운 것을 향한 욕망과 소요가 있으며, 그로 인하여 쉽게 만족하지 못하고 있다.

지금이 하나님의 기회이다. 우리의 책임을 미루지 말자! 문은 열려있지만, 필요를 감당하기에는 역부족이다. 우리의 인력은 너무 적고, 일의 범위는 광범위하기 때문이다. 한국으로 돌아온 후 나는 대부분 시간을 순회 전도에 쏟고 있다. 한 줌의 교인을 만나기 위하여 먼 거리를 걷고 있지만, 열매는 맺을 것이다. 실제로 지금 뭇 영혼들을 하나님 나라로 인도하고 있다.

나는 피영(지금의 병영 – 역자 주)과 울산 그리고 학동에서 며칠씩, 전부 4주 동안 유익한 시간을 가졌다. 집을 떠나 멀리 혼자 있기에는 긴 시간이지만, 음식과 편의 물품이 충분히 있었다면 더 머물렀을 것이다. 우리의 여러 그룹 중 몇 곳을 방문하고 막 돌아왔다. 돌아오는 길에 동래에는 들리지 않았고, 내 짐을 구서로 보내어 그곳에 며칠 더 머물렀다.

산을 올라 지나가는 동안 나와 동행해준 친구들이 많았는데, 모두 20명 정도였다. 여러 길목에서 우리는 서로 '안녕히 가세요' 하며 헤어지기도 하였다. 마지막에는 5명이 남았다. 구서는 우리의 개척지인데 우리의 최고 교인 중 몇 명이 그곳에 살고 있다. 그들이 씨를 뿌려 현재는 매 주일 교인들이 모이고 있다.

1907년 6월 3일.

(더 크로니클, 1907년 9월 1일, 2-3)

22. 외국인의 영향력

나는 한 아이를 빼낼 수 있을지 보려고 이곳에 있는 감옥을 방문하였다. 나의 최근 교사인 김상원이 크게 염려하며 나를 찾아왔다. 그의 장남은 술고래인 나쁜 아이였는데, 취중에 한국인들을 향한 일본 순사들의 강압에 반항하며 문제가 벌어졌던 것이다.

"우리 중의 한 사람이 그와 함께 가 상급관을 만나볼 수 있을까요? 왜냐하면, 외국인은 큰 영향력이 있으니까요."

나는 큰 기대를 하지는 않았지만 김 선생을 위하여 그와 동행하였다. 일본 순사 상급관은 우리를 친절하게 맞았으며, 아들을 곧 풀어 주겠다고 하였다. 그 아들은 한밤중에 집으로 돌아왔고, 김 선생은 아침에 나를 찾아와 그 소식을 알리며 감사하다고 하였다.

지난 주일에 동래 읍내의 교회에 왔던 한 교인의 장례식에 초청을 받았다. 그녀는 월요일 저녁 '주님의 현존'으로 불림을 받았고, 수요일에 장례식이 있을 예정이었다. 나는 그녀의 죽음이 믿기지 않았는데, 그녀가 내 발치에서 '선한 목자'에 대하여 최근 배웠기 때문이다. 지난주일 오후 그녀는 우리에게 '오 해피 데이'라는 찬송을 불러 달라고 하였었다. 이제 그녀는 그 노래를 자신이 사랑하고 전도하려던 그리스도와 함께 부를 것이다.

지난주 내내 나는 아픈 사람들을 방문하고 돌보았다. 전도부인인 평웅의 남편도 하늘로 불림을 받았다. 그는 사인은 콜레라이다. 많은 사람이 이 병으로 죽고 있다. 심의 모친도 이것으로 지금 위중하다. 그녀가 회복할지는 미지수이다. 아이빈 박사는 매우 바쁜 중에도 나와서 우리를 도우며 자문을 해 주고 있다.

고아원의 작은 소녀는 백일해에 걸렸지만, 다른 이들은 모두 잘 있다. 커를 부부(거열휴-역자 주)와 두 자녀는 진주에 잘 도착하였다. 사역은 여기저기서 점진적으로 진행되고 있고, 하나님께 감사할 것이 많다. 지난 몇 주 전까지만 해도 그리 덥지 않은 여름이었는데, 지금 여기는 매우 덥다.

〔더 크로니클, 1907년 9월 1일, 3〕

23. 곰내 방문기

아직 내 마음속에 기억이 생생한 태양의 남쪽 나라를 떠나 온 이후, 벌써 한 해가 지나가고 있다. 믿어지지 않는 세월의 흐름이다. 나는 당시 휴가 때의 행복한 시간을 회상하는 것을 좋아한다.

올해에는 전반적인 변화가 있었던바, 우리 사역의 모든 부분과 주변의 환경에 큰 진전이 있었다. 과거보다 사람들이 더 배우기를 바라고 있다. 우리 여학교에 많은 학생이 들어왔는데, 모두 80명이나 된다. 또 순회하는 마을마다 기독교의 가르침을 더 받으려는 모습이고, 그중에 한 마을을 소개하려 한다.

곰내는 부산에서 60리(20마일) 떨어져 있다. 그곳의 최고 부자가 부산을 방문하였고, 주일예배에 오게 되었다. 최 매서인이 그가 복음에 관심을 가질 수 있도록 도왔고, 그는 더 알기를 원하였다. 그런데 우리 중에 누구도 선뜻 나서지 못하자, 그는 숙소 등을 제공하겠다고 하였다.

나와 나의 전도부인이 20마일을 걸어가면서, 중간마다 마을들을 방문하였다. 우리는 동래에서 첫날밤을 보냈다. 우리가 왔다는 말이 돌았고, 저녁 식사 후에 공부반이 열렸다. 아침에는 떠나기 전에 기도하였다. 다음의 마을은 돌대였다.

"부인을 기다리느라 눈이 빠질 뻔했습니다."

한 여성이 말하였다. 내 짐이 먼저 그곳에 도착하여 있었다. 그날 밤에는 안평에서 머물렀다. 기도 후에 우리는 휴식을 취할 수 있어 좋았다.

다음 날 아침 우리는 특별 기도를 하였고, 이 지역의 모임에 대하여 한두 가지 질문을 하였다. 돌아오는 보고도 모두 만족스러웠다. 그리고 우리는 산을 넘는데 얼마나 높은지 정상에 영영 도달하지 못

할 것 같았다. 이윽고 그곳에 올라보니 얼마나 아름다운 장관이었던
가! 멀리 보이는 바다는 햇빛에 의하여 반사되었고, 마을이 여기저
기 점처럼 보였고, 계곡 아래 밭에는 황금 보리들이 익어 추수를 기
다리고 있었다. 이곳에서 우리는 휴식을 취하였는데, 씻지 않은 아
이들과 닫힌 방에서 나는 냄새에서 벗어나 마음껏 신선한 산 공기를
마셨다.

마침내 우리가 찾던 집이 다정한 언덕 아래 있었다. 우리를 따라
오는 마을의 사람들과 마당에 들어서자 물끄러미 쳐다보는 한 사람
과 마주쳤다.

"여기 문덕윤이란 사람의 집입니까?"

"네."

"집에 있습니까?"

"앉으세요."

이때 우리의 초청자가 방에서 나왔다. 그리고 상황이 바뀌었다.
그는 하인에게 우리 여성들을 위하여 방을 준비하라고 명하였다. 그
집에는 하인이 5명 있었다. 순회하면서 머문 방 중에 가장 좋고 높은
천정을 가진 방이었다. 우리가 이곳에 머물렀던 3일 동안 이웃 마을
사람들까지 나를 보러 아침부터 저녁까지 찾아왔다.

나는 혼자 있을 시간이 없었다. 심지어 밤에 자려고 할 때도 쥐
가 내는 소리 같은 바스락거리는 소리가 방문 밖 창호지에서 들렸
다. 나는 종이로 된 창호지에 구멍이 뚫리고 있다는 것을 곧 깨달았
다. 옷으로 방문 위를 덮기도 하였고, 밖에 있는 사람들을 물러나가
게도 하였다. 식사시간에 사람들은 내가 먹는 한 수저 두 수저 등을
포함하여 일거수일투족을 쳐다보며 서로 뭐라고 말을 하였다.

주일은 즐거웠다. 15명의 남성이 모였고, 최 서방이 그들을 가르
쳤다. 나는 여성들과 어린이를 맡았는데, 그중 몇 명이 글을 읽을 줄

알아 환호하였다. 그 여성들은 모두 그 집에 속한 사람들이었다. 전도부인은 40권의 복음서와 7권의 찬송가를 팔았다. 짧은 시간에 우리는 몇 개의 찬송과 본문을 읽었고, 주기도문과 십계명을 설명하였다.

우리가 떠날 때 꼭 다시 오라는 청이 있었고, 우리는 몇 번이고 방문하기를 희망하였다. 내덕이 그곳에서 멀지 않아 우리는 그곳을 향하여 출발하였다. 이곳 사람들의 관례대로 그들은 우리를 멀리까지 배웅하였고, 나는 인사하며 이제 돌아가라고 하였다. 그러나 서너 명은 떠나기를 주저하며 계속하여 우리를 따라왔다. 꼭 돌아오겠다고 약속을 하고 겨우 그들을 돌려보낼 수 있었다. 그들은 우리가 안 보일 때까지 서 있었다.

내덕의 친구들은 내가 올지도 모른다는 소식을 듣고 마중 나와 있었다. 그들은 나를 꼭 안아주었다!

"얼마나 오래 있을 거예요?"

"3일이요."

"겨우 3일이요? 최소 주일까지는 있어야지요."

그들은 나의 식량이 떨어지면 맛있는 밥을 해 주겠다고 약속을 하였고, 나는 마음을 바꾸었다. 지난번에는 내가 가지고 간 음식이 다 떨어졌었다. 즐거운 방문, 좋은 날씨, 사랑스럽고 따뜻한 마음, 그리고 어디서나 환영이 있었다.

내가 부산으로 돌아왔을 때 나는 기분이 좋아 있었다. 14일에 거쳐 60마일을 걸었고, 나의 식량을 다 먹었고, 휴식 후에 또 떠날 준비가 될 것이다. 우리의 사역자들도 다 건강하였고, 그러므로 나의 이번 곰내 방문이 여기에서 끝이 났다.

이곳 시골 사역을 위하여 기도해 달라. 우리는 매우 넓은 지역을 다니고 있다. 도보로 다니지 않는 한 매우 비싼 순회가 될 것이다. 환율도 낮아졌다. 성탄과 새해 인사를 드린다.

1907년 11월 5일.

〔더 크로니클, 1908년 1월 1일, 2-3〕

24. 사람들의 구경거리

　　지난번 길었던 순회 전도는 나를 새 지역으로 이끌었다. 엥겔이 순회를 마치고 막 돌아왔는데, 그가 갔던 곳을 내가 다시 가서 여인들을 만나야 한다는 제안이 있었다. 나는 나의 두 명의 전도부인(김유실과 백차명-역자 주)과 부산을 떠나 기차로 마산포로 갔다. 3등칸이었다.

　　밤에 도착하는 것은 좋지 않았는바, 숙소가 형편없었다. 여관의 방 하나는 괜찮다고 하여 따라갔는데, 막상 가보니 우리 세 명이 눕기에 형편없이 좁았다. 그래서 우리는 급히 떠나 1마일 반 떨어진 우리의 교인 집으로 갔다. 가는 길이 너무 추웠지만, 그 집은 우리를 진심으로 맞아주었고, 따뜻한 방도 있었다!

　　다음 날 아침에는 무남까지 40리의 먼 길이 우리를 기다리고 있었다. 참 추운 행진이었다. 유실과 나는 전에 이곳을 한번 방문한 적이 있다. 그러나 백명(백차명-역자 주)에게는 초행길이라 힘들어하는 것 같았다. 마침내 우리는 멀리서 초가지붕의 마을을 볼 수 있었는데, 이 마을 사람들은 모두 교인이다. 작년에 이곳에서 아이 두 명이 우리에게로 와 공부를 하였었다. 마을 사람 모두 흥분되어 우리를 환영해 주었다. 친구들이 계속 찾아오는 바람에 앉을 시간조차 없었다. 저녁 식사 후에 우리는 기도회를 했고, 다음 날 아침에도 하였다.

우리는 30리 떨어진 내송으로 향할 준비를 하였다. 누가 나의 짐을 날라줄 것인가? 마산포에서 온 짐꾼은 돈을 주고 돌려보냈었다. 이 집의 박 씨가 자원하였고, 앞으로의 여정 동안 돌보아주겠다고 하였다. 그의 자원에 내가 기뻤던 것은 그곳으로 가는 길도 몰랐고, 그곳 사람들도 만난 적도 없었기 때문이다. 우리 3인은 함께하시는 하나님의 특별한 사랑을 느꼈다.

우리는 용감한 마음으로 그리고 상쾌한 날씨 속에 길을 떠났다. 내송에 도착하자 나는 다시 사람들의 구경거리가 되었다. 밤이 되자 집 안과 밖은 사람으로 붐볐다. 우리의 방문 목적을 알리고 복음서를 팔 훌륭한 기회였다.

다음 날 아침 우리는 강의를 하였고, 오후에는 10마일 내의 작은 마을을 방문하였다. 우리가 머문 집에는 4살짜리 꼬마가 있었는데 계속 나의 관심을 끌었다. 그는 십계명, 사도신경 그리고 주기도문을 암송하였다. 그리고 말하였다.

"목사님이 다음에 오면 나에게 세례를 준다고 하였어요."

다음 우리의 행선지는 40리 떨어진 신반이었다. 여기에서는 어떤 집을 찾을 수 있을까? 어디를 갈 때마다 항상 고려해야 하는 사항이었다. 이 마을은 큰 고을이었는데 우리는 집 마당에 들어가기 전 교인들을 먼저 모았고, 함께 들어갔다. 나는 긴장되었지만 다른 방법이 없었다. 최선을 다할 뿐이었다. 밤에 사람들이 많이 모였고, 전도부인이 가르쳤고, 사람들은 조용히 들었다.

주일에는 교인 모두가 모였고, 즐거운 시간을 보냈다. 종이로 된 문과 창문을 조심해야 하였는데, 호기심 많은 외부인에 의하여 구멍이 나기 때문이다. 나는 어쩔 수 없이 구경거리가 되었고, 가는 곳마다 사람들이 따라 다녔다.

월요일 아침, 친구들과 구경꾼들의 환송을 받으며 우리는 20리 떨어진 서암으로 갔다. 우리 친구가 미리 연락한지라 그 마을에서 2명이 나와 우리를 안내하였다. 이 마을은 한지 만들기로 유명한데, 그들이 어떻게 그것을 만드는지 보았다. 나는 많은 것을 배울 수 있었다. 서암의 장래는 매우 밝아 보였고, 누가 곧 이곳에 와 이들을 돌볼 수 있도록 여러분들의 특별한 기도를 요청한다.

나의 방문으로 40명의 남성이 모여 함께 하루를 보냈는데, 한 신자의 집에서 찬송하며 모임을 가졌다. 우리 세 명은 여성들과 모임을 했다. 나는 편안한 집에서 머물렀고, 이웃들이 신선한 달걀을 공급하였다. 나의 전도부인들은 이웃들과 함께 나가 식사도 하였다. 사흘째 되는 날, 모두 아쉬워하는 가운데 우리는 작별하였다. 새해에 다시 오겠다고 약속하였다.

그리고 그곳에서 20리 떨어진 높은 산중의 마을을 방문하였다. 그러나 그곳에는 우리를 환영하는 사람이 없었다. 계속 행진하라는 충고가 있었다. 10리만 더 가면 편안한 여관이 있다는 말이었다. 우리는 어쩔 수 없이 계속 길을 갔는데 슬프고 실망되었다. 그리고 그 여관도 완전히 실패였다. 밤새도록 우리는 벌레에 시달렸다. 아침 일찍 우리는 짐을 싸 계속 전진하였다. 그리고 가장 먼 50리 길을 걸어 사오실에 도착하였다.

이곳은 흥미로운 마을이었다. 길가에서 우리가 쉴 때 사람들이 모여 우리는 책을 팔고 설명을 하였다. 박 씨는 매우 조용한 사람이었지만 자기 철학을 가진 여러 남성과 논쟁을 하였고, 지지 않았다. 우리가 식당에 있을 때 그는 우리가 왜 왔는지 사람들에게 설명하였다.

사오실에는 편히 쉴 수 있는 곳이 없었다. 한방에서 사는 8명이 이웃집에 가 하룻밤 잤고, 우리가 그곳에 머물렀다. 그러나 우리가 쉽게 잊을 수 없는 일도 있었다. 한번은 한 여성의 방에 우리가 머물렀는데, 그 여성의 정직함이다. 그녀의 남편은 그녀가 '예수쟁이'가 되는 것을 반대하였다. 그녀의 소원은 그녀의 가족들이 천국에 가는 것이었다. 나는 그녀의 단순한 정직함에 크게 인상을 받았다.

그녀의 아이들은 그녀의 가르침대로 기도하고 찬송을 하였다. 우리는 그녀를 위하여 그 방을 떠나게 되어 좋았다. 그녀는 우리가 자신의 집에 온 것을 감사하였다. 어떤 사람이 우리가 떠나면 남편이 그녀에게 어떻게 할지 걱정하자, 그녀의 얼굴에 어둠이 깃들었다.

우리는 다시 무남으로 돌아왔고, 월요일까지 머무를 것이다. 토요일은 날씨가 안 좋았다. 우리는 기쁘게 방에 그냥 머물러 있었다. 아이 두 명은 내가 자신들을 데리고 갈 수 있을지 염려하고 있었다. 그들의 모친이 부산에 성경반을 위하여 두 달간 올 것이기 때문이었다. 나는 내가 감당할 수 있을지 몰라 기도하자고 하였고, 결국 데리고 가기로 하였다. 그들은 뛸 듯이 좋아하였고, 자신들의 작은 짐을 쌌다.

월요일 우리는 40리를 걸어서 역에 도착하였고, 그곳에서 기차를 탈 계획이었다. 우리는 거의 얼어 죽는 줄 알았다. 그리고 우리는 역에서 5시간 반을 또 기다려야 하였다. 그리고 중간에 기차를 갈아타고 한 번 더 기다렸다. 마침내 우리는 초량까지 가는 급행열차를 탔고, 부산까지 5리를 더 걸었다.

집에 도착하였을 때 편지들이 나를 기다리고 있었다. 하나는 영국에서 왔는데, 무남의 두 소녀가 두 달간 공부할 수 있는 딱 맞는 돈이 들어있었다. 내가 주님을 부르기도 전에 주님은 이미 응답을 하셨다.

성탄 전날은 바쁜 날이었다. 그러나 나는 피곤하였기에 일에서 제외되었다. 100마일을 걸었는데 1마일이 3리니까 300리를 걸었던 것이다.

새 사역자들의 필요성을 다 말하기는 불가능하다. 마을들은 일꾼을 기다리고 있다. 누가 말할 것인가?

"내가 여기 있사오니 나를 보내소서."

1908년 2월 24일.
〔더 크로니클, 1908년 5월 1일, 8-9〕

25. 부인을 위한 방

또다시 나는 서쪽 지방을 방문하였다. 계절로 인하여 도보 방문은 여러 가지로 어려움이 있었다. 비가 많이 왔고, 강마다 물이 넘쳤다. 종종 우리는 무릎까지 올라오는 시냇물을 건너야 하였고, 때로는 너무 깊어 돌아가야 하기도 했다. 그러나 포기하지 못하고 전진해야 하는 것은, 우리가 온다는 소식을 이미 건넛마을이 듣고 기다리고 있기 때문이다.

우리를 멀리서 제일 먼저 알아보는 것은 언제나 어린이들이다. 그들은 우리를 알아보자마자 한걸음에 달려와 나의 옆으로 왔다. 그리고 머리를 숙여 인사를 한다.

"안녕하세요?"

"오랜만에 오셨습니다!"

"온종일 부인을 기다렸습니다."

우리가 묵을 첫 번째 집의 가족들이 다 모였다. 그리고 방문을 열자 작은 방이 있었는데, 새로 벽지를 발랐다. 벽지는 나의 아버지가 보내준 '리더스' 잡지 종이였다.

"모 부인. 우리는 당신을 위하여 이 방을 준비하였습니다. 작은 창문도 내서 신선한 공기가 들어옵니다. 우리는 부인이 이것을 좋아하는 것을 압니다."

사랑스러운 그들의 생각이 나를 전율하게 하였다. 차고 넘치는 시냇물과 강바닥의 자갈들을 헤치고 온 것은 참 잘한 일이었다. 이날 저녁 우리는 함께 기도하고 읽고 찬양하였다.

내송은 우리의 다음 목적지였다. 기독교 형제인 박 서방의 안내로 우리는 저녁 전에 그곳에 도착하였다. 건너야 할 시냇물은 더 있었지만, 이번에는 내가 신은 짚신이 나를 지켜주었다. 내송에 다다르자 언덕 위에 새 건물이 보였다. 우리의 '새 교회당'이다. 사람들은 지붕 위에서 우리를 보았고, 할머니 한 분이 기쁜 소식을 우리에게 전하였다. 앞으로 이 건물이 우리가 묵을 곳인데, 이번에는 채비가 다 안 되었다고 하였다. 그래서 우리는 예전의 집에서 짐을 풀었다. 여성 3명과 박 서방에게 숙소를 제공하는 것은 이들에게 쉽지 않은 일이다.

자러 가기 전 우리는 마당에서 가족들과 예배를 드렸다. 많은 사람이 우리를 둘러싸고 구경하였다. 다음 날 아침에도 우리는 기도회로 모였다. 내송에는 4살 난 아이가 '우리 목사'가 오면 세례를 받겠다고 기다리고 있었다. 그는 사도신경, 주기도문 그리고 십계명을 암송하였다. 크레톤 방식의 재킷을 입은 그 아이는 기이해 보였다. 누가 그의 머리를 짧게 깎았고, 그의 머리끝은 솔과 같이 서 있었다.

내송을 떠나 우리가 강으로 가는 길에 보리밭 사이를 지나는 아름다운 길을 따라 걸었다. 나룻배의 사공은 건너까지 데려다주는데 전에 없는 비싼 가격을 불렀다. 나는 박 서방에게 타협을 맡기었다.

길가의 식당에 다다르자 마을 전체가 외국인을 보려고 몰려들었다. 그러나 나는 옆문을 통하여 빠져나갔고, 그들은 나를 구경하지 못하여 억울해하였다.

토요일 우리는 신반에 있었고, 그곳에서 환영을 받았다. 우리가 늦었기 때문에 밥을 새로 하였고, 준비되는 동안 사람들은 벌써 밖에 몰려들었다. 신반은 언덕들로 둘러싸인 큰 고을이었는데, 어려운 곳이었다. 그런데도 우리는 여성들과 어린이들을 만났고, 그들은 우리의 전도에 귀를 기울였다. 노래는 그들을 즐겁게 하였고, 그들은 계속하여 듣기 원하였다.

무리 중에 한 불쌍한 여성이 절름거리며 어렵게 나에게 다가왔다.

"부인. 나를 고쳐주세요."

그녀는 울부짖었다. 그녀의 옷은 지저분하였고, 손에는 흙이 묻어있었으며, 얼굴에는 희망이 없었다. 그리스도의 치유 힘을 나는 간구하였다.

"나는 당신을 고칠 수 없습니다."

나의 눈에서 눈물이 흘렀다.

"왜 나의 병으로 인하여 그녀가 웁니까?"

그녀가 주위를 보며 말하였다.

나는 그녀에게 손을 내밀었고, 그녀는 내 무릎으로 좀 더 가까이 다가왔다. 그리고 나는 예수님에 관하여 이야기하였다.

"좋습니다. 좋습니다."

그녀가 중얼거렸다.

우리는 떠나야 하였다. 심부름꾼이 서암에서 도착하였기 때문이다. 그곳에서 주일을 보내기로 되어있었다. 마지막으로 우리는 집에 들어가 기도를 하였다.

서암으로 가는 길에 우리는 우리 기독교 가정이 있는 한 집을 방문하였다. 그들은 우리를 기다리고 있었고, 자신의 친척 집으로 우리를 안내하였다. 그곳에는 결혼식이 거행되고 있었고, 나의 소화 기능은 제공되는 음식을 다 받아들이지 못하였다. 신부는 13살이었는데, 나는 그녀의 손을 잡으며 인사하였다. "평안하세요." 그리고 우리는 가능한 한 빨리 떠났다.

멀리 언덕에서 한 무리의 여성들이 우리를 지켜보고 있었다. 우리가 오는 것을 본 그들은 빠르게 다가왔다. 두 명의 소년이 먼저 우리에게 달려왔다.

"모 부인, 안녕하세요?"

우리는 그들과 함께 걷기 시작하였다. 모두 친절하였다. 저녁에는 찬송을 함께 불렀다. 찬송가 책을 다 가지고 있었다. 몇 명은 읽지 못하지만 말이다. 그들은 말하였다.

"이것 없이는 외롭습니다."

월요일 우리는 집으로 가야 했다. 안녕을 고하기가 쉽지 않았지만 말이다. 우리는 행복한 시간을 가졌다. 집에 안전하게 도착하였다. 이번에는 14일간 떠나 있었고, 100마일을 걸었다. 발이 아프고 피곤하였다. 그러나 우리를 위하여 위대한 일을 하신 그분을 위하여 이 작은 일이라도 할 수 있으니 그 하나님을 찬양한다.

1908년 5월 24일.
[더 크로니클, 1908년 8월 1일, 4-5]

26. 한국의 베데스다 연못

이 글은 무어가 울산에서 쓴 편지이다. (더 크로니클에 실린 무어의 편지는 때로는 전문이, 때로는 일부분만 편집되어 실렸다. - 역자 주) 무어는 10월 8일부터 그달 말까지 전도부인 2명과 순회 전도를 다녔다. 이들은 기장, 신평, 학동과 가는 길에 있는 마을들을 다녔고, 길가에서 여성들에게 전도하였다.

신평에서 학동까지의 길은 16마일 반이나 되는 힘든 여정이었다. 무어는 다음과 같이 말하고 있다.

"비로 인하여 시냇물이 넘치는 이유로 우리는 우리의 목적지에 밤늦게 도착하였다. 아침 이후 우리는 먹을 것이 없었고, 유실과 나는 힘들어 문 앞에 앉아 눈물을 흘렸다. 조금 쉬고 밥을 먹은 후, 우리는 따뜻한 교회당 안으로 들어갔다. 그리고 다음 나 아침, 어제의 경험을 생각하며 우리는 함께 웃었다."

지난번 방문한 이후 학동에는 변화가 있었다. 교회의 가장 오래된 여 교인이 사망하였고, 남은 그의 남편은 외로워하였다. 그래서 '그 슬픔을 이기기 위하여' 가능한 한 빨리 새 아내를 찾기 원하였다. 그의 며느리와 손자며느리가 그와 함께 살고 있었지만, '할머니의 존재 없이는 이곳이 아무것도 아니라'라고 그는 말하였다. 그날 밤 두 명의 여성이 나를 찾아와 그 나이든 남성이 잘 선택할 수 있도록 '기도 많이 해 달라'고 청하였다.

"만약 내가 한 여성을 뽑을 수만 있다면!"

베데스다 연못

한 작은 마을이 들썩이고 있었다. 근처에 있는 샘 때문인데 그

샘물이 신비한 치유의 힘이 있다고 사람들은 믿고 있었다. 많은 사람이 모여 그 물을 마시었다. 주일 아침 예배에 한 젊은 여성이 있었는데, 머리에 쓴 두건을 벗지 않았고, 그녀의 손은 파랗고 부어 있었다. 나는 문둥병임을 의심하였고, 내 추측이 맞았다. 그녀의 어머니가 그녀를 피영에서 데리고 와 치유를 희망하며 그 물을 마시도록 한 것이다.

그녀는 멀리서부터 와 지쳤고, 내 옆방에 누워있었다. 그녀와 내 방 사이는 종이 문 하나로 나뉘어 있었다. 그녀의 우는 소리가 아프게 들렸다. 이제 겨우 17살, 불쌍한 아이였다. 몇 달 후에는 나병이 그녀의 얼굴까지 덮을 것이었다. 그녀와 그녀의 모친은 둘 다 교인이었다.

샘물 주변에는 수백 명이 앉아있거나 서 있고, 물 가까이 가 마실 기회를 기다리고 있었다. 우리 두 명의 전도부인은 그중에 들어가 복음서를 팔았지만, 시끄러운 상황이었다. 모두 다 엎드려 물을 마시려고 경쟁하였다. 아침 일찍부터 밤까지 이런 모습이 계속되었다.

무어의 편지는 다음과 같이 결론을 맺고 있다.

"더 많은 사역자가 빨리 와야 할 필요성을 여러분은 느끼지 못할 것이다. 사방팔방에서 새 교회가 생겨나고 있다. 만약 그들이 제대로 감독을 받지 못하면 어떻게 될지 아무도 말하기 어렵다."

[더 크로니클, 1909년 1월 1일, 4]

27. 누가 와서 자신을 드리겠는가?

나의 마지막 보고서는 지난 10월 울산에서 썼다. 12월에 나와 전도부인은 서쪽 방향으로 순회를 나갔는바, 100마일 정도를 걸었다. 그곳은 새로운 지역들이었는데, 그곳에서 여성들을 가르칠 수 있는 교사를 보내 달라고 엥겔에게 요청하였었다. 함안이 첫 번째 마을이었는데, 우리는 그곳에서 따뜻한 환영을 받았다. 그곳 여성들은 배우는데 열정적이었고, 아침부터 밤까지 강의가 이어졌다. 그들의 관심은 계속되었다.

우리가 머물렀던 집의 여성은 얼마나 열심인지 우리를 따라 부산에 와 성경반에 참석하겠다고 하였다. 남편도 허락하였다고 한다. 우리가 다른 반에 가 가르칠 때도 그녀는 몇 사람과 함께 와 또 공부하였다! 배우는 것이 한계가 있을 텐데 말이다.

그러나 이번에 나는 하나님의 약속이 성취된 것을 보고 매우 기뻐하였다. "모든 물가에 씨를 뿌리고 소와 나귀를 그리로 모는 너희는 복이 있느니라."(사 32:20) 젊은 여성은 나이 든 여성보다 똑똑하지만, 더 어려움이 있는 것은 가정의 의무 때문이다. 그런데 할 수 있는 한 자주 참석하는 것은 보기 좋은 일이다.

여성성경반

지난번의 부산진선교부 모임에서 결정한 것이 있다. 이 중요한 성경반을 여러 중점 마을에서 열어달라는 요구에 관한 내용이었다. 그러면 흩어져있는 작은 여성 모임들이 한곳에 모여 만날 수 있다는 것이다. 이 요청은 가르치는 사역이 더 많아진다는 뜻이고, 또 동시에 순회는 적게 할 수 있다는 의미였다.

3월에 두 명의 전도부인과 나는 마산포에서 50마일 떨어진 서암에 갔다. 그곳에서 성경반을 마치고 우리는 마산포로 돌아왔다. 마산포에는 아담슨의 멋진 교회당이 있다. 그는 함안 지역의 여성들도 우리의 성경반에 참석하도록 하였고, 몇 명은 지도한 대로 우리를 도울 것이다. 이 새로운 방법이 성공적이고 우리 모두에게 축복이 되도록 기도한다. 우리는 여러분의 기도가 필요하고, 매시간 우리를 위하여 기도해 달라.

4월과 5월에는 그 인근의 여성들을 위하여 울산에 성경반이 열릴 것이고, 기장에도 같은 계획이 서 있다.

현재의 문제

얼마나 많은 변화가 이 땅에 왔는가! 엥겔이 주관하는 남성성경반이 주일에 열렸다. 우리의 목사가 군중을 위하여 생명의 빵을 나눌 때 참석자들의 얼굴에는 감동이 있었다. "내가 땅에서 들리면 모든 사람을 내게로 이끌겠노라."(요 12:32) 이 남성들은 많은 마을의 대표이므로 매우 큰 책임이 있다고 나는 생각하였다.

대단한 일이다! 여러분들의 대표들은 여러분들의 사랑스러운 동정과 도움이 여러 면에서 필요하다. 하나님과 우리의 이 놀라운 사역이 계속되려면 여러분들의 재정적 후원이 꼭 필요하다. 이 책임을 함께 질 수 있는 겁 없는 용감한 남성들이 필요하다.

오늘의 뜨거운 질문은 사람들이 우리의 전도를 들을 것인가, 아니면 우리가 사람들 사이에서 함께 살 것인가가 아니다. 그리스도를 위한 이 놀라운 사역에 누가 와서 자신을 드릴까이다. 다가오는 해에 우리 연합회(빅토리아여선교연합회-역자 주)의 모든 회원을 하나님이 축복하셔서, 우리 교회 역사에 길이 기억되는 해가 되기를 바란다. 한국 사역을 위하여 자발적으로 자신을 드리는 역사 말이다.

부산진에서.

1909년 2월 1일.

[더 크로니클, 1909년 4월 1일, 2-3]

28. 남성들도 모르는 찬송을

　지난달 나는 두 명의 전도부인과 서쪽 마을의 서암과 마산포에서 성경반을 인도하였다. 마산포까지 기차로 갔고, 그곳에서 무남과 내송을 거쳐 서암까지 가마를 타고 갔다. 각 곳에서 우리는 따뜻한 환영을 받았다.

　우리는 내송에서 주일을 보냈는데, 누가 우리를 위하여 교회당에 불을 지피게 하였다. 춥고 피곤하였는데 따뜻한 것이 반가웠고, 나는 졸리기 시작하였다. 그런데 어떤 일인지 갑자기 숯 연기로 교회당이 가득 찼다. 내가 잠에서 깨어날 때 나는 거의 숨을 못 쉴 정도였다. 하나님이 그 위험에서 나를 구해 주셨다는 것을 안 나는 크게 감사한 마음이었다.

　월요일 아침, 우리 12명이 20마일 떨어진 서암을 향하였다. 내송교회의 지도자는 등에 아기를 업었는데, 그의 아내가 나와 함께 성경반에 들어갈 수 있도록 한 것이다. 그곳에 도착하기 전 마지막 언덕을 넘는데 우리를 기다리는 교인들이 보였다. 어린이들은 우리를 만나려 뛰어와 고개를 숙이며 "안녕하세요?"라고 인사를 하였다.

서암에서의 성경반

6일 동안 진행되는 성경반은 우리 교사들과 학생들에게 큰 축복이다. 여성들은 마지막까지 집중하며 참석하였다. 각 여성은 자기가 먹을 쌀을 가지고 오거나, 돈을 냈다. 그들이 가지고 오는 짐은 성경과 찬송이 전부였다. 멀리서 아기를 업고 오는 여인들도 따로 짐은 없었다. 어머니들이 참석하는 것은 큰 희생인데, 가정마다 어머니의 손길이 꼭 필요하기 때문이다. 이것은 예수 그리스도의 힘이 얼마나 큰지를 보여주는 것인데, 한국 가정의 어머니는 보통 하인과 같아서 집을 떠날 수 없기 때문이다.

나는 많은 달걀을 선물로 받았다. 한 여성은 내가 올 줄 알고 자신이 2개월 동안 모은 것이라며 자랑스럽게 내놓았다! 교회에서 준 닭은 매우 질겼는데, 양쪽 다리를 공중에 든 모습으로 접시에 내어 놓았다! 이 모든 것을 함께 즐길 수 있는 친구가 있었으면 얼마나 좋았을까.

마산포에서의 결과

다음의 행선지는 마산포였다. 이곳에는 더 많은 여성이 성경반에 참석하였다. 전도부인 한 명이 아프기 시작하여, 계획된 반을 정상적으로 운영하기란 어려운 일이었다. 그런데도 여성들은 우리 지도자들을 친절하게 배려해 주고 이해하여 주는 분위기였다.

주일은 이들이 오래 기억할 수 있는 날이었다. 천으로 남성과 여성들을 나누었고, 여성들은 내가 가르쳐준 '영광의 찬송'을 불렀다. 평생 처음으로 그들은 남성들도 모르는 것을 할 수 있었다. 교회에서 가장 부자인 교인이 그 찬송을 들으며 크게 기쁨을 표시하였다.

여성들의 찬송이 끝나자 그는 말하였다.

"무어 부인. 소년들을 위해서도 뭔가 가르쳐 주십시오. 그래야 그들이 질투를 안 할 겁니다."

주일 아침 교회당 안과 밖은 사람들로 가득 찼다. 저녁에는 남성들은 모두 나가게 하고, 나와 전도부인이 10시까지 성경 말씀을 전하였다. 오랫동안 귀신을 섬겨 온 두 명의 나이든 여성이 다가왔다. 그들의 눈에서는 눈물이 마른 뺨 위로 흘렀다.

"부인. 우리에게 놀라운 진리를 가르쳐 주셔서 감사합니다. 우리는 예수님을 따를 것입니다."

그들의 얼굴에 빛이 나는 것을 나는 보았다.

친애하는 친구 여러분, 당신들과 나의 기도가 이루어지고 있다. 이러한 성경 공부반이 없을 때는 얼마나 많은 심령이 어둠에 있었을까. 나도 몰랐던 길을 하나님께서 이렇게 인도하고 있다. 아담슨 씨가 말하기를 그의 교인들도 이번 성경반을 높이 평가했다고 하였다.

부산으로 돌아와 나는 휴식을 취하였다. 그리고 지금은 동쪽 지역에 와 며칠을 묵으며 성경반을 진행하고 있다. 내가 부산을 떠나기 전 새로 부임한 라이얼 부부를 만나 반가웠다. 앞으로 자주 만났으면 좋겠다. 이 중요한 사역을 위하여 여러분의 기도를 다시 한번 간구한다.

심평에서.

1909년 4월 27일.

[더 크로니클, 1909년 7월 1일, 2]

29. 사랑

　　지난번 나는 심평에서 여러분께 편지를 썼다. 돌아오는 길에 울산에 들러 그곳에서도 성경반을 인도하려 하였다. 당시 나는 매우 아팠고, 전도부인은 나에게 부산으로 돌아 가 의사를 보아야 한다고 하였다. 그러면 울산에서 기다리고 있는 사람들이 크게 실망할 것이었다. 나는 강행하였고, 전도부인과 나는 기도하며 12시간을 여행하였다.

　　그곳의 친구들은 나의 방문을 준비하였는데, 벽지도 하얀색으로 새로 발랐다. 방에 휘장이 쳐져 구분되어 나는 짐을 그곳에 풀고 이불도 펼 수 있었다. 나는 병에서 천천히 회복하였다. 삼 일째 되는 날 많이 나아져서 계획대로 성경반에 참가하여 나의 일을 하였다.

여성의 정직성

　　나흘 동안 비가 많이 왔다. 비는 많은 여성의 참여를 막았지만, 참석한 사람들은 큰 관심 속에 우리의 강의를 들었다. 성경반은 아침 9시 30분에 시작하는데, 어떤 여성들은 7시에 왔다. 아침 예배는 기도, 성경 봉독 그리고 찬송으로 30분간 진행된다. 그리고 반을 3개로 나누어 공부하는데, 반의 특징은 솔직함이었다. 하나님이 축복하신다면 우리는 위대한 일을 경험할 것이다.

　　우리는 하루에 5시간 공부를 인도한다. 그리고 밤에는 기도회와 찬양 모임을 한다. '영광의 찬송'과 '나의 갈길 다가도록'을 찬양하는 이 여성들의 얼굴을 여러분이 볼 수 있으면 얼마나 좋을까. 우리는 이 두 개의 찬송을 반복하여 불렀다. 이들은 전혀 지친 기색이 없다. 찬송이 이윽고 다 마칠 무렵, 한 나이든 여성은 나를 보며 고개를 끄덕이며 또다시 부르자고 한다. 이들의 찬송을 듣고 얼굴을 보는 것은 잔치와 같다. 그리고 찬송 시간을 마치고 헤어질 때 다 섭섭한 모습이었지만, 우리가 함께 공부한 주제 '사랑'은 절대 잊지 못할 것이다.

나는 이틀 안에 집으로 돌아왔다. 아침 일찍 떠날 때 밭에서 반짝이는 아침 이슬을 보았다. 태양이 떠오르기 전까지는 좋은 여정이었는데, 후에는 덥기 시작하였다. 부산으로 돌아와 사랑하는 친구들을 다시 만나 기뻤고, 모두 건강하고 행복해 보였다. 이들은 나를 위해 기도하고 있었고, 기도를 통하여 필요한 은혜와 힘을 주고 있었다. 엥겔은 평양에 갔는데 내일 돌아온다.

바쁜 교사 니븐

니븐은 학교에 전력을 쏟고 있다. 아침 9시부터 1시, 그리고 오후 2시부터 4시까지이다. 그리고 그다음 날 수업 준비를 해야 하기에 자신을 위한 시간이 없었다. 토요일은 1시까지 바쁘고, 주일은 종일 바쁘다. 한 사람이 감당하기에는 일이 너무 많다. 올해 새 일꾼이 와 이 중요한 일을 준비할 수 있기를 희망한다.

우리는 우리에게 주어진 일의 양에 대하여 불평하지 않는다. 그러나 시간이 안 되어 돌보지 못하는 부분이 있다. 돌아오는 해에 우리는 하나님의 큰 역사 하심을 기대하고 있다.

한국인들이 준 흥미로운 물건들을 여러분의 바자회를 위하여 보내겠다. 진주에서도 보내는 물품이 있는데 도착하면 같이 포장하여 보낼 것이다. 하나님께서 여러분의 선교 활동에 풍성하게 축복해 주기를 기원한다. 이곳의 모든 교회와 우리가 사랑을 보낸다.

부산진에서.

[더 크로니클, 1909년 9월 1일, 2]

30. 세례받는 심 장로의 아들

7월과 8월은 한국에서 가장 더운 달이다. 이 계절은 깊은 인상을 남긴다. 니븐은 용감하게도 7월 말까지 학교에서 가르쳤다. 그녀와 장금이 그리고 매물이가 곧 쓰러질 것이라고 나는 생각하였다. 그러나 서로 돌보고 휴식도 취하면서 수업을 다 마칠 수 있었고, 종강일은 기쁜 날이었다.

진주선교부의 동역자들이 이곳을 방문한다는 말을 듣고 우리는 모두 들떠 있었다. 그런데 태풍이 한국을 휩쓸었고, '갇혀있다'라는 메시지의 전보가 진주에서 도착하였다. 태풍이 그러나 오래가지는 못하였다. 곧 켈리와 스콜스가 부산진에 도착하였고, 아담슨의 손님으로 라이얼 부부가 초량에 도착하였다. 우리의 자매들은 우리의 돌봄과 사랑이 꼭 필요한 모습이었다. 이들은 어려운 한 해를 보낸 것이다. 일주일 전, 이들은 니븐과 함께 일본으로 가 '카린자와'라는 산을 등반하였다. 그곳에서 그들은 맑은 공기를 마시며 휴식을 취할 것이다.

우리의 사역은 계속되고 있다. 시골의 교회들은 성장하고 있지만 어려움을 겪고 있다. 늦게 온 장마로 인하여 우리는 방문을 못 하고 있다. 교회가 성장을 하고 있지만 새 신자들이 들어 올 수 있는 공간이 없다는 생각이 들었다. 진흙탕 길이 벽돌 길로 곧 바뀐다는 소식을 듣고 우리는 기뻐하였다.

어느 주일, 심 장로의 아들이 세례를 받고 '필립'이 되었다. 이 집에는 '존', '조셉', '필립'이 있고, 그 사내아이들과 한 여아가 있다. 우리의 기숙사 사감도 교회에 나와 세례를 받았다. 그녀가 며칠 전 나에게 와서 말하였다.

"나는 죄를 지었습니다."

"무엇을 했는데요?"

"저 아이들이 나를 정말 화나게 합니다. 무어 부인, 어떻게 하면 좋을까요?"

서쪽 지역의 조사 한 명이 어제 나를 방문하여 사랑스러운 인사를 하였다. 언제 내가 다시 오느냐는 것이다. 나를 많이 기다리고 있다고 하였다. 나도 마찬가지 느낌이었다. 그들을 곧 방문하는 것은 나의 특권이다.

우리에게 보내준 '사우던 크로스'를 재미있게 읽었다. 보내주어서 매우 감사하다. 10월경에 우리는 쳅만 박사를 한국에서 볼 것이다. 이 사역에 큰 축복이 있을 것이고, 한국도 그 은혜를 입을 것이다.

부산진에서.
1909년 8월 17일.
[더 크로니클, 1909년 11월 1일, 2]

31. 대 부흥 운동

니븐과 나는 지난주 가장 흥미로운 시간을 가졌다. 10월 10일부터 14일까지 쳅만 박사와 일행이 서울에서 주관하는 집회에 참석하였다. 이것은 정말 특권이었다. 그들의 차 옆에 우리의 것도 있어서, 그들과 계속 소통을 하였다. 알렉산더 부부는 오후에 우리와 차를 마셨으며, 그 시간을 통하여 우리는 우리가 사랑하는 고국 소식을 많이 들었다. 우리가 가지고 간 '사우던 크로스'와 다른 잡지는 전체 그룹에 도움을 주었다. 하루가 이렇게 빨리 지난 적이 있었던가. 아담슨 목사 부부도 우리 일행단과 동행하였다. 알렉산더 씨가 한 정거장에서 우리 사진을 찍어 '사우던 크로스'에 보낸다고 하였다. 잘 나왔기를 바란다. 나는 차를 멋지게 준비하여 찬송가를 상으로 받았다.

하루에 세 번 있는 집회시간이 우리에게 큰 유익을 주었다. 영혼을 새롭게 하는 시간이었다. 우리 일꾼 모두가 함께하였더라면 좋았을 것이다. 찬송도 좋았고, 신실한 사역이 있었고, 많은 사람이 예수께로 나아왔다. 백만 명의 한국인과 천명의 일본인 영혼을 위한 기도 부흥운동이 일어났다. 데이비스 씨는 순식간에 성경을 나누었다. 한국에서의 첫 성경은 고아원에 있는 우리 여학생들에게 주어졌다. 니븐과 나는 그 리그에 가입하였다. 노튼 씨도 그의 연설에서 우리 개인에게 가치 있는 도움을 주었다. 노튼 부인의 찬송은 매력적이었다.

첩만 씨의 능력이 가장 인상적이었다. 알렉산더 씨의 강한 개성은 우리로 하여금 찬송을 부르게 하였다. 우리는 그의 '찬송하고 또 찬송하는' 노래 인도로 감동을 하였다. 우리는 16일 집으로 출발하였다. 우리의 기차가 아침 공기를 가르며 "하나님이 당신을 보호하실 것입니다"라고 다정하게 말하는 것 같았다. 우리는 전심을 다 하여 함께 하였고, 우리의 운명은 신뢰로 인하여 빛이 났다. 모든 선교사의 욕망은 그 어느 때보다도 그리스도에 속하는 것이었다.

우리가 집에 도착하였을 때 따뜻한 환영이 우리를 기다리고 있었다. 엥겔은 시골로 나가고 없었다. 금이와 매물이는 신실하게 학교를 지키고 있었고, 엥겔 부인은 비상사태를 위하여 대기하고 있었다. 모든 것이 잘 관리되었고, 다시 이들을 보게 되어 반가웠다! 우리는 계속되는 축복을 기다린다. 이 촉진되는 힘이 우리 때문에 다른 사람에게 방해가 되지 않기를 바랄 뿐이다.

이번 집회의 결과로 한국 땅에 부흥의 물결이 일어나기를 기대하고 있다. 한국 여성들의 집회는 볼 가치가 있다. 이백 명 이상의 여학생들이 집회를 했다. 성경을 나누고 그 영향이 널리 퍼져 열매 맺게 되기를 기도한다. 그 기도의 손에 우리를 지탱하여 주기를 바란다.

부산진에서.

1909년 10월 18일.

〔더 크로니클, 1910년 1월 1일, 2〕

32. 앓아누운 무어

장티푸스 열로 6주 동안이나 침대에 누워있던 무어가 회복기에 들어섰다. 그녀가 잘 회복이 되고 있어 우리는 매우 감사하다. 이것은 많은 부분 그녀 곁에 다행히도 의사와 간호사의 보살핌과 지혜가 있었기 때문임이 분명하다. 그러나 그녀가 힘을 내어 다시 시골 지역 순회를 다니려면 앞으로 긴 시간이 필요하겠다.

부산진에서.

니븐

〔더 크로니클, 1910년 4월 1일, 2〕

33. 순회를 잠시 멈추다

여러분들에게 편지를 쓴지가 좀 되었다. 이제 나는 감기와 장티푸스의 열에서 많이 회복되었다. 하나님께 감사할 이유가 많다. 우리의 기도에 넉넉하게 응답해 주셨다. 지난주 남성성경반이 열렸는데 시골에서 130명이 참석하였다. 어제는 성찬식이 있었다. 거룩한 순간이었고, 오래 기억될 시간이었다.

맥켄지의 부임

오늘 우리는 우리 중에 노블 맥켄지 목사를 맞이하게 되는 영광을 가졌다. 니븐과 나는 기차역까지 가서 그를 환영하였다. 남성들은 정거장 길 양쪽에 줄을 서 기다리다 맥켄지가 나오자 모두 고개를 숙여 인사하였다. 엥겔이 교사, 장로, 그리고 지도자들을 차례로 소개하였고, 마지막에는 모든 남성이 앞으로 나와 맥켄지와 악수를 하였다. 남성들은 빛나는 얼굴로 맥켄지와 손을 잡았고, 모두 만족하는 모습이었다. 우리도 새로운 동역자를 보게 되어 기뻤고, 오른손의 환영 악수를 하였다.

백만 영혼을 위한 기도운동에 대하여 나는 여러분께 언급했었는데, 지금 현장에 있는 사람들은 그 일로 매우 바쁘다. 과로하고 있다. 그러므로 우리는 그 백만을 위하여 사역자가 더 많이 필요하다. 그들은 가르침이 필요하기 때문이다.

"순회는 없다"

의사가 나에게 6개월간은 순회 전도를 다니지 말라고 하여 유감이다. 그러므로 나는 순회 사역의 기쁨을 당분간 멈추고, 켈리가 대신하여 다닐 것이다. 이 기간이 끝나면 나는 좀 더 균형을 잡고 더 나은 순회를 할 것이다.

커를 부인의 편지에는 그들 부부가 2월 15일 런던을 떠나 3월 8일이나 9일 "사랑하는 사역지로 다시 돌아올 것"이라고 하였다. 아담슨 부부는 남성성경반을 위하여 시골로 나가 있다. 그래서 오늘 아침 우리와 함께하지 못하였지만, 곧 돌아와 새 선교사를 만날 것이다.

고아원의 소녀들은 올해 병에 시달리고 있다. 그러므로 나는 이 일로 바쁘다. 미국인 선교사가 돌보아주고 있으며, 참 감사하다. 내가 아플 때도 그는 매일 6주 동안 왕진하였으며, 우리와 우리 아이들을 위하여 무엇이든지 할 준비와 능력이 있다.

토요일 오후 3시에는 여러 집을 바꾸어가며 여성기도회를 가지고 있다. 이것이 우리에게 큰 힘이 되고 있으며, 여러분들도 기도의 시간에 우리와 함께해 주기를 바란다.

보낸 미션 박스는 아직 도착하지 않고 있다. 그런데도 이 편지의 마지막은 다음과 같다.

"우리를 위하여 준비한 모든 것으로 인하여 우리는 따뜻한 감사를 전한다."

부산진에서.

2월 21일.

〔더 크로니클, 1910년 5월 2일, 2〕

34. 짧은 편지

우리는 모두 우리의 일에 행복하고 잘 있다. 우리의 소녀들도 학교와 집에서 잘하고 있다. 지금은 방학인데도 자신들의 여름옷을 만드느라 분주하다.

나는 방금 칠암과 마산포에서 성경반을 인도하고 돌아왔다. 그곳에서 나는 켈리를 만났다. 우리는 울산의 성경반도 준비하고 있다. 이제 이삼일밖에 남지 않았기 때문에 편지를 짧게 쓰는 것을 양해해 달라. 클러크가 우리와 함께 있고, 켈리가 있는 진주로 가기를 희망하고 있다. 지금 그녀는 한국말을 배우느라 바쁘고, 곧 일을 시작할 수 있기를 고대하고 있다.

종하의 태도가 많이 좋아졌다는 소식에 여러분은 기쁠 것이다. 그녀가 '호주머니 성서회'에 가입한 후로, 많이 성장하여 우리에게 잘 순종하고 있다. 그녀를 감독하는 부인이 그녀가 '새 사람'이 되었다고 보고하였다. 그것으로 인하여 우리는 하나님께 감사드린다.

울산에서 돌아오면 칠암 방문에 대하여 자세히 쓰도록 하겠다. 나는 다시 건강하지만, 강의와 학생들로 차고 넘쳤던 방으로 인하여 지금 좀 피곤하다. 그러나 나의 마음은 그분의 자비로 인하여 감사함으로 넘친다.

4월 12일.
[더 크로니클, 1910년 7월 1일, 2]

35. 고아원의 어려움

지난 3월 나는 칠암에서 여성들을 위한 성경반을 7일 동안 인도 하였다. 그리고 마산포로 가 켈리와 합류하였다. 나는 여성들을 가르 치며 정말 즐거웠다. 나는 피곤하였지만, 다음의 울산 성경반을 계획 하느라 나 자신을 돌볼 겨를이 없었다.

4월에 울산에 가 그곳에서도 열심 있는 여성들과 함께하였다. 어떤 이들은 50마일을 걸어 참석하였다. 우리는 하루에 43마일을 왔는데, 부분적으로 말을 타기도 하였고, 인력거로는 13마일만 왔 다. 그리고 어제는 또 다른 방문 요청에 응할 준비를 하였다. 엥겔은 심한 감기에 걸렸는데도, 순회를 나갔다. 우리는 여름을 대비하였고, 좋은 날씨를 즐기고 있다.

고아원 사역 보고

모든 가족에 어려움이 있는 것처럼 고아원에도 문제가 있다. 두 명의 소녀가 병에서 회복하고 있으며, 다른 여러 명은 고열에 시달리 고 있다. 이곳으로 인하여 우리는 매시간 바쁘다. 지금은 여름옷을 준 비하느라 소녀들의 기분이 좀 들뜨고 있다. 한국 소녀들은 새 옷을 입 는 것을 매우 좋아한다. 옷감의 스타일 자체는 변하지 않지만 말이다.

지금의 기숙사 사감은 존경을 많이 받지 못하고 있지만, 우리의 모든 요건을 충족하는 사람을 구하기가 힘든 것이 현실이다. 좋은 사감이 올 수 있도록 기도해 달라.

우리 소녀들이 '호주머니 성서회'를 잘 받아들이고 있다. 종하 는 그 회에 가입하였고, 그 후 그녀의 변화는 우리 모두를 기쁘게 하 였다. 우리의 기도가 응답된 것이다. 소녀들의 성장에 우리 모두 감사하지만, 아직 어린아이들은 예배시간에 성경을 잘 활용하거나 읽지를 못하고 있다. 장금이와 매물이가 가르치고 공부시키는 데 애를 먹고 있다. 이 아이들은 배울 기회를 얻지 못하였기에 많은 과목을 아직 소개하지 못하고 있다. 상급반으로 진학하려면 더 공부해야 하는데, 학교에 주어진 규정에 따라야 한다.

부산진에서.

6월 16일.

[더 크로니클, 1910년 9월 1일, 2]

36. 무어 부인은 항상 혼자예요

우리 모두 잘 있다는 소식이 여러분을 기쁘게 할 것이다. 그러나 어제는 일본 관원이 와 우리의 주일예배와 다른 모임들을 당분간 중단하라고 요구하였다. 이 항구에서 발병하고 있는 이질 때문이었다. 매일 모이는 학교는 휴교 되지 않았는데, 매 주일의 모임을 금지하는 것은 부당하다고 생각되었다. 전염병이 시작되면 먼저 학교부터 닫게 될 텐데 말이다. 일본 관원은 설명하기를 학교도 정기적으로 방문하고 있으며, 우리에게 명령이 떨어졌으므로 시행하여야 한다고 하였다.

고아원의 아이들은 모두 괜찮다. 새 학기가 시작되므로 아이들은 좋아하고 있다. 그들이 수업에 다시 가게 되어 우리도 기쁘다. 나는 종종 이들의 배움의 열망에 대하여 놀란다.

호주에서 오는 증기선을 볼 때마다 새 사역자들의 도착을 우리는 손꼽아 기다리고 있다. 얼마 전 스콜스가 나의 손님이었고, 지금 그녀는 진주로 돌아갔다. 우리는 서로를 보완하고 있다. 그녀는 켈리가 있고, 나는 니븐이 있다. 그러나 사실 나는 혼자이다. 금이와 매물이는 데이비스 양이 오기 전까지 클러크를 초청하여 함께 하였다.

"무어 부인은 항상 혼자예요."

"그래. 데이비스 양이 오면 너희는 진주로 오겠다고 하겠지."

클러크가 말하였다.

엥겔은 연례회의에 참석하러 갔고, 올해 평양에서는 많은 일이 일어나고 있다. 열심 있는 많은 사역자를 만나는 것은 매우 흥미롭고 동기유발이 된다. 나는 아담슨의 지역에서 성경반을 시작하였는데, 칠암, 마산포, 그리고 함안이다. 올해 이 성경반을 마쳐야 한다.

다음 해에 나는 울산과 기장 지역에서 같은 수의 성경반을 진행할 것이다. 엥겔 부인은 내일 20마일 떨어져 있는 곳에서 성경반을 지도할 것이다. 노만은 나와 함께 머물기 위하여 올 것이고, 맥켄지가 우리와 함께 식사할 것이다.

진주에서 온 소식 중에 라이얼 부인이 아프다는 것이다. 건강이 잘 회복되기를 우리는 기도한다. 커를은 그 병의 원인이 무엇인지 아직 모른다고 하였다.

성경반을 위하여 특별히 기도해 주기를 요청한다. 학생들이 늘어나고 있다. 우리의 도움만으로는 이제 충분치 않다. 하나님의 영이 이들의 마음에 역사하셔서 말씀에 깨달음이 있기를 기도한다. 생명의 빵으로 인하여 다시는 배고프지 않기를 기원한다.

부산진에서.

9월 19일.

〔더 크로니클, 1910년 12월 1일, 2〕

37. 티 파티

우리 선교사들은 새해를 두 번 축하하였다. 1월과 2월이다. 2월에는 한국의 새해가 있었다. 우리는 올해 다른 방법으로 새해를 축하하였다. 티 파티(다과회-역자 주)를 가진 것이다. 이것은 도전이었다. 왜냐하면, 우리 여학생들은 전에 자신의 손에 찻잔과 접시를 들어본 적이 한 번도 없었기 때문이다. 우리는 3시에 파티를 초청하였는데, 학생들은 11시부터 도착을 하였다.

한국에서의 티 파티

우리는 3시에 종을 울렸고, 소녀들은 고아원에서 올라왔다. 그들이 입은 색색의 옷은 아름다운 분위기를 만들었다. 우리는 우리의 작은 식당을 꾸미었고, 학생들은 들어 와 바닥에 앉았다. 그리고 관심 있게 그들이 어떻게 하는지 보았다. 호주 캔터베리에서 온 르 톨 부인과 윌슨 양도 구경하러 왔고, 즐거워하였다.

우리는 먼저 '감사의 찬송'을 불렀다. 그리고 곧 우리의 염려는 사라졌다. 모두 즐겁게 참여하였다. 우리 중에 오직 한 명의 소년 노만 엥겔은 "몇 명의 소녀들은 차를 잘 마셨다"라고 하였다. 저녁에는 기도와 찬양의 시간이 있었다. 순서를 다 마치고 돌아갈 때 모두 행복해 보였다.

동래에서의 주일

올해 나는 매주 주일 아침 동래에 갔다. 그곳에서 여성과 소녀반을 지도하였는데, 참 흥미로웠다. 봉남이라는 한 소녀는 이 반에 몇 년 참석하였는데, 학교 어린이들을 지도하는 데 큰 도움이 되었다. 그녀는 신실하게 나를 따르고 있었다. 매 주일 봉남이는 길에 나와 나를 마중하였고, 내 가방을 들어주었다. 교회에서도 모두 그 애가 내 옆에 앉도록 도왔다. 집에서나 만날법한 그런 편안한 소녀이다.

연례 성경학원

남성경학교가 부산진에서 열렸는데, 올해에는 93명만 참석하였다. 이들은 참 조용하였고, 이들이 있다는 것을 옆집이 모를 정도였다. 여성경학교는 다음 달에 열릴 것이다. 지금 나는 그것을 준비하고 있고, 우리 여성들을 만날 준비를 하고 있다. 언제 또 다른 지방에 오느냐는 질문이 많이 들어오고 있다. 아담슨의 지역에서 한 성경반 학생들이 제일 많이 기도하고 있다.

우리는 매일의 사역을 모두 행복하게 시행하고 있다. 여러분의 대표 '위원회'가 여기 동방에서 곧 돌아갈 것이고, 그들을 통하여 우리 선교에 관하여 다 들을 수 있을 것이다.

2월 7일.
〔더 크로니클, 1911년 4월 1일, 10-11〕

38. 금이와 매물이에게 준 선물

소녀들 사이에는 평화와 기쁨이 있다. 한국인 사감이 어제 나에게 말하였다.

"더 바랄 것이 없습니다. 모두 잘하려고 최선을 다하여 노력하고 있습니다."

무엇을 더 기대하겠는가. 이 아이들은 아마 수천의 여성들을 대표하는 훌륭한 여성들이 될 것이다. 아이들은 돌아가며 기도를 인도하고, 이제는 모든 아이가 다른 학생의 도움 없이 성경을 읽을 수 있다. 갓 난 아이였던 아이가 이렇게 커서 교회 생활을 열심히 하는 것을 보면 마음속에 감동이 솟구친다. 이 아이들이 고아원에서 선한 영향력을 끼치고 있다는 것을 후원자들이 안다면 기쁠 것이다.

이들은 자신의 부모나 친구들이 교회에 나오니까 그저 따라 나오는 것이 아니라, 학교의 확실한 입장처럼 자신이 결단하여 그리스도인이 된 것이다. 우리 대표들이 방문 초기부터 이것을 강조하는 '전도 운동'을 하였을 때, 이것은 우리에게도 중요한 일이었다. 꽤 인상적이었고, 하나님의 영이 많은 사람의 마음을 움직였다.

여러분이 금이와 매물이에게 보내준 후원금으로 어떤 일이 일어났는지 안다면 여러분은 매우 기뻐할 것이다.

우리는 이것을 반복하여 이야기한다. 이들은 학교에서 이용할 수 있는 시계를 오랫동안 원하여 왔다. 그래서 엥겔과 맥켄지가 시계를 샀는데, 예쁜 금장 시계였고 줄도 있었다. 우리는 이 두 학생을 데이비스 부인과 켈살 양과 동행하여 엥겔 부인에게 데리고 갔다. 그리고 시계를 선물로 주었다. 이들은 너무 기뻐서 말을 못 하였다. 얼마나 좋아하는지 얼굴에서는 빛이 났다. 후에 매물이가 나의 방에 슬며시 들어와 말하였다.

"우리의 마음이 감사함으로 꽉 차서 어떻게 표현해야 할지 모르겠습니다."

부산진에서.

1월 28일.

[더 크로니클, 1911년 5월 1일, 7]

39. 1910년~1911년의 무어

　무어는 고아원 운영에 더하여 동래읍 주일학교 여성반을 정기적으로 책임지고 있다. 이곳에서 그녀는 24번의 주일을 봉사하였다. 그녀는 부산진을 우선하여 여성들의 집을 다양한 시간대에 방문하였고, 그 부근 3개의 마을도 방문하였다. 나환자 요양원도 2번 방문하였고, 구서교회 여성들도 방문하여 총 148번을 방문하였다.

　무어는 또한 마산포 지역의 여성성경반도 책임지고 있다. 이 지역에서는 3개의 다른 거점에서 성경반이 열렸는데, 여행 시간 포함하여 모두 16일이 소비되었다. 각 성경반에 평균적으로 여성 60명이 참석을 하였다.

　부산진 지역에서는 3월에 23일에 걸쳐 성경반이 진행되었다. 피영에서는 86명, 언양읍에서는 68명, 안평에서는 59명이 정기적으로 참석하였고, 각각 120명, 93명 그리고 74명은 부분적으로만 참석하였다.

(Our Missionaries at Work, 1911년 12월, 24)

40. 빅토리아여선교연합회 연설

　무어는 자신과 다른 선교사들이 하던 한국선교의 초기 단계는 이제 지났다고 말하였다. 처음에는 자신들의 주님처럼 "머리 둘 곳도 없이" 이 마을에서 저 마을로 전도하러 다녔다. 그들은 가가호호 방문하며 여성들과 가까워지려고 노력하였고, 그들의 관심을 유발하였다.

지금은 그들의 마을을 방문할 때, 그곳에 작은 예배당이 있어 그곳에서 잠을 잘 수 있다. 그리고 여성들을 위한 성경반을 시작하였고, 한 번에 일주일 동안 지속된다. 진주 지역은 부산진 지역보다 많이 늦게 시작되어, 순회 사역이 많이 진전되지 못하고 있다. 이제 기초가 잡히고 있는 형국이다.

세 번째 단계는 북쪽인데 여성경학원이 있는 평양이다. 여성들은 한 번에 3개월씩 가 훈련을 받고 전도원이 된다. 남쪽도 곧 이 단계에 접어들기를 희망하고 있다.

무어는 전도부인들의 역할에 대해 매우 높이 평가하였다. 이들 없이는 전도사역이 불가능하다. 또한, 기독교 여성들 사이에서도 그들은 선교사인데, 먼저는 그들의 가정에서 그리고 자신들의 이웃에게 그렇다.

무어는 고향에서의 여선교연합회 사역이 성장하고 또 해외 선교지에서의 선교도 성장하여 하나님께 감사드린다고 하였다. 그러나 이 성공은 더 많은 선교사를 요구하고 있고, 한국 여성들 마음속에 영적인 갈구함이 만들어졌는데 만약 그 영들이 만족하지 못한다면 시들 것이라 하였다.

호주 빅토리아 멜버른 연례대회.
1912년 5월 16일.
(더 크로니클, 1912년 6월 1일, 7)

— 41. 한국 태극기를 소개하다

　　지난 20년 동안 활동적인 선교사로 일해 온 무어 양의 흥미로운 선교보고회가 장로교회에서 열렸다. 그녀는 이 주제를 말하기에 좋은 자격을 갖추고 있다….

　　무어는 간결하고 부담 없는 보고를 하였다. 그녀가 한국에 갔을 때 두 명의 여성 선교사가 있었고, 그들은 진흙으로 된 초가집에서 살고 있었다. 그들은 그곳에서 일하며 한국어를 공부하였다. 그들의 교사는 유교주의자였지만, 후에 기독교를 받아들였다….

　　한국에는 3만 명 이상의 나환자가 있다. 무어 양은 그들과 함께 나병원에서 드렸던 예배에 관하여 생생하게 증언하였는바, 일그러진 얼굴을 안 보이려 여성들은 무어에게 등을 돌린다고 하였다. 흥미롭게도 한국인들은 나병을 두려워하지 않으며, 나환자들이 일반인들과 어울릴 수 있다고 하였다. 한국인들의 특별한 기독교 신앙이 세상을 흔들고 있다. 이제 갓 태어난 나라라고 말할 수 있는데 말이다….

　　무어 양은 또한 한국의 국기를 소개하였다. 그 국기는 한일합방 이후부터 금지된 국기이다. 한국 동전도 보여주었는바 500원이 2파운드 정도이다. 무어의 연설 후에 관심 있는 청중들은 그녀가 가지고 온 물품을 보았으며, 기금 조성을 위하여 판매되기도 하였다.

　　무어 양은 오후에 빅토리아장로교여선교연합회의 큰 모임에서 다시 한번 강연을 하였다.

[헤밀톤 스펙테이터, 1912년 7월 25일, 4쪽]

42. 동래읍에서

한국으로 다시 돌아온다는 것은 여러 좋은 것에 또다시 적응해야 한다는 의미이다. 특히 빠른 변화가 찾아오는 이 사회에 말이다. 예전의 나의 사역을 다시 시작할 수 있는 것을 행운이라 여기고 있다. 그리고 그 사역에 에너지와 시간을 더 줄 수 있게 되어 기쁘다.

동래읍의 학교

여기 학생들은 배우는데 열심이다. 여학생들을 위한 야간학교는 내가 떠나기 얼마 전 능력 있는 여성인 '한시애'에 의하여 시작되었다. 그녀의 노력은 꽤 성공적이었고, 좋은 수의 소녀들이 합격하여 수료증도 받았다. 이제는 봉급 받는 교사도 있는데, 한 달에 3엔을 받고 매일 밤 가르친다. 자원봉사자들도 있다.

학생 수는 기복이 있지만, 평균 60명이 참석하고 있다. 대부분 학생은 이방인 부모의 자녀들이고, 양반집의 하녀들이다. 지저분하고 흐트러져 보이는 이 무리는 그러나 배우려는 욕망이 있다. 이들이 참석하는 것은 대단한 기쁨이다.

주일학교 오후 안 믿는 자들에게 나아가는 활동도 시작되었다. 박길수가 인도자이고, 기독교 여성들이 교사이다. 약 300명의 소년소녀가 참석하고 있다. 그중 20명 정도의 어린 소녀들이 있는데, 그들은 아기를 업고 있었다. 그들은 출석 체크도 하고 매 주일 표도 받는다. 월말에 이 표를 제출하면 그림 한 장씩을 받을 수 있다. 그리고 가장 많이 모은 학생에게는 한자어가 쓰여 있는 좋은 깃발을 받는다.

여성들 사이에서의 사역

지난 나흘 동안 집집을 방문하며 교회에서 멀어진 사람들이 다시 돌아오도록 독려하였다. 그곳에 방이 하나 있어 나는 손님을 맞이하거나 잘 수도 있었다. 나의 친구들이 방문하여 자신들의 기쁨과 슬픔을 나누는 사랑방이 되었다. 이 방은 우리 교인 지도자의 집이었는데, 그녀의 어머니와 며느리도 있었다. 그들 모두 교인이었고, 적극적으로 나를 도왔다.

'분리함'

남학생 낮 반과 여학생 야간반 분리가 몇 주간 대화의 주제였다. 마침내 최소한 수료증과 상장을 받을 학생들만 불만족스러워서 하였다. 이날은 맑고 햇살이 눈 부셨다. 손님들은 제시간에 도착하였고, 박길수는 자랑스럽게 행사진행표를 벽에 붙였다. 모두 한자로 되어있었다.

커튼이 남학생과 여학생을 분리하였다. 학생들의 어머니와 친척들은 근엄한 얼굴로 앉았고, 자신의 자녀들이 잘하였으리라 믿고 있었다. 여학생들은 우아해 보였는데 엷은 분홍색 상의와 엷은 파란색 치마를 입었다. 머리는 매끄럽게 땋았고, 그 끝에 한자가 은색으로 찍혀있는 보라색 리본을 맸다.

순서는 기도로 시작되었다. 그리고 할렐루야 찬양을 힘차게 불렀다. 학생들은 이 찬송을 잘 부른다. 나는 나의 작은 오르간을 쳤고, 그런대로 잘 되었다. 나는 남녀학생의 분리를 이방인들의 관습과 비교 안 할 수 없었다.

우리에게 온 편지들은 우리의 마음을 집으로 향하게 한다. 여기에는 집이 없으나 장차 다가올 집을 구한다. 나의 친애하는 케인즈 박사는 더 높은 곳으로 올라갔다. 케인즈 부인에게 우리의 가슴에서 우러나오는 애도를 표한다. 이 특별한 기간에 슬픔에 빠진 모든 이들을 기억한다. 나에게 사랑스러운 격려와 동정을 보내준 모든 지부와 회원들에게 감사한다. 매우 큰 힘이 된다.

동래읍에서.

4월 28일.

[더 크로니클, 1913년 7월 1일, 4]

43. 동래에서의 죽음

편지라는 '종이 다리'를 통하여 우리는 다시 우리의 공동 선교에 관하여 대화를 나눈다. 내가 작은 기차를 타고 동래까지 가는 모습을 여러분들은 상상할 수 있는가? 기차는 일을 위한 매우 유용한 수단이다. 원래 그곳까지 2시간 걸렸지만, 지금은 20분이면 간다.

언덕들은 사랑스럽고 계곡의 보리는 다 수확되었고, 지금은 벼가 자라고 있다. 내가 정거장에 내리면 거의 항상 누가 나를 마중 나와 있다. 그리고 작은 문을 통과할 때 일본 관원들에게 인사를 한다. 우리가 읍내에 들어가서 친구들을 만나고, 그들은 고개 숙여 인사를 한다. 박 장로의 집 쪽으로 걸으며 우리는 대화를 나누는데, 며칠 전 내가 방문한 이후 좋은 일들이 발전되고 있었다.

지도자 아내의 죽음

내가 전에 편지를 쓸 때는 이 지도자와 그의 아내 집에 머물렀었다. 그 이후 슬픈 일이 일어났다. 그 아내와 친구가 심한 감기에 걸렸는데, 아내는 몇 달간 아프다가 결국 회복하지 못하였다. 그녀를 살리려는 모든 방법이 허사였다. 그녀가 아플 때 나는 그녀가 좋아하는 찬송을 불러주었다. 찬송가를 듣는 그녀의 얼굴에 빛이 났다.

'주 달려 죽은 십자가 우리가 생각을 할 때에'

"자매님, 그 찬송이 내 마음속에는 최고입니다."

그녀는 마지막에 평화롭게 죽었다. 월요일 아침에 내가 떠났는데 그녀는 화요일 '하나님의 품'에 안겼다. 나는 다시 가서 장례식이 있던 목요일까지 머물렀다. 니븐도 그날 오후 왔고, 엥겔이 장례식을 인도하였다. 조용하고 차분한 장례식이었다. 우리는 수요일 저녁 엄숙한 예배와 기도회를 하였고 모두에게 감동이 있었다. 주일에는 그동안 나오지 않던 교인들도 많이 보였다.

방학

여성과 어린이 사역은 여전히 큰 관심 속에 계속되고 있다. 다음 달이 방학인데 교사와 학생들은 기다리고 있다. 지금까지는 시원한 여름 날씨이다. 데이비스와 클러크와 캠벨은 진주로 가는 길에 우리에게 와 있다. 일본에서 휴식을 가진 후 이들은 매우 좋아 보였다. 주일도 시원하였고, 좋은 날이었다.

아버지의 희망

마칠 무렵, 지도자가 와 우리에게 한 소녀의 죽음을 알려주었다. 그녀의 부친은 우리 교회에 참석하고 있었고, 우리가 가서 위로해 달라고 하였다. 가서 보니 하나밖에 없는 딸을 잃은 그 가정은 매우 애도하고 있었다. 그녀의 부친은 상실감에 빠져 있었고, 나는 그와 이야기를 하였다. 그는 말하였다.

"그 아이는 이제 자신의 엄마와 지도자의 아내와 함께 있습니다. 외롭지 않을 것입니다."

어려움

제칠일 안식교가 동래에도 왔다. 그리고 우리 기독교인들을 빼앗아 가고 있다. 세 명의 여성이 따라갔고, 후에 한 여성이 돌아왔다. 나는 나머지 여성을 보러 갔지만, 기도만 할 수 있을 뿐이었다. 그들도 언젠가 우리에게 돌아오리라 믿는다. 여러분이 고향에서 느끼는 슬픔과 실망을 우리도 이곳에서 경험하고 있다. 그러나 전체적으로 하나님이 축복하고 계시고, 어려운 일들도 우리를 단련하여 더 단단하게 하신다.

부산진에서.
7월 31일.
[더 크로니클, 1913년 10월 1일, 3]

114

___
44. 동래읍 여성 사역

2월 말 휴가에서 돌아온 무어는 동래읍 여성 사역을 맡았다. 이 것은 자신이 직접 그곳에 주일과 주중에 있어야 하는 일이었다. 주일에 그녀는 여성 주일학교를 책임지었고, 어린이 주일학교가 마칠 때 시작되었다. 그녀는 오르간을 치며 찬송을 인도하였다.

평균 70명의 여성이 주일학교에 참석하였고, 세 명의 교사가 지도하였다. 무어는 주일학교 후에 몇 명의 여성을 데리고 병든 여성이나 불출석한 회원들을 방문하였다.

소녀들을 위한 야학은 주중에 매일 저녁 교회당에서 열렸다. 92 명의 학생은 수요일 기도 모임에도 보통 참여하였다. 야학은 안 믿는 소녀들에게 다가갈 수 있는바, 이것이 아니면 그들은 읽기를 배우거나 또 복음을 접하는 기회가 전혀 없을 것이다. 보통 '한시애'로 알려진 김 부인이 야학을 시작하고 돌보는데 대단한 일이다.

무어는 기회가 있을 때마다 이 학교를 도왔다. 그러나 그녀는 부산진의 야학교도 화요일과 금요일 저녁 돌보아야 하므로 동래에 많은 시간을 할애할 수 없었다. 그래서 그녀는 여성을 위한 읽기반을 토요일과 월요일 저녁 시작하였다. 10명의 여성이 출석하고 있는데, 그중 5명은 이제 곧잘 읽는다.

동래읍 주변의 마을도 무어는 시간이 나는 대로 방문하고 있다. 그녀와 동행하는 여성들은 자원봉사자들이다. 그래서 무어가 시간이 나도 그들이 시간을 내지 못할 때가 있다. 그러므로 265번만 심방할 수 있었다. 그럼에도 불구하고 무관심했던 사람들이 예배에 돌아오기도 하였다. 어린이들도 야학이나 주일학교에 다른 사람을 데려오기도 하였다.

(Our Missionaries at Work, 1914년 1월, 13)

45. 새 사역지 통영

나의 새 사역지에서 기도와 특별한 방법으로 여러분에게 첫 편지를 보낸다. 선교의 필요성에 관한 사실을 전하기 위하여 좀 더 일찍 보고할까 망설였다. 나는 고성 지역으로 순회 전도를 다녀왔다. 그러나 아직 통영선교부에 할당된 지역을 다 돌아보지는 못하였다.

돌아오는 길에 거제 섬에도 들렀다. 이 두 지역에서 성공적으로 일을 하려면 강한 팀이 필요하다는 것을 발견하였다. 통영읍에는 2만 5천 명의 인구가 있고, 그 일대는 4만 5천 명, 그리고 통영, 고성, 거제를 다 합하면 150,000명이다.

여성 한 명의 사역자가 이곳에서 일을 다 할 수 있다고 생각하는가? 아니면 도움을 줄 수 있는가? 도움을 줄 수 있다면 누가 이곳으로 파송되어, 언어를 공부하고, 150,000명의 영혼을 위하여 함께 일할 수 있는가?

한 학생이 우리 선교사에게 말하였다.

"한국은 아직 나쁘지 않은 편이다. 나를 더 필요로 하는 곳으로 나는 가기를 원한다."

만약에 사악한 곳으로 가기를 원한다면 통영읍을 그대로 지나치지 못할 것이다. 여행하는 사람들에게는 점과 같은 많은 섬이 풍경도 아름답고 날씨도 좋고 희망차 보이지만, 많은 영혼이 죄에 빠져 있다. 주님의 사랑과 피로 씻는 능력이 필요하다. 오라. 영적인 전쟁에 앞장서 울부짖는 우리를 도우라!

고성 순회

나는 이 지역 가는 곳마다 환영을 받았다. 배둔의 적은 기독교인들이 나를 만나 기뻐하였다. 그들은 함께 와서 나의 방문에 감사해하였다. 그들은 새벽예배를 드리고 있었다. 첫날 새벽 한 여성이 문을 두드렸고, 2시가 되자 몇 명이 더 도착하여 새벽예배를 함께 드렸다.

우리도 일어났고, 춥고, 비도 왔다. 예배당으로 들어가 그들과 함께 호롱불에 의지하여 5시까지 좋은 기도의 시간을 가졌다. 밖에는 해가 막 뜨고 있었다. 나는 아침에 다른 곳을 향하여 떠날 준비를 하였다. 여성들은 내가 좀 더 머물기를 간청하였다. 그리고 비가 더 세차게 내려 나는 좀 더 있기로 하였다.

여성들은 크게 기뻐하며 춤을 추었다. 그들은 비를 위하여 기도하였고, 응답되었다고 하였다. 하루 더 이들에게 성경을 가르치기로 하였다. 나는 종일 이들과 찬송하며 기도하며 성경 말씀을 나누었다.

다음 날 아침 3시 새벽예배가 다시 시작되었다. 너무 일찍 일어났으므로 나는 9시에 출발하였다. 우리는 모두 10곳을 방문하였고, 43마일을 걸었다.

거제 섬

거제 섬 방문은 대단히 인상적이었다. 나는 그러한 산을 넘어보지 못하였다. 나귀도 도움이 되지 않았다. 그저 걸을 수밖에 없었다. 이곳 사람들은 외국인 여성을 전에 본 적이 없다. 나의 방문에 그들은 매우 감사한 모습이었다. 안타깝고 비참한 모습이었다. 그들은 나의 손을 부드럽게 만졌고, 나의 얼굴을 들여다보며 말하였다.

"이렇게 먼 곳까지 와 주셔서 감사합니다. 우리는 벌레와 같이 삽니다."

날씨는 추웠지만, 그들은 아랑곳하지 않고 와 나를 보며 기뻐하였다.

"사동에서 성경반을 열겠습니다. 그때 와서 배우세요."

내가 말하자 그들은 매우 기뻐하였다. 다음 달에 내가 그곳에 갈 때 많은 사람을 만나기를 희망한다.

읍내에서 우리가 인생에 관하여 깊은 대화를 나눌 때, 한 작은 소년이 전도부인이 파는 성경에서 눈을 떼지 못하였다.

"돈이 있어 저 책을 살 수 있으면 얼마나 좋을까."

나는 알아보니 이 소년은 자신의 가정에서 혼자 믿는 아이였다. 나는 그에게 성경을 선물로 주었다.

밤에 그는 우리의 숙소로 왔고, 나는 그 작은 아이를 멀찍이서 볼 수 있었다. 그는 성경책을 소중히 들어서 내 앞에 보였고, 빨간 표지를 다정히 보다가 고개를 숙여 한동안 기도하였다.

다음 날 아침 우리가 떠날 때, 그 소년이 학교 가는 모습을 보았다. 그의 책 가운데 성경책도 보였다. 나는 그와 이야기를 나누었고, 그와 다른 이들에게 안녕을 고하였다. 그가 다니는 비기독교 학교에서 증인이 되라고 나는 침묵 속에 그 소년을 위하여 기도하였다.

열흘 동안 산속을 다니며 남루하고 작은 방에 머물다가 통영으로 가는 작은 발동선에 올라타니 감회가 새로웠다. 체온을 유지하기 위하여 내 옆에 바짝 앉은 전도부인은 나에게 말하였다.

"만약 내가 돈이 많다면 항상 발동선을 타고 다니겠어요."

우리는 통영에 도착하였고, 우리의 거제 방문은 끝이 났다. 우리는 50마일을 걸었고, 휴식을 취할 수 있어 좋았다. 이 사역을 위하여 여러분의 연합된 신실한 기도를 요청한다.

통영에서.

1월 30일.

(더 크로니클, 1914년 4월 1일, 6)

118

46. 무어의 깃발

지난번 여러분에게 편지를 쓴 이후에 나는 몇 마을에서 성경반을 지도하였다. 나는 고성에 가기로 되어있었으나, 그곳의 교인들은 성경반을 가을로 연기하였다. 그래서 우리는 배둔으로 가도록 준비되었고, 나는 기뻤다. 그곳 여성들은 좀 더 수수하였고, 자유로운 편이었다. 배둔은 죄가 많은 곳이다. 그래서 복음이 더 필요한 곳이었다.

나의 전도부인인 유 부인과 나는 먼저 고성의 교인들과 하룻밤을 지냈다. 이들과 좋은 만남을 가졌고, 다음 날 우리는 목적지를 향하여 떠났다.

배둔으로 들어가는 길목에서 그곳 여성들과 교회 지도자가 우리를 맞아주었다. 나는 내가 타고 있던 나귀에서 내려 그들과 인사하였고, 그들과 함께 걸어서 동네에 들어가려 하였다. 그러나 그들은 내가 나귀를 타고 동네에 들어가기를 바랐고, 나는 다시 나귀에 올라탔다. 마부는 작은 나귀를 힘껏 내리쳤고, 나귀의 머리에 달린 방울이 울렸다. 이 스타일 있는 모습을 본 동네 사람들은 구경하러 나오기 시작하였다. 그들은 우리를 뒤를 따라 같이 행진하였다.

배둔에서의 고된 일

저녁 식사 후 성경반에 참석할 여성들이 등록하였다. 모두 26명이었다. 이들 중 글을 읽을 수 있는 여성은 없으므로 성경반이 쉽지는 않을 것이었다. 젊은 여성들과 우리 지역에서 33마일을 걸어온 삼색이의 모친은 읽을 수 있는데, 이들도 대환영하였다. 삼색이의 엄마는 남편에게 매 맞고, 손을 묶이고, 머리카락도 잘리지 않았던가?

그녀의 민머리와 상처 난 손마디를 보며 여성들은 울었다. 그러나 그녀는 밝은 얼굴로 그들에게 말하였다.

"예. 많이 힘들었어요. 그러나 다 사랑하는 예수님을 위한 것입니다. 나는 남편도 용서합니다. 그가 곧 믿을 수 있도록 기도해 주세요."

성경반 시작부터 우리는 이 여성들이 얼마나 가르침이 필요하였는지 알았다. 하나님의 은혜가 공부하는 과정에 이들을 만지고 성장시켜 주시는 것을 우리는 느낄 수 있었다.

한 여성은 성경의 한 부분을 읽을 때 울기 시작하였다. 마태복음 10장 37~38절이었다. 예수를 따르기는 쉽지 않은 일이라고 나는 말하였다. 그러나 작은 금이에게 그것이 얼마나 어려운 일인지 나는 알지 못하고 있었다. 그녀의 부친이 그녀가 예배에 참석한다고 폭행하였다는 것을 나는 나중에 알았다. 그리고 지금은 이 성경반에 참석한다고 말이다. 그러나 그녀는 포기하지 않았고, 지금 여기에 와 있다.

"나는 예수님을 따를 거예요."

"거기에 가면 너는 쫓겨날 것이야."

부친이 소리쳤다.

"나는 그러면 무어 부인과 함께 떠날 거예요."

그녀가 나에게 그 상황을 말할 때 나는 그녀에게 말하였다.

"나에게는 집이 없어. 너는 부모의 말에 순종해야지. 그러나 마음속으로는 예수님을 믿고, 그의 의를 따라. 그러면 너희 부모님을 이길 수 있을 거야."

성경반에서 우리는 놀랍고 흥미로운 시간을 함께하였다. 여성들은 성경공부를 잘할 수 있는 능력을 달라고 기도하였다. 은혜와 지혜도 간구하였다. 기도 중에 조용히 흐느끼는 여성들도 있다. 그들은 잘 배워서 우리를 실망하게 하지 않기를 원하였다. 이들의 남편이 아내를 위하여 아기를 보는 모습은 참 보기 좋았다. 아기가 젖 달라고 울 때만 이들은 잠시 자리를 비웠다.

그리고 나는 한 노인이 닭을 잡는 모습을 흥미롭게 보았다. 자신의 아내가 공부하는 데 방해되지 않도록 자신이 음식을 준비하는 것이었다. 그 닭은 누가 나에게 선물한 것이었다.

"모 부인. 이것이 신앙의 힘입니다. 닭을 잡느라 그가 수고하고 있습니다."

상품

마지막 날에는 온종일 시험을 보고 상품을 주는 날이었다. 기도와 걱정과 눈물의 시간이었다. 인근의 마을에서 온 한 여성은 울었고, 다른 여성은 말씀을 암송하느라 머리를 책에 파묻었고, 잊어버리지 않는 힘을 달라고 간구하였다. 그러나 저녁이 되어 모이자 분위기가 바뀌어 모두 안심하는 모습이었다. 잘한 학생들에게 나는 상품을 주었고, 모두에게 사탕 5개씩 주었다. 한국인들은 이것을 좋아한다.

찬송과 기도 후에 우리는 게임을 하였고, 모두 즐거워하였다.

"우리는 전에 이런 놀이를 해본 적도 없고, 어떻게 할 줄도 모릅니다."

한 여성이 안타깝게 소리쳤다.

"다음 가을에는 더 재미있게 지낼 거예요!"

나는 대답하였다.

우리는 다음 날 아침 그곳을 떠났다. 몇 여성들이 눈물을 흘리며 매달렸다.

"부인을 여기에 묶어두고 싶어요. 그러면 우리와 항상 함께 있을 수 있으니까요."

이 여성들 사이에 많은 변화의 징조를 볼 수 있었다. 전에는 이들에게 누가 사랑의 손길을 내밀어 안내해 준 사람이 없었던 것이다.

왓슨이 자신의 조사와 함께 내가 있는 이곳까지 왔다. 그리고 증언하였다.

"이번처럼 여성들 사이에 이런 변화가 있는 것을 나는 본 적이 없어요. 이들은 이번 성경반을 정말 좋아한 것 같아요."

올라간 깃발

구영동에 다다랐다. 이곳은 우리 사역의 꽃이다. 사랑스럽고 단순한 교인들이 살고 있다. 집사 혹은 회계 집사는 우리 교회에서 가장 중요한 역할을 하고 있다. 그는 작은 문을 열더니 깨끗한 방으로 우리를 안내하였다. 새롭게 방바닥도 단장하였다.

"이 방은 부인을 위한 방입니다."

내가 감사를 표현하자 그는 설명을 계속하였다.

"아시다시피 이곳에서 성경반은 처음입니다. 그래서 새로운 깔개를 준비하였습니다."

곧 여성들이 찾아와 내 주위를 맴돌기 시작하였다.

"어떻게 알고 이렇게 빨리들 왔어요?"

이들 중에 1마일은 걸어온 사람들이 있기에 나는 물었다.

"오. 깃발이 올라간 것을 우리는 보았습니다. 깃발에는 '무어 부인이 오셨다'라고 쓰여 있습니다. 우리는 아침부터 기다리고 있었고, 깃발이 올라가는지 보려고 눈이 빠지는지 알았습니다. 그리고 올라간 깃발을 보자마자 준비하여 달려왔습니다."

나의 식량은 아직 오지 않아 나는 참고 기다렸고, 후에 점심과 저녁을 함께 해결하였다. 그러나 빵과 스콘은 이미 곰팡이가 피어있었다. 왓슨 부인이 보내준 물건과 그 속에 있던 편지들이 나에게 활력을 다시 불어 주었다.

내 반에는 15살 난 나병에 걸린 소녀가 있다. 지난번 이곳을 방문하였을 때 그녀를 보았는데, 그사이 몰라보게 병은 더 심해져 있었다. 그 소녀는 작았고 열심히 배웠다. 그녀와 그녀가 함께하는 친구들로 인하여 나는 가슴이 아팠다. 석금이(골드 스톤)가 그녀의 이름이다. 나는 맥켄지에 편지를 써 그녀가 나병원에 입원할 수 있는지 문의하였다.

집사의 며느리

전에 반과 같이 강의와 기도회는 긴장 속에 진행되었다. 학생들은 공부를 잘할 수 있도록 은혜를 간구하였다. 삼색이의 모친은 집사의 며느리가 상품을 받을 수 있는지 물어왔다.

"오늘 밤 알 수 있을 겁니다."

"받으면 좋겠어요. 그녀는 우리의 음식을 준비하느라 수업을 못 받을 때가 있었거든요."

그녀의 남편은 그녀가 밤새도록 복습을 하도록 도왔다. 그리고 그녀가 반에서 1등을 하자 그 기쁨을 감추지 못하였다.

우리는 배둔에서처럼 수업을 모두 마치었다. 모두 즐겁게 집으로 돌아갔다. 다음 날 아침 눈물 속의 작별이 있었다. 우리는 이별의 기도를 하였고, 그들은 우리가 안 보일 때까지 동구 밖에서 있었다.

통영으로 돌아오는 길에 나는 전에 방문하지 못한 교회를 방문하였다. 그들은 밥을 준비해 놓고 있었다. 우리는 함께 기도하고 찬송을 불렀다. 이번의 방문은 이것으로 마치었다. 이 지역들을 위하여 여러분의 신실한 기도를 요청한다.

3월 27일.

[더 크로니클, 1914년 6월 1일, 5-6]

47. 부인은 천국의 할머니입니다

여러분을 거제 섬으로 안내를 하겠다. 오늘 저녁 우리는 발동선으로 떠나는데, 배가 밤 9시부터 새벽 2시 사이에 언제든지 떠나므로 지금 준비해야 한다. 오늘은 일찍 떠난다고 하는데, 건너편에는 우리의 여인들이 달빛 아래 우리를 기다렸다가 곧장 교회로 데리고 갈 것이다.

그곳은 전과 같이 깨끗하거나 공기가 좋지는 못해도 우리는 거기에서 자고 그다음 날 성경반을 시작할 것이다. 우리의 여성들은 마중을 나왔고, 생각보다 밝은 모습이 아니었다. 하루 전 이들은 영적인 예배를 위하여 각자 맡은 몫의 음식을 준비하였다. 한 여성이 대변인의 역할을 하였다.

"모 부인. 나는 거짓말을 못 합니다. 우리는 모두 잘 못 하였습니다."

나와 함께 대화를 나누면서 그들의 마음은 정리되는 것 같았고, 우리는 다시 공부를 시작하였다. 나는 좀 실망스러웠는데 지난번 방

124

문 시에 이들은 열정적이고 유쾌하였기 때문이다.

　다음 목적지는 배둔인데, 5마일 정도 떨어져 있다. 우리는 다시 용기를 내었다. 그곳에서는 20명의 여성이 이른 저녁에 모였다. 그리고 다음 날 오전, 오후, 저녁에도 동일하였다.

　삼 일째 되는 날, 우리는 다시 이동하였다. 한 무리의 흰옷을 입은 사람들이 우리가 떠나는 모습을 보고 있었다. 구조라는 해안의 좋은 길을 따라 10마일 떨어져 있다. 이곳은 초행길이었다. 우리가 가는 길에 그 인근에 사는 여성 한 명이 우리에게 다가왔다.

　"나는 기독교인입니다."

　"네 반갑습니다. 다른 신자들도 있습니까?"

　"예. 한 가정이 있습니다."

　"우리가 당신 집을 방문하여 기도할 수 있습니다. 다른 가정에도 연락을 해 주시겠습니까?"

　곧 한 남성이 한 여성을 업고 왔다. 그녀는 기독교인이 되기 전까지 7년 동안 걷지 못하였는데, 신자가 된 후로 평평한 땅은 지팡이를 짚고 걸어 다닌다고 하였다. 우리는 찬송하고 기도하고 하나님의 말씀을 읽었다. 참으로 길가에 뿌리는 씨앗이었다.

개척적인 사역

　구조라에 도착하였다. 무례한 많은 남성과 여성 그리고 어린이들이 모여들었고, 그리고 그중에 일본인들도 있었다. 이곳에서는 상황이 어려웠다. 단 한 가정만 기독교인이었다. 그러나 그들은 명석하였고 진실하였다. 이 집을 방문하게 되어 기뻤다. 우리가 떠날 때, 이 집 문의 창호지는 거의 망가져 있었다.

　삼거리, 하면, 그리고 연사에서 여성들에게 가르쳤고, 그들의 반응도 좋았다. 전에 왔었던 곳이기에 이 여성들은 낯이 익다.

국산에서의 숙박은 항상 악몽이었다. 우리 8명이 한방에서 자야 하였다. 말할 것도 없이 아침이 오는 것을 감사할 정도였다. 성경반은 오전과 오후에 모였다.

"부인. 오늘 밤도 여기에서 묵으세요. 부인과 함께하는 것은 우리에게 큰 기쁨입니다!"

산 너머 있는 덕포는 이날 저녁 쉽게 닿을 수 있는 거리에 있었다. 그리고 그곳에는 좋은 깨끗한 방이 기다리고 있었다. 우리는 그곳으로 가기로 결정하였다.

84세 되는 사랑스러운 할머니 한 분이 그곳에 살고 있다. 3세대가 이 집에 있는데, 3개의 방이 있다. 우리를 위하여 방 1개를 제공하였다. 저녁에 사람들이 몰려왔다. 이 가정의 구성원은 모두 기독교인인데, 곧 다른 신자들도 생기기를 바란다. 할머니는 나를 참 좋아하셨고, 나의 얼굴을 자신의 닦지 않은 손으로 쓰다듬으며 말하였다.

"부인은 정말 천국의 할머니입니다."

주변에 있던 사람들이 모두 웃음을 터뜨렸다. 그녀는 그들이 그러거나 말거나 자신의 뺨을 나의 뺨에 대고 소곤거렸다.

"정말입니다."

우리는 그녀에게 작은 기도를 가르쳤고, 그녀는 작은 아이처럼 반복하며 따라 하였다. 우리가 떠나게 되자 그녀는 지팡이를 짚고 나와 우리를 배웅해 주었다.

판기, 후판기, 그리고 두모실 모두 처음 방문하는 곳이었다. 새 친구들을 사귀어야 하였다. 사람들이 어떻게 나를 신뢰하고, 또 자신들의 방을 내어주는지 놀라울 따름이다. 여기저기에 미약한 교인들이 있었는데, 자신들의 귀신 숭배를 선뜻 포기하지 못하고 있었다. 특히 '귀신에게 제공하는 음식'을 말이다. 나이 든 여성일수록 그것을 포기하지 못하는데, 방 한편 선반에 그것을 모시고 있다.

연동에서 시작하지는 이제 1년이 되었다. 이곳의 예배당은 전에 술집이었다. 지금은 이 집의 여성과 아들이 기독교인이다. 교회 지도자는 전에 천주교인이었다. 날씨로 인하여 나는 이곳에 나흘 있었다. 가치가 있었다. 여성들은 신실하게 오전 오후 그리고 저녁에 모였다. 우리는 월요일 고깃배로 이곳을 떠났다. 바람이 없었으므로 8시간 노를 저었다. 그리고 태풍 속에 발동선을 7시간 기다렸고, 삼판으로 발동선까지 가는 길이 힘들었다. 우리는 큰 물결 위의 가랑잎 같았다. 집에 다다랐을 때는 새벽 2시였다.

집에 있는 가족은 나를 포기하고 있었다. 그래서 나는 열린 뒷문으로 들어갔고, 위층으로 기어 올라가 나의 침대를 찾았다. 다음 날 아침, 아래층에 있는 나의 짐을 보고, 왓슨 부인과 조크는 나를 찾았다. 우리의 5주 된 갓난아기 도날드 매크레도 잘 있었다. 왓슨 부부도 건강하고 행복해 보였다. 테일러 박사 부부는 일본에서 돌아왔고, 곧 있을 시험 준비를 하느라 바빴다.

지난 수요일 밤 기도회에서 이들은 거제에 있는 우리를 위하여 기도하였다고 한다. 그리고 무사히 돌아왔음을 기뻐하였다. 일 년 동안 우리가 서로 이렇게 가까워졌다는 것이 믿기지를 않았고, 그리스도의 사랑 안에 '한 몸'이 되었다. 그분의 사랑으로 인하여 감사할 것이 많다. 우리는 지금 특별히 우리의 사랑하는 교회들과 고국을 기억하며, 곧 평화가 선포되기를 기도한다.

통영에서.

10월 27일.

〔더 크로니클, 1915년 1월 1일, 3〕

48. 고성, 거제, 한산도

1. 순회 전도

이곳에 도착한 이후 나는 이 지역의 몇 군데를 방문하였다. 외국 여성이 한 번도 방문하지 않은 고성에서 여덟 군데에 있는 여성들과 접촉하였다. 많은 사람이 우리를 구경하러 왔고, 책도 샀다. 그리고 그들에게 아주 오래된 성경 이야기를 들려주었다.

거제 섬에서는 아홉 군데를 방문하였다. 우리는 나귀도 쓸모없는 험준한 산을 넘어 다녔다. 한 번에 50마일을 걷기도 하였다. 이 선교부가 살림되기 전까지 외국인의 방문이 없었던 간섬에서 우리는 작은 무리의 신자들로부터 환영을 받았다. 이들은 많은 박해를 이겨낸 사람들이다.

한산도는 나의 전도부인 고향인데 작은 배로 닿을 수 있었다. 그곳에 우리는 며칠간 머물렀다. 많은 사람이 우리를 보러 왔고, 그들에게 복음을 전할 훌륭한 기회였다.

2. 성경 공부반 - 통영

우리의 세례반은 여성들을 위한 공부반이 주일 오후에 시작되었다. 왓슨 부인은 세례 문답반을 인도하였다. 이후 우리는 함께 44명의 여성을 가르쳤으며, 여성들은 감사해하였다.

일주일에 두 번 마을에서 공부반을 시작하여 한동안 계속되었다. 교실이 필요하였는데 아무도 우리에게 방을 빌려주지 않았다. 공부반을 마칠 수밖에 없었다.

사등, 고성, 거제, 읍내 그리고 간섬에서 각각 성경공부를 인도하였다. 배둔과 구영동에서도 두 번씩 하였다. 모두 8번이었다. 참석한 여성은 모두 248명이다. 기선과 나귀 그리고 도보로 136마일을 다녔고, 66일 집을 떠나 있었다.

세례 문답반에서 공부하던 여성들이 뒤에서 다음과 같이 말하였다.

"우리는 어떻게 이런 공부를 전에 받지 못하였지?"

그래서 이들에게도 공부할 기회를 주었다. 한 여성이 확신에 찬 목소리로 다음과 같이 말하였다.

"이제 천당에 가는 것이 세례받는 것보다 더 쉬워졌습니다."

3. 심방

400호의 집을 한 번 이상 심방하였다. 이웃들이 찾아왔기에 그들의 집은 방문하지 않아도 되었다. 몇 년 전에 교회를 다니던 사람들도 많이 만나 교회로 다시 돌아오겠다는 약속도 받았다. 그중 적잖은 수가 약속을 지켰다.

(Our Missionaries at Work, 1915년 1월, 38-39)

---

49. 처음 방문하는 섬들

이 보고서를 쓰며 앉아있는 곳에서 창문 밖을 보면 아름다운 전경이 펼쳐져 있다. 초록의 보리밭과 소나무로 덮인 산, 그리고 우아한 핑크 자두 꽃과 벚꽃이 보이고, 그 너머에는 반짝이는 바다 위에 떠 있는 많은 섬이 보인다. 장이 서는 날에는 오가는 고깃배들이 더 많아진다.

사등에서의 성경반

여러 곳에 있는 우리 선교부의 모든 인원은 현재 성경반을 운영하느라 바쁘다. 나는 사등과 거제 섬을 다시 방문하였다. 50명의 여성이 등록하였고, 몇 명은 20마일을 걸어왔다. 작년과 같은 관심과 열정이 있었다.

한번은 우리가 반을 나누어 외부의 마을을 방문하며 전도지를 가지고 전도를 하였다. 이런 방법으로 여성들은 처음으로 씨를 뿌리는 전도의 경험을 하였다. 다시 돌아와 우리는 교회에서 만나 기도하고, 경험을 나누며, 찬양하였다. 이 방법은 우리로 하여금 더욱 강하게 만들었다.

이날은 모두가 참석하여 상품을 나누며 흥겨운 시간을 가졌다. 참석한 여성들은 세수하고, 머리를 빗고, 가장 좋은 옷을 입었다. 몇 명의 젊은 신부들도 참석하였다. 분위기가 고조되었다. 노는 소리가 시끌벅적하였고, 모두에게 사탕이 돌아갔다. 모든 여성은 즐거운 시간이었다고 말하였다.

고성

며칠의 휴식과 준비 후에, 유순이와 나는 고성읍을 향하여 출발하였다. 내륙으로 17마일 떨어져 있는 곳이다. 우리는 모두 4명이었다. 그곳까지 3마일 정도 남기고 있는데, 언덕 위에 여성들과 어린이들이 보였다. 그들은 우리를 보자마자 달려왔다. 우리가 언제 올지 미리 알렸었고, 그들은 같은 방법으로 우리를 환영하였다.

많은 대화가 오고 갔고, 질문과 대답이 쏟아졌다. 고성에 다다르자 어린이들은 피곤해하여 업고 걸었다. 사등에서 안전하게 돌아온 테일러와 왓슨을 그곳에서 만나게 되어 기뻤다. 태풍이 있었기에 염려하던 참이었다. 그들은 며칠 전 작은 고깃배를 타고 나갔고, 한동안 소식이 없었던 것이다.

왓슨은 다음 날 배둔를 향하여 떠났고, 테일러는 통영을 향하여 떠났다. 나는 나의 성경반을 시작하였다. 신기한 환등기 밤은 더 많은 사람을 불러들였고, 50명의 여성이 등록하였다. 그중 두 명은 섬에서 왔는데, 한 번도 방문하지 못한 섬이었다. 고성에서는 이렇게 큰 반을 처음 지도하였다. 모두 열심을 가지고 참석을 하였고, 마칠 때는 모두 아쉬워하였다. 우리는 상품도 나누고 놀이도 하며 정말 즐겁게 지냈다.

9살 된 한 집사의 딸이 연설하였다. 매우 사랑스럽고 재미있었다. 우리가 가르치러 온 것을 감사하였다. 주변의 많은 따가운 시선이 있지만, 은혜를 주어 감사하다고 하였다. 모두 모 부인의 모범을 따르라고 하였고, 그들은 진심으로 손뼉을 쳤다.

배둔

10마일 떨어진 다음의 장소 배둔에서도 우리의 자매들이 마중 나왔다. 우리를 만난 그들은 기뻐 어쩔 줄 몰라 하였다. 그러면서도 무거운 마음이었는데, 교회의 몇 사람이 죄에 빠졌기 때문이다. 그래서 이 여성들은 지도자를 잃어버렸다. 여기에는 18명 정도의 똑똑한 소녀들이 있는데, 이들 모두 글을 읽을 수 있었다. 몇 명은 둘째 부인의 딸이었다.

석금이라는 한 소녀는 누구에게도 사랑을 받았는데, 지난번 어려운 환경 속에서도 성경반에 참석하였었다. 그녀도 활짝 웃으며 우리를 환영하였다. 그녀는 매우 아팠고, 가정의 핍박 속에서도 신실하게 자신의 신앙을 지켰다. 그녀의 모친이 나에게 왔다. 그리고 말하였다.

"석금이는 진짜 기독교인입니다."

이번에 그녀는 가정의 반대 없이 성경반에 참석할 수 있었다. 한 여성이 석금이에게 기도를 인도하라고 하였을 때 모두 떨리는 마음으로 고개를 숙였다. 잠시 침묵이 흐르더니 부드럽고 여성적인 목소리의 간결한 기도가 있었다. 그리고 다른 소녀들도 한 명씩 뒤이어 기도하였다. 이런 성격의 성경반을 나는 인도한 적이 없는 것 같다.

우리가 도착할 때 눈이 왔는데, 일주일 후 우리가 떠날 때도 눈이 그치지 않았다. 그런데도 아무도 방해를 받지 않았다. 모두 25명이었다. 마지막 날에는 평소와 같이 상품 수여와 놀이를 하였다. 각 소녀는 저고리를 위한 옷감을 받았다. 한 소녀가 하는 말을 나는 뒤에서 들었다.

"하나님은 우리의 육신의 옷도 주시는구나."

우리는 안녕을 고하였고, 몇 사람은 3마일 밖까지 따라 나왔다. 산을 넘을 때 나는 눈을 뭉쳐 호주에서 하는 것처럼 전도부인 유순이를 향하여 던졌다. 그녀도 지지 낳고 나에게 눈을 던졌다. 짐꾼은 우리를 쳐다보았고, 우리가 웃으며 즐거워하는 모습을 구경하였다.

연동

연동에 도착할 때 우리는 피곤해 있었다. 그날 밤 우리는 잘 잤고, 다음 날 아침 25명의 여성과 성경반을 할 준비가 되었다. 이들은 여러 마을에서 왔다. 일 년 전 나는 이곳의 몇 여성들에게 절망하였었다. 그들은 수줍어하였고, 아이처럼 행동하였다. 이제 이들은 자신의 손으로 얼굴을 가리고 낄낄거리는 대신에, 배울 준비가 되어있었다.

법이 지역도 방문하였는데, 5명의 여성과 눕혀있는 6명의 아기가 있었다. 아기가 울지 않는 한 그녀들은 우리의 이야기를 귀담아 들었다. 이틀 동안 쉽지 않은 성경반을 지도하였다.

이제 집 방향으로 다시 갈 수 있어 사실 나는 기뻤다. 고성에서 수요일 저녁 기도회에 참석하였고, 통영으로 출발하여 다음 날 집에 도착하였다.

테일러 박사 부부는 진주에 있었고, 왓슨 씨는 아침에 거제로 떠났다. 왓슨 부인이 멀리 있는 길에서 돌아온 나를 반겼다. 나는 왓슨을 한 달이나 보지 못하였다. 최근의 소식에 의하면 테일러 부인의 병은 나아지고 있었다. 테일러 박사는 하루 이틀 이곳에 있다가 진주로 갔다고 한다. 테일러가 아내와 함께 다시 올 때 그녀가 완쾌되어 강해져 있기를 바란다.

주일에 내 반의 여성들이 친절하게 나를 반겼다.

"모 부인. 오랫동안 또 떠나지 마세요."

이상 나의 순회와 성경반에 대한 보고이다. 보고서의 비슷한 이야기로 피곤하지 않기를 바란다. 고국의 위원회가 우리 여성들을 위한 집을 지어 주어 얼마나 감사한지 모른다. 곧 또 한 명의 여성이 파송되어 통영에 오기를 기도한다. 모든 회원에게 부활의 인사를 드린다.

통영에서.

4월 6일.

[더 크로니클, 1915년 7월 1일, 3-4]

50. 새집을 소개합니다

스토브와 보일러 그리고 다른 기구들이 포장된 짐이 챔버스와 시무어 회사를 통하여 오늘 아침 도착하였다. 해밀톤 부인과 매튜 부인에게 감사한 것은 우리를 위하여 이 물건들을 일일이 다 구매하는 수고를 하였다는 것이다. 모든 물건이 만족스러웠다. 스토브에 좀 금이 갔지만 사용하는 데는 별문제 없을 것이다. 내가 지난 23년 동안 써 왔던 스토브에 비하여 가장 좋은 것이고, 잘만 간수하면 오랫동안 쓸 수 있을 것이다.

가구는 '선교 가구'라는 단순한 가구를 미국에 주문했었다. 아주 만족스러웠다. 우리 선교부도 내가 구입한 가구에 매우 만족하고 감사하였다. 선교관 건물이 다 건축되었을 때, 나는 9개의 서랍이 있는 책상과 3개의 큰 책장을 목수에게 맡겼다. 식당에는 큰 벽장과 서랍과 찬장을 붙박이로 만들었다. 복도에는 간단한 홀 스탠드를, 다른 두 방에는 옷장과 세 개의 서랍 그리고 빨래를 담을 수 있는 수건 선반을, 화장실에는 선반과 맞은편에 서서 씻을 수 있는 훌륭한 시설도 준비하였다.

부엌에도 유용한 선반, 찬장, 그리고 도자기 컵, 접시, 주전자 등을 위한 서랍이 설치되었다. 부엌 바로 밖에 물을 보관하는 현관이 있어 그곳을 드나들게 하여 부엌을 아낄 수 있도록 하였다. 세탁방에는 튜브나 집게 등 필요한 물품들과 선반이 있다.

모든 것이 훌륭하였고, 우리는 이 이층집을 '목이 긴 집'이라 불렀다. 모든 문짝은 미국에서 왔고, 문마다 튼튼한 패널이 가로질러 있었다. 좋은 나뭇결에 니스 칠이 잘 되어있다. 쇠창살은 상해에서 왔는데, 내 친구인 빌런다크 부인이 영국회사에서 나를 위하여 염가로 구입하였다.

식당은 진홍색 타일로 되어있고, 공부방 타일은 하얀색 바탕에 두 개의 녹색이 섞여 있다. 전체적으로 정말 보기 좋은 집이다. 위층의 각 침실에는 유리창으로 된 각각의 난간이 있어 편안하고 유용하였다. 그중 가장 멋진 것은 그 창문을 통하여 보이는 전경이다.

우리의 집을 여러분에게 너무 길게 설명한 것 같다. 그러나 이 집은 여러분의 재산이며, 관심이 많을 줄 안다. 이 집에 관심을 가진 모든 사람은 깊은 애정을 품고 있고, 감독하느라 많은 시간을 써 왔다. 많은 고심이 필요하였고, 이제 우리가 그 혜택을 입는다.

통영에서.
10월 11일.
〔더 크로니클, 1916년 1월 1일, 3〕

51. 무어의 보고

(1) 통영의 여성들을 위한 주일 오후 성경반은 출석 숫자와 인내 정신의 함양 모두 만족스럽다. 이들은 자신의 마음을 찾고 있고, 교만에서 벗어나게 해달라는 기도를 하고 있다. 성경반 후에는 여성들이 병든 회원을 방문 기도하며, 다음 주에 배울 본문을 알려준다. 한 병든 여성은 지난주에 배운 것을 가르쳐달라고 항상 부탁한다. 나는 물었다.

"그러나 그것을 배우기에 너무 아프지 않은가요?"

"아니요. 저는 잠이 안 올 때 등불을 켜고 공부하면 마음이 안정

됩니다. 잠들 때까지 본문을 암송합니다."

그녀의 대답이었다. 이 반에는 40명이 등록되어 있다.

(2) 가가호호를 방문하는 것은 시간도 많이 들고 힘도 많이 든다. 전도부인 유순이와 나는 교회에 나오겠다는 사람을 많이 만난다. 몇은 약속을 지키고 대부분 사람은 약속을 지키지 않는다. 그럼에도 불구하고 우리는 계속 그들을 방문하는데, 많은 경우 시어머니가 막고 있다. 한 무리의 아이들이 집마다 우리를 따라다니고, 지나가는 사람들은 서서 우리의 전도에 귀를 기울인다. 길가에 씨가 뿌려진 셈이다.

(3) 고성, 배둔, 연동, 법이 그리고 거제 섬 지역에서 성경반이 열렸다. 우리는 다양한 경험을 하였다. 산속에 한 작은 무리의 연약한 신자들이 살고 있었다. 그 교회당은 보수 중이어서 인도자의 집에 머물렀다. 그 집의 아이들은 홍역을 앓고 있었다. 방안에서는 악취가 났다. 희미한 등잔불 아래서 성경반을 인도하였다.

핍박을 많이 받은 여성은 남편이 자신을 어떻게 구타하고 책을 태웠는지 말하였다. 그녀 손에는 새 신약 책이 들려 있었다.

"어디서 났어요?"

"제가 샀습니다. 그리고 인도자에게 부인이 준 선물처럼 제 이름을 써 달라고 하였습니다. 아마 남편이 다시 불태우기 주저할 겁니다."

"그런데 그것은 거짓말이잖아요!"

"걱정하지 마세요. 나는 이미 그것을 하나님께 말씀드렸습니다. 괜찮을 거예요."

시골 성경공부반을 위하여 우리는 83일을 떠나 있었고, 330마일을 걸었다.

통영의 여선교관은 만족스럽게 완공되었다. 선교관과 여학교 운동장 대지를 평평하게 했다. 이 일을 위하여 교회의 서른 가족 남성 대표가 동원되어 일하였고, 필요한 지원을 받았다.

(Our Missionaries at Work, 1916년 1월, 46)

52. 피고실과 다리에서

좀 더 일찍 편지를 쓰지 못하여 미안하다. 시간에는 날개가 달린 듯하다. 자신의 집을 가진다는 것은 좋지만, 그것으로 인하여 책임이 따르므로 끊임없이 움직이게 한다.

어느 날씨가 좋은 날 전도부인 유순이와 나는 17마일 떨어진 고성으로 갔다. 그곳에 도착하자 우리는 큰 환영을 받았다. 고국에서의 환영을 이길만한 모습이었다. 고성의 교인들은 목사와 부인들을 최대한 선용하였고, 그 주변 지역에도 관심을 가졌다. 우리는 그곳도 방문하였다.

짐꾼을 채용하였고, 교인 한 명이 우리를 안내하기로 하였다. 세 개의 새 교회를 방문하기로 되어있었다. 다음 날 아침 우리가 출발할 때 교인들은 많은 축복을 해 주었다. 길을 가는 우리의 발걸음이 가벼운 것이 이상한가? 첫 번째 목표지는 산을 넘어야 하는데, 교인들의 경고가 과장이 아니었다. 숨이 찼다.

그러나 큰 문제 없이 우리는 그 마을에 도착하였고, 집을 방문하였고, 저녁에는 모인 사람들에게 성경을 가르쳤다. 밤에는 잠을 잘 수 없었는데, 악몽과도 같았다. 밖에서 들리는 소란스러움이 계속하여 잠을 방해하였다. 아침이 되어 우리는 반가웠고, 밖으로 나가 아침 식사를 하였다. 또 다른 여성들과 모임이 있었고, 우리는 짐을 쌌다. 어떻게 올바르게 신앙생활을 해야 하는지 떠나기 전 또 한 번의 심각한 대화를 하였다.

다음 장소는 우리에게 알려지지 않은 곳이다. 피고실이란 마을이다. 그곳에는 여성 신도가 없다고 한다. 이것은 분명하였는바, 우리가 산을 넘고 시냇물을 건너 피곤함에도 좋은 소식을 가지고 도착하였는데 아무도 우리를 환영하지 않았다.

"어머니. 나와서 이 외국인을 환영하세요."

반응이 없었다. 전도부인이 좀 더 큰 소리로 외쳤다. 한 여성이 일하던 자리에서 일어나 나왔다. 밝은 얼굴이 부엌문 뒤에 나왔는데 그 집 며느리였다. 그녀는 손을 흔들며 한 방문을 열었다. 우리에게 그녀는 방을 보이며 자신의 방이라 하였다. 그리고 안으로 들어가서 문을 닫고 그녀는 나의 손을 잡으며 말하였다.

"부인을 만나게 되어 반갑습니다."

나를 위한 저녁이 준비되자, 유순이는 너그럽지 못한 집 안주인을 만나러 갔다. 나는 이곳 길가에 씨가 뿌려져 뿌리를 내릴 수 있도록 기도하였다. 내가 저녁 식사를 거의 마칠 무렵, 유순이가 방문을 열고 들어와 냉큼 무릎을 꿇고 이야기하였다.

"무어 부인 기도해 주세요. 그녀가 오늘 저녁 모임에 나오기로 했어요. 이건 좋은 소식이에요. 그녀는 신자가 될 거예요."

"나는 이미 기도하고 있었어."

결국, 그렇게 되었고 두 명의 며느리도 신자가 되기로 하였다. 그들의 남편들이 이 마을의 오직 기독교인들이었다. 그들은 우리에게 더 오래 머물기를 청하였다. 그러나 지금은 떠나는 것이 지혜로운 것이었고, 다음에 다시 오겠다고 약속하였다. 테일러가 그 이후 방문하였는데, 그 세 명의 여성이 이제는 예배에 정기적으로 참석하고 있다고 하였다.

다리가 다음의 마을이었고, 이번 여행의 마지막 마을이었다. 이 마을을 방문한 것은 즐거운 경험이었다. 모두 배움에 열심이었고, 밤낮으로 이웃 사람들이 몰려왔다. 우리는 기뻐할 조건들이 많았고, 하나님이 힘을 주셔서 48리의 거리를 걸을 수 있었다.

우리는 하동에 와 밤 10시에 발동선을 탔다. 그리고 통영에 새벽 2시에 도착하여 따뜻한 물로 씻은 후 침대로 들어갔다. 관리인이 모두 돌보아주었고, 그는 내가 떠나 있을 때 집과 물건들을 잘 관리해 주었다. 내가 돌아올 때도 그는 나를 맞아주었는데, 매우 정직한 사람이다.

통영에서.
3월 20일.
〔더 크로니클, 1916년 6월 1일, 3〕

53. 길가에서의 전도

만약 여러분이 태풍을 경험하였다면, 우리가 지금 어떤 날을 겪고 있는지 알 것이다. 며칠 동안 세찬 바람이 이곳저곳을 헤집었다. 마치 곧 무슨 큰일이 일어날 것 같은 느낌이다. 하늘은 낮게 보이고, 난폭하게 보였다. 산과 산에서 소리가 울렸고, 이미 보리 추수가 된 밭에서 사람들은 급하게 이삭을 줍고 있다.

오늘 아침 천국이 열렸다. 나무들은 양옆으로 휘어지며 흔들렸고, 소나무로 덮인 산은 도움을 청하듯 울부짖는 것 같았다. 곧 진흙탕 물이 산에서 쏟아져 내릴 것이고, 바다로 흘러 들어갈 것이다. 길가는 불쌍한 한국인은 비에 젖은 닭과 같은 모습이고, 옷은 겨우 걸쳐져 있다. 짧은 시간에 많은 비가 내렸다! 갑자기 태풍이 이동하는 듯하였다. 바람이 잦아들기 시작하더니, 비도 조용히 내렸다. 그리고 누가 명령이라도 한 듯이 다시 반복되었다. 이제 시작일 뿐이었다.

거제 삼색이의 모친

지난번 거제 섬을 방문할 때 두 명의 전도부인은 성경반 지도로 바빴다. 그래서 나는 삼색이의 모친과 동행하였다. 자신의 주인을 위한 사역의 길에 그녀가 나선 것이다. 그녀는 여전하였지만, 이번에 나는 그녀와 개인적인 가까운 시간을 가질 수 있었다. 그녀는 만나는 모든 이에게 적극적이었고, 자신의 친구 그리스도를 다른 사람들도 만나기를 원하였다.

"하나님의 아들 예수 그리스도를 믿으세요."

우리와 같은 방향으로 걷는 한 여성에게 전도하였다.

"그러나 나는 아들이 없습니다."

당황한 여성은 대답하였다.

"아니요. 하나님의 아들, 예수님 말입니다."

여성은 더 당황하였다.

"누구요?"

삼색이 모친은 반복하여 말하더니 그 여성의 팔을 이끌어 앉게 하였다.

"하나님의 아들 예수 그리스도는 당신을 사랑합니다."

그리고 그녀는 그리스도에 관한 이야기를 풀어 놓기 시작하였다. 그녀 얼굴은 천연두 자국으로 얽혀있지만, 빛이 났고 친절해 보였다. 이야기를 듣던 그 여성의 얼굴은 믿지 못하는 표정이었다.

"정말이요? 나를 위하여 죽었다고요…. 아무 대가 없이 천당에 갈 수 있다고요?"

그녀의 질문에 대답이 있었다. 그리고 우리는 일어나 다시 길을 재촉하였다. 삼색이 모친은 길을 걸으면서 방금 만난 그녀를 위하여 기도하였다.

우리는 길가에서 그리고 마을에서 씨를 뿌리는 귀한 시간을 공유하였다. 많은 사람이 무거운 짐을 지고 고생하다가 얼굴을 돌려 하늘을 보게 하였다. 자신의 육신 생존을 위하여 수고하는 사람들에게 영적인 도전을 하였다. 그리고 죄악의 유혹에서 이기는 심령들을 보면 우리는 뛸 듯이 기뻤다.

한 여성은 가난하고 무지한 한 어부 여성에게 하나님에 대하여 들었다. 그러나 그녀는 귀신 숭배를 포기할 용기가 없었다. 그녀가 성경에 대하여 배우더니 이렇게 말하였다.

"와서 나의 남편에게도 가르쳐 주세요. 그는 고집이 세고 나쁜 남성입니다. 나는 이 놀라운 이야기를 그도 듣기 원합니다."

그 남편도 결국 와서 설교를 들었다. 그러나 그는 말하기를 천당이 자기에게는 너무 비좁을 것이라고 하였다. 자기는 많은 방을 좋아하므로 그곳에 가기 싫다고 하였다. 아내는 절망하였다.

"그러나 하나님이 말씀하시기를 모두를 위한 방이 있을 것이라 하였습니다."

그는 계속 변명을 하였고, 우리는 그곳을 떠날 수밖에 없었다. 여성들이 좀 더 독립적이라면 많은 사람이 그리스도에게로 올 수 있을 것이다.

그 후에도 우리는 많은 질문을 받았다.

"만약 내가 믿는다면 아들을 가질 수 있을까요?"

"내가 원하는 것을 얻을 수 있을까요? 그렇다면 믿겠습니다."

우리의 여행은 끝이 났고, 오랫동안 배를 기다렸다. 태풍이 오고 있었다. 그리고 우리가 떠나기 전 시작되었다. 그로 인하여 통영에 밤 8시 30분 도착하지 못하고, 새벽 12시 30분에 도착하였다. 나는 늦은 저녁을 먹고 침대에 들었다. 열흘 동안의 순회로 피곤하였지만 집에 돌아와 기뻤다. 그동안 밤마다 벌레들 때문에 잠을 제대로 못 잤던 것이다.

통영에서.

6월 15일.

[더 크로니클, 1916년 8월 1일, 4]

54. 새 선교사관 집들이

호주선교사공의회의 환영위원회에서 봉사를 마치고 나는 마산에서 돌아왔다. 마침 여선교사관에 입주할 준비가 되었다. 이 새집에 가구를 들이는 것은 즐거운 일이다. 특히 새 동역자가 곧 부임하기 때문에 더욱 그러하다. 희망의 깃발이 아직 펄럭인다. 40명의 한국인 여성이 집들이에 초청되었다. 기도가 있었고, 환영의 노래가 있었고, 다과가 있었고, 즐거운 놀이가 있었다.

새집을 칭찬하는 많은 말이 오고 갔다.

"성스럽고 높은 목의 집"

즐거운 여성들은 여러 단어를 조합하며 새집에 이름을 붙였다. 김영홍 전도부인은 대구 장로교회의 적극적인 추천을 받아 우리에게 왔다. 그녀는 우리의 사역에 좋은 동역자이다. 그녀의 신앙 경험과 대구에서의 5년 동안의 성경공부는 우리에게 가치가 있다. 올해 한 달만 더 공부하면 6월에 그녀는 졸업장을 받을 것이다.

처음 우리 성경학교에 입학한 유순이도 만족스럽게 일하고 있다. 이 두 여성이 매우 성실하게 이곳의 어려운 사역을 감당하고 있는바, 성경반과 주일학교에서 가르치고, 순회와 심방을 하고 있다.

고성, 배둔, 연동에서 여성성경반이 개최되었다. 이번에는 날씨와 전염병으로 인하여 출석이 저조하였다. 거제에서의 질병도 우리로 하여금 성경반을 연기하게 하였다. 그러나 다행히 얼마 후에 실행할 수 있었다. 배둔에서의 성경반이 그중에서 제일 좋았다. 거제 읍내의 성경반에 참석하던 여성들이 자신의 지역에서 성경반을 열게 되어 감사해하였다.

순회 – 나와 전도부인은 세 지역을 한번 혹은 두 번 순회하였다. 성경반을 포함하여 전부 64일이 걸렸다. 아침에 하였던 주일학교 여성반이 이제는 오후에 열린다. 마태복음을 주제로 가르치고 있다.

심방 – 교인과 비 교인의 집을 많이 심방하였다. 많은 여성이 교회에 나오겠다고 하였지만, 약속을 지키지 못하였다. 몇 명은 나왔지만, 곧 남편에 의하여 제지를 받았다.

한번은 수요일 기도회에 빛나는 얼굴의 여성이 즐겁게 예배에 참석하였다. 그때 밖에서 목소리가 들렸다. 화가 나고 큰 목소리였다. 그 여성의 얼굴에 갑자기 긴장감이 흘렀다. 나는 그녀를 따라 밖으로 나갔다. 그녀의 남편은 그녀를 힐책하며 구타하기 시작하였다.

"때리지 마세요."

나는 애원하였다.

"외국인은 상관하지 마세요."

남편이 대답하였다.

"네. 그러나 내가 오라고 했어요."

나는 그들을 거리까지 따라 나가며 애원하였다. 그 후 나는 그녀를 다시 볼 수 있었다. 그녀는 말하였다.

"희망이 없어요. 남편이 계속 못 나가게 해요. 그러나 저는 믿을 거예요."

그녀의 그 말만이 희망이었다. 이런 방해만 없다면 많은 여성이 교회에 나올 것이다.

심방할 때 항상 많은 사람이 따라 다닌다. 그래서 얼마나 많은 사람이 실제로 우리의 전도를 듣는지 그 수를 말할 수 없다. 모든 이웃이 다 나와 우리의 말에 귀동냥한다. 두 명의 전도부인은 훌륭한 전도자들이다.

무어.
(Our Missionaries at Work, 1917년 1월, 32-33)

55. 부흥하는 교회

성탄절은 진주에서 축하하고 새해는 마산에서 맞으면서 앞으로의 사역에 큰 힘과 격려를 받았다. 그 후 시간이 빨리도 흘렀다.

올해 초 여성성경반이 소집되었다. 매우 추운 날씨에도 불구하고 거제 섬 사등에 많은 여성이 모였다. 여성 대부분이 16마일에서 20마일을 걸어 참석하였다. 얼음장 같은 예배당에 불을 지피고, 그 추운데도 빠지지 않는 모습을 보면 감동적이다. 60명이 참석을 하였고, 대부분 아기를 데리고 왔다. 그렇지 않으면 참석할 수 없기 때문이다. 강의 시간 중 아기들은 대부분 엄마의 품에서 잤다. 그래야 엄마도 좋아하고 반에 평화를 유지할 수 있다.

배둔에서도 55명의 여성이 모였고, 15마일 반경에서 참석하였다. 처음으로 여기에 이렇게 많은 인원이 모였다. 교회 지도자는 기뻐하였고, 나에게 석 달마다 한 번씩 와 주기를 간청하였다. 그러면 곧 교회가 부흥되겠다는 생각이었다. 구경꾼들도 많이 왔는데 전도부인은 그들에게도 전도하는 기회를 놓치지 않았다. 곧 4명이 교인으로 등록을 하였다.

나는 슬픈 얼굴을 한 여성을 보았고, 그녀는 자신의 이야기를 나에게 하였다. 그녀에게는 17세의 딸이 있는데 문둥병으로 죽어가고 있었다. 그런데도 그녀는 성경반에 매번 참석하였다. 많은 교인이 그녀의 집에 가 함께 기도하였다. 그녀는 나에게 병에 관하여는 언급하지 말아 달라고 하였다.

이 집에는 또 14살의 언어장애인이 있었다. 밝은 아이였지만 가족의 슬픔으로 인하여 이 아이도 조용한 모습이었다. 한번은 이 아이가 상처를 받았다. 다른 학생들은 글을 하나씩 다 받았는데 이 학생만 모르고 있었던 것이다. 나는 급하게 하나 써서 그녀에게 주었다. 그녀는 그것을 기뻐하였고, 절대로 잃어버리지 않았다. 그녀는 슬쩍 나의 손을 잡고는 신뢰의 미소를 보였다. 그녀는 다른 사람이 하는 것은 모두 따라 하였다.

성경반이 모두 마칠 때, 한 여성이 울기 시작하였다. 그녀의 남편이 그녀가 기독교인이 되는 것을 반대하는 것이다. 그녀는 친구들과 이웃 마을에서 왔는데 이제 집으로 돌아가려 하니 남편이 두려웠던 것이다. 그리고 그녀의 두려움대로 그녀의 남편은 그녀가 집에 돌아오자 폭행을 가하였다.

다음 날 우리가 그 집에 갔을 때, 그녀의 남편은 보란 듯이 그녀를 막 대하고 있었다. 한국에 와서 그런 모습은 처음 보았다. 한국인들도 "여자를 저렇게 취급하는 것은 평생 처음 보았다"라고 하였다. 우리는 매우 슬펐고, 간섭할 수도 없었다. 이웃들에게 그녀를 돌보아 달라는 말만 할 수 있었다. 나는 나중에 알아보니 그녀는 남편이 죽일지라도 여전히 예수를 따르겠다고 하고 있었다.

통영의 성경반은 이틀 후 여기에서 열린다. 우리는 이 부근의 마을에서 많이 오기를 기대하고 있다. 날씨는 좋아 보이지 않지만, 그들이 오기만 원한다면 방해가 되지 않을 것이다.

통영에서.

3월 14일.

[더 크로니클, 1917년 6월 1일, 3-4]

56. 이별의 선물

하나님과 우리의 교회를 위한 나의 25년 사역을 기억하고 감사하는 예배에 참석한 여러분 모두에게 감사의 인사를 드린다. 여러분의 사랑의 선물을 매우 가치 있게 생각한다. 보내준 시계가 참 우아하고 좋다. 그것의 값어치가 아니라 그 선물이 내포하는 기도와 사랑의 의미를 안다. 소중하게 잘 간직하겠다.

한국인들도 큰 사랑과 자신들의 능력 밖의 선물을 나에게 주었다. 내가 돌아갈 때 여러분들이 그것을 볼 수 있게 될 것이다. 그날에 있었던 예식을 왓슨 부인이 소상히 적어서 보낼 것이다.

부산진과 동래의 교인들은 글자가 새기어진 메달을 나에게 선물하였다. 심 목사(심취명 목사-역자 주)가 초기부터 지금까지의 나의 사역에 관한 내용을 낭독하였다. 이 교회와 주변의 교회들도 글자를 새긴 메달을 선물하였다.

고성과 섬 지역에서도 메달과 아름다운 한복을 선물하였다. 한복에는 진주로 각 교회의 이름을 수놓았고, 나의 이름과 사역 기간을 한국어로 표기하였다. 그 외에 많은 작은 선물을 받았는데, 그 사랑을 나는 값어치 있게 생각한다. 전보와 편지도 세계 각국에서 도착하였다. 하나님은 그의 은혜를 입을 자격도 없는 나에게 차고 넘치게 축복하셨다.

나를 기억하여 준 개개인 모두에게 나의 진실한 감사를 전해주기 바란다. 시계는 이곳 여성들이 모두 부러워하였는데, 여성들이 하는 대화가 내 귀에도 들렸다.

"매우 비싼 시계일 거야. 그러나 사랑은 돈으로 살 수 없어."

여러분과 이곳의 사람들은 내가 가장 귀하게 여기는 것을 주었다. 가장 진실한 사랑이다.

통영에서.
9월 10일.
[더 크로니클, 1917년 11월 1일, 4]

57. 25년 후에 – 무어의 사역

큰 행사가 시작되기 전날, 육지에서 벌써 교인들이 도착하기 시작하였다. 돛단배로 용감하게 17마일이나 항해하여 온 것이다. 고성과 배둔에서는 18마일이나 20마일을 낮의 더위를 피하여 밤에 걸어왔는데, 밤의 휴식을 이 모임을 위하여 포기하였다. 통영과 거제 근처의 교회에서는 더 많이 왔다. 부산진에서도 이날 밤 도착하였는데, 멘지스와 무어와 함께 오래 일해 온 심 목사도 다음 날의 행사에 참여하기 위하여 도착하였다.

다음 날 새벽은 맑았으나 구름이 좀 있었고, 시원한 바람이 불었다. 모두 좋아하였다. 우리는 아침 일찍 교회에 갔는데 이미 많은 사람이 모여 있었다. 원래 주일예배에 참석하는 교인들이 다 도착하지도 않았는데, 외부인들이 그 인원보다 더 많이 참석하였다. 조용하게 앉아있는 이들을 보면서 우리는 최소한 이 지역의 최고의 기독교인들이 대표로 모인 것임을 알았다.

기념 예배는 박 목사의 기도로 시작되었고, 찬송이 있었고, 심 목사의 연설이 있었다. 그는 무어가 첫 여성 호주선교사의 한 명으로 고향과 사랑하는 가족과 친척과 친구를 떠나 오래전에 한국에 온 것으로부터 시작하였다.

심 목사는 호주의 여성들이 처음에 무어에게 이렇게 말하였다고 한다.

"가지 마세요. 이곳에도 하나님을 위하여 할 일이 많습니다. 만약 가면 그곳의 사람들이 당신을 잡아 죽일 것입니다."

우리는 그 말에 좀 놀라서 고개를 들었고, 참석자들의 웃음이 곧 터질 것이라고 기대하였다. 그러나 웃기에는 이 예배의 분위기가 너무 심각하였다. 각 사람의 얼굴은 조용하였고 심각하였다. 심 목사는 계속하였고, 무어는 그 말에 다음과 같이 대답을 하였다고 소개하였다.

"나는 이미 한국을 위하여 나 자신을 드렸습니다. 하나님을 믿으니 어떤 두려움도 없습니다."

교인 중에 흐느끼는 소리가 들렸다. 아름답고 강한 여성, 그리스도의 군사 팔개도 흔들리는 감정을 보였고, 그녀의 빛나는 눈에는 눈물이 고였다. 그러나 그녀의 입은 꼭 다문 채 앞만 응시하고 있었다.

무어가 처음 도착하여 한국어를 배울 때 변변한 교재가 없어 도움을 받기가 어려웠다고 심 목사는 말하였다. 경상도에 기독교인이 거의 없을 때, 부산진의 사람들과 초가집에서 멘지스와 함께 거하였고, 한국어 선생의 도움을 받아 집 한 채를 구입하게 되었다. 이웃 사람들은 이 외국인 여성들을 수상하게 생각하여 싫어하였고 다음과 같이 말하였다고 하였다.

"이 서양 여성들이 우리 중에 같이 사는 것을 못 하게 하자."

한국어 교사와 전 주인의 설득에도 불구하고 사람들은 여선교사들에게 위협을 가하였다.

심 목사는 이 두 여성이 얼마나 열정적으로 그리스도를 전하였고, 자비로운 사랑을 보였고, 그리고 결국은 한국어 교사와 이웃들이 마침내 그리스도를 고백하게 되었다고 하였다. 이 모든 일은 그들이 작고 어두운 방에서 살며, 종종 아프고 피곤한 상태에서 이루어졌다. 자신들 고향의 크고 넓고 편한 집을 떠나 한 일이었다.

무어는 부산진에서만 일한 것이 아니라 시골 먼 곳까지 다녔고, 기회가 있을 때마다 전도하였다. 지금도 새로 온 선교사가 전도하며 다니면 안 믿는 사람들은 이렇게 말한다.

"저기 모 부인이 전도하고 있다!"

월전은 20마일 떨어져 있고, 울산은 30마일 이상, 그 길 위에서는 한국 음식밖에 먹을 것이 없었다. 또한, 길 위에는 항상 위험과 어려움이 도사리고 있었다. 말 위에서 떨어지는 것도 피할 수 없었다.

부산진에 살면서도 무어는 마산과 통영 지역을 순회전도 하였고, 곳곳에서 많은 어려움을 겪었다. 결국, 1913년 가을 그녀는 통영으로 이주하였다.

우리는 과거를 돌아보았고, 그 결과 지금은 신실한 여성들, 한국인 목사 2인, 장로, 그리고 남성과 여성 사이의 많은 일꾼을 우리는 보고 있다. 경상도의 기독교인이 지금 이 교회 교인들보다 적었던 때가 있었다는 것이 믿기지 않았다. 그리고 한국인 목사는 상상하기 어려웠던 시절이었다.

다음의 연사는 우리를 좀 더 현재로 돌아오게 하였다. 그 한국인 장로는 무어의 통영 지역 선교에 대하여 말하였다. 제일 순회하기 어려운 섬과 내륙 지역의 돌과 흙길을 무어는 주로 걸어서 다녔다. 높은 산을 넘는 것도 예사였다. 바다에서는 느리고 불편한 낚싯배를 타고 다녔고, 그녀는 여성과 소녀들 사이에서 자신의 노동을 무상으로 제공하였다.

그는 온당치 못한 것에 주저하지 않고 말하는 무어의 용기에 대하여도 말하였다. 무어의 입에서는 종종 이런 말이 나왔다.

"자매님, 그렇게 해서는 안 됩니다."

기독교인으로 하지 말아야 하는 행실이 보이면 무어는 참지 않았고, 마지막에는 변화에 대하여 감사와 사랑을 표현하였다.

감사의 찬송이 그 뒤를 이었고, 소녀들이 특송을 하였는데 기독교인 2세들이었다. 그리고 선물 증정식이 있었다. 부산진과 통영교회에서 각각 기념 메달을 선물하였다. 통영의 오랜 친구 한세는 아름답게 수놓은 것을 선물하였고, 한국식 모양의 작은 장식장, 고성에서는 각 교회의 이름이 진주알로 수놓아진 한복을, 그리고 다른 선물들도 있었다.

왓슨은 무어의 감사를 대신 표현하였고, 호주장로회 선교부의 사랑과 감사도 전하였다. 예배 후, 교인들은 조용히 흩어져 학교에 있는 집에 모였고, 그곳에서 오후를 함께 나누었다.

2시에 학교는 사람들로 붐볐다. '과자와 차' 게임이 시작되었다. 여성들의 시간이었고, 그렇게 준비되었다. 이 나이 든 여성들은 이제 '성인'이 되었는데, 25년 전의 이들은 노래와 춤으로 지금 기쁨을 주고 있다. 이들의 얼굴에는 아직 천진난만하고 귀여운 모습이 있었고, 교회의 영향 안에서 자란 이들은 자신들의 어머니가 알던 귀신에서는 멀어졌다. 이들은 돌아가며 감사의 노래를 다정하게 불렀다.

사진사도 들락거렸고, 마침내 사람들은 흩어지기 시작하였다. 먼 길을 다시 돌아가야 한다. 어떤 이는 허리가 굽은 할머니이고, 어떤 이는 집이 근처에 있고, 어떤 이는 배를 기다리기 위하여 선착장으로 갔다.

과거 25년을 돌아보고 현재의 교회들을 생각할 때, 생각나는 성경 말씀이 있다. "나를 위하여 집이나 형제나 자매나 어머니나 아버지나 자식이나 전토를 버린 자는 현세에 있어 집과 형제와 자매와 어머니와 자식과 전토를 백배나 받되, 박해를 겸하여 받고 내세에 영생을 받지 못할 자가 없느니라."

이곳에서 이 말씀이 항상, 그리고 가장 사랑스럽고, 충족하게 이루어졌다.

왓슨 부인.
〔더 크로니클, 1918년 2월 1일, 6-7〕

58. 사량도까지의 뱃길

최근에 많은 변화가 있었고, 시간은 빨리 지나고 있다. 추운 계절이 돌아왔다. 우리가 감사할 것이 많은 것은 잘 입고, 잘 먹고, 편안한 집에 잘 있기 때문이다. 가난한 한국인들은 우리가 이해 못 하는 어려움 속에서 살아가려고 처절히 애쓰고 있다. 창백한 그들의 얼굴이 자신들의 이야기를 해 주고 있다.

호주선교사 공의회가 끝나자마자 나는 성경반을 위하여 욕지도로 갔다. 내가 제시간에 도착하자 이들은 놀랐는데, 날씨로 인하여 내가 못 올 줄 알고 있었다. 작은 배를 타고 깊은 위험과 마주하는 것이 용감한 일이기는 하다.

"어떻게 빨리 왔어요? 우리는 25주년 기념 예배 후 이곳까지 3일이 걸렸습니다."

많은 여성이 위험을 감수할 수 없는 것은 데리고 온 아기가 있기 때문이다. 바람으로 인하여 아기를 놓칠까 봐 두려워하였다. 우리가 있는 집의 지붕은 단단히 고정되어 있었다. 참석한 여성들은 긍정적으로 공부를 하였고, 다행인 것은 이틀 후 바람이 잦아들었다. 모두 42명의 여성과 소녀들이 참석하였는데 우리는 즐거운 시간을 함께하였다.

마지막 날에 여성 모두 작은 선물을 받았고, 우리는 즐거운 놀이를 하였다. 할머니들도 적극적이었다.

"모 부인이 오면 정말 재미있어."

나의 작은 봉사가 이들에게 웃음을 가져다준다고 생각하니 마음이 따뜻해졌다. 우리는 많은 작별의 말과 눈물 속에 헤어졌다. 고깃배로 다시 집으로 돌아왔다. 새벽에 도착하여 우리는 잠이 들었고, 평화롭고 조용한 시간을 되찾게 되어 기뻤다.

사량도가 다음의 목적지였다. 날씨가 별로 안 좋다가 나아져 마침내 우리는 출발할 수 있었다. 그러나 우리의 배는 물 위를 나는 듯하였다. 2시간 걸렸는데 이것은 기록이었다. 그곳의 사람들에게 말하자 모두 놀라워하였다. 일본인의 증기선이었는데, 손님은 우리뿐이었다. 문제는 가는 것뿐만 아니라 돌아오는 문제도 있었다. 우리가 돌아오기 원하는 날짜에 맞추어 오는 배는 없었다. 일본인 선장도 그렇게 하기는 어렵다고 하였고, 우리는 우리의 '영을 좀 더 참을성 있도록' 하였다.

우리는 우리의 식량을 모두 소비하였지만, 마침 고구마 철이어서 도착할 때부터 떠나는 날까지 고구마가 특별 음식이 되어 우리에게 제공되었다. 사량도에는 많은 수의 여성들은 아니었지만, 그들과 즐거운 5일을 보내었다. 그들과 우리는 마음과 마음으로 교제하였고, 그들의 집안 사정에 대하여 우리는 친밀히 알 수 있었다. 그리고 우리는 무사히 돌아올 수 있었다. 누구든지 우리 중에 이런 위험한 여행에서 무사히 돌아오면 마음이 놓였다.

그리고 우리는 거제의 끝에 있는 연동을 찾았다. 그곳에는 사람들이 추수하고 있었다. 여성들이 자신의 쌀을 깨끗이 하고 있을 때 우리는 그들과 함께 앉아 이야기할 기회를 얻었다. 이런 방법으로 우리는 많은 사람을 만났고, 집집이 찾아다니는 수고를 덜 수 있었다.

우리는 또한 기독교인이 몇 명 사는 곳도 방문하였다. 참 반가워하였다. 매우 유용한 방문이었는데, 불출석자들을 모으고 새 사람들에게 씨를 뿌렸다. 우리는 돌아오는 길에 고깃배를 탔는데, 하루 밤낮 꼬박 고생하였다. 다시는 나는 배나 바다를 더는 참을 수 없을 것 같았다. 굉장히 긴장되는 시간이었다.

그럼에도 불구하고 우리는 또다시 같은 섬을 방문하고, 몇 마일을 산을 넘어 그곳의 여러 교회를 찾았다. 얼마나 힘든 여정이었는지 나의 새 신발이 다 닳아 나를 슬프게 하였다. 그러나 보람이 있었고, 사람들은 우리를 만나 기뻐하였다. 추운 날 도착하면 그들은 우리를 따뜻한 방으로 이끌었고, 자신들의 손으로 우리의 찬 손을 비벼 피를 원활히 돌게 하였다. 매일 저녁 우리는 기도회를 하였고, 얼마가 모였던지 우리는 노래하고 기도하였다.

돌아올 때 우리는 모터보트 소리를 들었다. 반가웠다. 그러나 우리는 4시간을 배에서 기다려야 하였다. 시동이 걸리지 않았던 것이다.

"배가 아픈가 보다."

누가 푸념하였다.

"네. 아마 우리는 바닷속으로 가라앉을 수도 있어요."

"그런 소리 말아요. 물에 젖기 싫어요."

한동안 농담을 하였지만, 점차로 희망은 보였다. 그리고 이곳까지 6시간 걸렸다. 그 후, 그 배는 거제 읍내를 갈 수 없었다.

지난번 우리가 가까운 교회들을 방문하였는데, 배나 당나귀에서 해방될 수 있었다. 두 다리로 걸었던 것이다. 참으로 편안하였다. 비는 조금 내렸지만 말이다. 여성들은 우리를 마중 나왔고, 멀리서도 참석하였다.

다음 달 고성에서 성경반이 있다. 한국의 설날에 진행되는 반이다. 거제 섬, 사등, 배둔, 그리고 고성으로 다시 돌아온다. 이것이 4월이나 5월까지의 계획이다.

캠벨 양이 이곳에 와 매우 만족한다. 자격이 있는 사람이 주일학교와 주중 학교를 가르치게 되어 잘 되었다. 새해에도 우리에게 많은 축복이 있기를 기도하며, 세상의 평화를 간구한다.

통영에서.

1월 16일.

[더 크로니클, 1918년 4월 1일, 5-6]

59. 지롱 선교대회에서

오후에는 한국선교에 관한 흥미로운 보고회가 있었다. 강사인 무어 양은 그곳에서 25년 일하였다. 그녀는 감옥에 갇혀 거의 굶는 등 한국에서 많은 도전적인 일을 겪었다.

한국선교는 발전하고 있지만, 일본인들의 태도가 선교사들의 노력을 크게 위축시키고 있다고 한다. 각 지역 일본 행정관에 의하여 상황이 크게 다르지만 말이다...

[지롱 어드버타이저, 1919년 5월 2일, 4쪽]

60. 디커니스 무어를 추모하며

한국선교 개척단의 마지막 선교사였던 엘리자베스 스튜어트 무아가 1956년 1월 8일 소천하였다.

무어는 1863년 12월 31일 데이레스포드에서 출생하였다. 그녀는 그곳에서 자랐고, 후에 사업에 종사하였는데 한 개 이상의 유명한 회사에서 일하였다. 그녀는 그곳에서 자신의 능력과 친절한 태도로 인정을 받았다. 이 당시 그녀는 주일학교에서 가르치기 시작하였는데, 이것이 결국 그녀로 하여금 한국으로 가게 한 동기가 되었다.

1892년 무어는 빅토리아여선교연합회 선교사로 임명을 받았고, 자신의 선교지인 부산진에 도착하였다. 그곳에는 이미 선교사들이 있었고, 멘지스와 페리가 살던 초가집에서 거하였으며, 그곳에 기근으로 생겨난 고아 세 명의 소녀를 데리고 와 함께 살았다. 이것이 고아원과 일신여학교의 시작이다.

무어의 우선 역할은 시골교회 순회전도였지만, 멘지스의 부재 속에 이 아이들을 돌보고 가르치는 일도 하였다. 멘지스가 긴 휴가를 마치고 돌아왔을 때, 동래읍이 그녀의 선교중심지가 되었고, 통영으로 이전하기까지 그곳에서 일하였다.

부산진 지역은 나귀를 타고 다니었지만, 통영에서는 돛단배를 타고 섬 교회를 방문하는 것이 그녀의 일상 수단이었다. 그녀는 그곳의 많은 교회를 방문한 첫 여성 선교사이며, 지금까지 사랑스럽게 기억되고 있다.

무어의 한국선교 25주년 기념식이 있은 지 2년 후, 그녀가 함께 살며 일하였던 사람들에게 작별을 고하고 호주로 돌아왔다.

그리고 여기서 새로운 봉사의 장이 그녀에게 열렸다. 멜버른에 있는 많은 병원의 환자들은 시골에서 올라온 외로운 여성들이다. 이 도시에 친구가 없던 이 여성들은 무어의 방문을 특별히 감사하였고, 그녀는 자신의 정원에서 키운 꽃을 가지고 와 이들과 나누며 위로하였다.

크리스마스 때에는 라벤더 꽃이 담긴 작은 봉지에 적절한 메시지를 붙여 모든 환자에게 선물로 주는 것이 하나의 전통이 되었다. 그녀는 이것으로 '라벤더 부인'이란 이름을 가지게 되었다. 이렇게 작게 시작된 일이 점점 커졌고, 현재는 '스코티쉬 마더스 유니온'에 의하여 지속되고 있다.

무어는 이 사역을 80살이 넘게까지 하였고, 오래 살 동안 그녀가 사귄 친구들에 의하여 애정 속에 기억되었다.

1953년 그녀의 활동적인 삶은 끝이 났고, 랜스우드 사립병원에 입원하였다. 침상에서도 그녀는 많은 환자에게 격려와 용기를 주었고, 매일 저녁 그녀의 친구들을 위하여 기도하였다. 마침내 부름의 음성이 왔을 때, 끝까지 사용해 달라는 그녀의 기도는 풍성하게 이루어졌다. 승리 속에 무어는 '긴 하루를 마치었다.'

〔더 크로니클, 1956년 3월, 2-3〕

〔3〕
호주선교사 로버트 &
에이미 왓슨

〔4〕
왓슨 부부의 보고서

로버트 왓슨과 에이미 왓슨(Robert Watson, 1886-1942 & Amy Watson, 1889-1935)

〔3〕
호주선교사 로버트 & 에이미 왓슨

　로버트 왓슨(한국명: 왕대선)은 1910년 11월 10일 호주 빅토리아장로교회 발라렛 노회의 주관하에 총회 회관에서 목사 안수를 받았다. 그는 이미 청년연합친교회의 후원을 받아 한국으로 선교사 파송을 받기로 승인되어 있었던 것이다. 당시 호주 사회에는 아시아와 장차 어떤 관계를 맺을 것인가에 대한 질문이 있었는바, 왓슨은 이 예배에서 거꾸로 아시아가 호주를 어떻게 대할 것인가를 물었다. 그리고 그들이 호주로 올 때 선교의 결과로 기독교인으로 올 것이라고 대답하였다. (더 에이지, 1910년 11월 11일, 9)

　왓슨은 '발라렛의 아들'로 에벤에저교회에서 어린 시절을 보냈다. 그리고 그곳에서 벨레 멘지스가 가르치는 주일학교를 다녔고, 그녀가 한국으로 선교사로 떠나는 것을 보았다. 또한, 멘지스가 보내오는 선교 서신도 정기적으로 접하였고, 점차로 한국 선교에 관심을 가지게 되었다. 이제 그도 한국으로 떠나게 되므로 에벤에저교회와 관련된 호주선교사는 멘지스, 엥겔 부인, 그리고 왓슨, 모두 세 명이 된 것이다.

　왓슨은 발라렛 지역의 국내선교사로도 일을 하다가, 멜버른의 장로회신학교 오몬드칼리지에 입학하여 공부를 하였다. 그리고 우수한 성적으로 졸업을 하였다. 그는 11월 12일 한국을 향하여 떠나게 된다.

왓슨은 한국으로 떠나기 전에 비어드와 약혼을 하였고, 그녀도 수개월 후에 자신의 남편을 따라 호주를 떠나 한국에 입국한다.

마산에서의 동역

"그는 마산포의 아담슨 목사 동역자가 될 것이다."
(더 크로니클, 1910년 12월 1일, 5)

왓슨이 목사 안수를 받고 한국으로 파송된다는 기사에는, 그가 당시 마산포에서 선교하고 있던 아담슨 목사의 동역자가 될 것이라는 언급이 있다. 그는 12월 21일에 부산에 도착하였고, 그다음 달인 1월 부산진에서 열린 호주선교사 공의회에 처음으로 참석하고 있다. 이 공의회에는 당시 프랭크 페이튼 등 한국을 방문하던 호주교회 대표단이 참석하였고, 소위 전진 정책이 이 모임에서 토론되었다. 그리고 여기에서 왓슨은 마산포로 가는 것이 확정되었다.

왓슨은 마산으로 가 먼저 조선말 공부를 시작하였다. 그리고 언어 교사와 함께 그 지역을 다니며 한국인들을 만나기 시작하였다. 1911년 10월에는 자신의 약혼녀 비어드를 상해에서 만나 결혼을 하였다.

왓슨 부부는 마산에서 1년을 살며 언어공부를 하며 한국 생활에 적응하였다. 왓슨 부인은 한국에 입국하자마자 4개월 동안이나 장티푸스 열로 고생을 하였는데, 다행히 진주의 배돈기념병원에 가 치료를 받을 수 있었다. 나중에 그녀는 자신의 글에서 마산에서의 생활을 다음과 같이 쓰고 있다.

"마산에서는 빅토리아여선교연합회 요리책과 스토브와 한국인 집사의 도움을 받아 우리가 필요한 음식을 요리하는 것을 배웠다. 심지어 빵까지 구웠다. 서 서방이 재료를 샀고, 물을 날랐고, 텃밭에서 우리가 먹을 채소를 가꾸었다. 요리도 도와주었다. 나는 나머지만 하면 되었다. 우리는 요리책을 따라 요리를 하였는데, '양의 다리를' 등은 할 수 없었다. 한국에는 양고기가 없다. 소고기는 있는데 밭에서 더는 일할 수 없는 소의 고기이다. 달걀은 신선하다고 하는데 때로 조심해야 한다."

(더 크로니클, 1926년 9월 1일, 5-7)

왓슨 부인은 마산에 우유나 유제품이 없어 고생하였고, 종종 '젖과 꿀이 흐르는' 고향을 그리워하였다.

왓슨은 이 당시 한국어 1학년 시험을 통과하고 있고, 또한 첫 번째 아들 족크도 마산에서 출생하는 기쁨을 얻었다. 이들 부부는 당시 통영을 종종 방문하였는데, 새 선교지로서의 가능성을 알아보고 있었던 것이다.

칠암선교부 설립

1912년 1월, 부산진에서 열린 호주선교사 공의회에서 또 한 번의 중요한 토론이 있었다. 이 당시의 결정이 왓슨 부부의 미래사역에 큰 영향을 미치게 된다. 호주선교회가 3개의 지부를 더 설립하며 선교지를 확장하기로 결정한 것이다. 하나는 거창선교부였고, 다른 하나는 남해선교부였고, 그리고 마지막으로는 칠암선교부였다.

남해선교부 설립은 진주선교부에 선교사들이 집중하고 있으므로 그 지역을 나누자는 의도였고, 남해, 하동, 그리고 곤양 지역을 맡도록 하였다. 그리고 칠암선교부는 칠암을 포함하여 거제, 고성, 진해까지 담당하도록 한 것이다. 이 모임에서 아담슨과 왓슨은 칠암선교부 부지를 찾아 구매하는 일을 맡았고, 150파운드 정도의 예산을 배정받았다. (더 레코드, 1913, 29-30)

더 나아가 왓슨과 멘지스는 칠암에도 여선교사를 임명하여 순회 전도를 하도록 제안하였고, 공의회의 승인을 받고 있다. 그리고 얼마 후에 부산의 베시 무어가 칠암으로 임명되었다.

1913년 9월에 열린 연례 모임에서 칠암선교부는 통영선교부로 개명되었다. 그리고 남해선교부 설립은 취소된다. 이때부터 왓슨 부부와 무어가 한 팀이 되어 통영과 고성 그리고 거제를 포함하여 그 일대 섬 지역에서 개척적인 선교를 본격적으로 시작하게 된 것이다.

새 선교부 설립과 그로 인한 인원 보충은 그만큼 더 많은 돈이 필요하다는 의미였다. 빅토리아여선교연합회는 당시 '코리아 빌딩 펀드' 모금을 시작하였는데, 마산, 거창, 그리고 통영에 선교사들이 거주하는 선교관과 소학교를 기본적으로 건축할 목적이었다. 당시 금광을 채굴하던 빅토리아주답게 모금 현황을 상징적으로 '땅속 3,500피트'를 목표로 하였다. 그리고 얼마가 모금될 때마다 500피트 혹은 1000피트씩 지하 탄광으로 내려가는 모습의 도표를 더 크로니클 선교지에 실으며, 모금상황을 회원들에게 알리고 있었다.

빅토리아여선교연합회는 또한 만 명 회원 모집 운동을 시작하는 바, 당시 6천 명에서 만 명으로 회원 수를 늘리자는 목적이었다. 그리고 각 지부의 새 회원 숫자도 함께 표기하며, 각 지부에 모금을 독려하였다.

욕지에서의 첫 세례식

　왓슨은 자신을 욕지 섬을 처음 방문한 외국인으로 소개하고 있다. 그는 당시의 방문 내용을 호주의 독자들에게 자세히 소개하고 있는바, 자신의 언어 교사인 김 조사와 매서인 한 명과 함께 1913년 초 욕지 섬으로 건너갔다는 것이다.

　욕지에는 7년 전에 이미 한 믿는 가정이 정착하였고, 그의 전도로 회심자가 있어 교회가 생겼다고 한다. 그러나 그동안 그 섬을 방문한 선교사나 목사가 없어 세례받은 자가 없었고, 수년 동안 그들은 박해와 고난도 받아야 하였다. 왓슨 일행이 그곳에 도착하자마자 늦은 시간임에도 불구하고 교인들이 찾아왔고, 왓슨은 즉시 세례 문답을 시작하였다.

　다음 날인 주일, 왓슨은 교인 10명에게 첫 세례식을 거행하고, 성찬식도 집례하였다. 성찬식에는 세례 받은자 4명만 초청하였다고 한다.

> "이것이 욕지도에서 거행한 첫 세례식이자 성만찬식이다. 나는 이것에 깊은 만족감을 느끼며 평생의 특권으로 여길 것이다. 이러한 경험을 할 수 있음을 하나님께 감사드린다."
>
> (Our Missionaries at Work, 1913년 4월, 27)

　그리고 그는 이 교회에서 3마일 정도 떨어져 있는 욕지 섬의 모교회를 방문하였다. 한때 교인 수가 200명이 넘는 교회였지만 박해로 인하여 왓슨이 방문하였을 때는 100명 정도 남아있었다고 하였다. 주일 저녁예배를 이곳에서 인도한 왓슨은 그다음 날 세례 문답을 진행하였고, 8명을 받아들였다고 보고하고 있다.

통영의 선교관

통영읍에 파란 눈을 가진 서양인들이 거주하게 되자 통영의 사람들은 큰 호기심을 가지고 그들을 지켜보았다. 특히 서양 부인과 서양 아기를 '구경하려는' 이들의 관심은 도를 넘기도 하여 왓슨 가족의 생활에 긴장감을 가져다주었다.

왓슨의 가족과 무어의 집이 될 첫 선교관은 통영읍 어디에서나 볼 수 있는 대화정 언덕 위에 이 층으로 세워졌다. 이 집은 한 일본인이 공사를 맡아 건축한 것이다. 외관은 누구에게나 주의를 끄는 모습이었지만, 내부는 부실 공사였다고 한다. 왓슨의 잦은 출타로 선교관 건축 시 감독을 제대로 못 한 탓이었다. 시간이 지날수록 선교관 건물 내부의 문제점이 드러났다.

> "통영에서의 첫해는 힘든 해였다. 왓슨은 종종 집을 떠나 있었다. 구경꾼들은 계속하여 영국인의 새집을 보기 위하여 찾아왔고, 집 안으로 들어오기 원하였다. 때로 우리는 문을 잠그고 살아야 했다. 교인들만 비밀스레 들여야 하였다. 당시 우리 집 문은 고생을 많이 하였다. 문고리가 흔들거렸고 집 안에 다른 고장도 많았다. 폭풍이 올 때마다 언덕 위에 있던 집은 피해를 보았고, 여기저기 땜질한 벽의 구석으로 쥐들이 들어왔다.
> 우리는 종종 아기와 유모를 숨겨야 했다. 수십 명이 혹은 백여 명이 구경하기 위하여 들어 와 여기저기 흥미로운 눈으로 둘러보았다."
> (더 크로니클, 1926년 9월 1일, 5-7)

이 글은 후에 왓슨 부인이 회고한 내용이지만, 이 서양식 이 층 주택은 당시 많은 사람의 관심을 끌기에 충분하였다.

왓슨은 나중에 통영에서 아들을 두 명이나 더 낳는 기쁨을 가졌다. 그들이 아들을 낳자 한국인 교인들과 동료들은 함께 기뻐하여 주었다.

"우리 선교사님은 아들을 셋이나 가진 부자이다."

소녀들을 위한 학교

통영에서의 학교 설립 제안은 왓슨 부인이 하였다. 빅토리아여선교연합회는 왓슨 부인이 보내온 제안을 설명하면서, 몇 해 전까지 통영에 학교를 운영할 계획이 없었지만, 그녀의 편지를 읽고 필요하다는 인식을 하게 되었다.

> "그녀는 자신이 여학교를 기꺼이 시작할 수 있다고 하였다. 한국인 교사 한 명만 제공하면 교회 안에서 시작할 수 있다는 것이다. 빅토리아여선교연합회는 몇 해 전까지만 해도 통영에는 학교 운영 계획이 없었지만, 선교사 공의회가 그녀의 계획을 우리에게 제안할 가능성이 있다. 그러므로 이 새 계획을 승인할 것인지는 이제 우리의 안건이 되었다."
>
> (더 크로니클, 1913년 9월 1일, 7)

그리고 선교사 공의회가 여선교연합회에 추천하기도 전에 익명의 후원자가 빅토리아에서 나타났고, 그 후원금은 한국인 교사를 고용할 수 있는 재정이었다.

마침내 왓슨 부인은 1914년 초에 교사 한 명을 임명하여 먼저는 자신의 집에서, 그 후에는 통영 대화정교회당(현 충무교회)에서 소녀들을 위한 학교를 시작하였다. 학교라고는 하지만 초급 보통학교로 정부 승인도 없었고, 소녀 몇 명이 일반 기초과목과 성경을 함께 공부하는 학원이었다. 그럼에도 통영에서의 근대 교육의 시작인 '진명학원'이 소녀들과 함께 시작되는 중요한 순간이었고, 장차 통영을 이끌 주역들의 보금자리였다.

> "학교는 잘 진행되고 있다. 매일 조금씩 나도 나의 몫을 가르치고 있다. 매서인의 작은 딸 기독교인 순남이는 지역 정부의 하급반 시험을 막 합격하였다. 그녀는 어린 학생들을 가르치는 메리 윤 선생을 잘 돕고 있다. 동시에 우리는 순남이의 상급반 과목을 지도하고 있다. 순남이는 이제 16살이고, 상급반 시험을 준비하고 있다. 그녀는 충분히 좋은 교사가 될 것이다.
> 우리는 지금 학교를 등록하려 하고 있고, 그러면 우리는 순남이와 다른 아이들을 상급반 학생들로 받을 수 있다. 그러면 더욱 세심한 가르침을 위하여 메리 윤을 도울 보조교사도 필요하다."
> (더 크로니클, 1914년 8월 1일, 3)

그리고 16개월 후에는 예비반까지 포함하여 30명의 소녀가 학교에 등록하여 공부하고 있었다. 첫 교사였던 메리 윤이 그만두고 좀 어려움을 겪었지만, 부산의 일신여학교 출신 두 명의 교사 정인순과 양성숙이 부임하여 다시 활기를 띠게 되었다. (양성숙은 후에 부임하는 문순복과 김순이 교사와 함께 1919년 3월 13일 통영 만세운동을 주도하고 옥고를 치룬다. - 편집자 주) 왓슨 부인은 이들에게 성경 과목을 가르치고 있었다.

> "1학년부터 4학년까지 23명의 학생이 흩어져있고, 3학년과 4학년

학생들은 보통 15살이다. 나는 이들과 마태복음을 공부하는 것을 즐기고 있다. 이들은 집중하여 성경 이야기를 배운다."

(더 크로니클, 1915년 8월 2일, 4-5)

당시 나이든 소녀들을 위한 야간반도 운영되고 있었다. 이 반은 주중에 3번의 저녁과 토요일 오전에 수업하는 반이었는데, 후에 진명야학으로 알려지게 된다.

왓슨 부인은 교사 중의 한 명인 정인순에 관한 이야기를 언급하고 있다. 젊은 여성이 부임하여 여학생들을 신실하게 가르치고, 나중에는 결혼을 위하여 학교를 떠나는 슬픔과 동래에서 결혼식을 올리는 장면까지 상세히 호주의 독자들에게 소개하고 있다.

순회 전도

1915년 초에 왓슨은 테일러와 함께 고성 부근의 배둔에 가 세례 준비반을 학습시키고 있었다. 당시 그 반에 아름답고 작은 한 소녀가 있었는데, 왓슨은 그 소녀에 관하여 테일러에게 이야기를 해주고 있다. 그 소녀는 반에서 가장 대답을 잘하였지만 큰 어려움 속에서 배우고 있었다. 그녀의 부모가 교회를 강하게 반대를 하고 있던 것이다. 그녀의 부모는 그녀를 막았지만, 그때마다 그녀는 도망하여 주일 예배에 참석하였다. 그녀는 성경과 찬송도 구매하였다. 잘못하면 작은 꽃처럼 밟힐 수 있는 환경이지만, 그녀는 용감하고 담대하였다.

이 소녀의 이야기가 아니었다면 왓슨과 테일러는 우울한 심정으로 그 마을을 떠났을 것이다. 그러나 이 소녀로 말미암아 그들은 기쁨으로 다음 목적지로 떠날 수 있었다. (더 크로니클, 1915년 6월 1일, 2)

1916년 초반에 통영에는 전도부인으로 김순이, 그리고 여학교 교사로는 양성숙과 정인순이 있었다. (더 크로니클, 1916년 3월 1일, 14) 그리고 이 해 중반, 여학생들을 위한 새 건물이 생겼다. 야간반과 주일학교를 위하여 사용될 것이다. 그러나 학교는 여전히 정부에 등록되지 못하고 있었고, 마을의 학교로 운영되었다.

1917년 9월 진주에서 열린 호주선교사 공의회 회의록에 왓슨의 선교영역을 명시하고 있다. 그는 거제 등 16개 교회를 감독하였고, 매서 전도인을 지도하고 있었다. 그는 또한 통영선교부 회계였다. (더 레코드, 1917, 17)

> "왓슨은 보트, 도보, 혹은 어떤 운송수단이든지 가능한 대로 이용해 교회들을 순회했다. 그는 주요한 중심 지역에 있는 조사들을 감독했고, 각각의 작은 모임들을 1년에 두 번 방문하면서 학습문답을 원하거나 세례를 원하는 사람들을 점검했으며, 설교하고 성만찬을 집례했다. 그는 민감한 전도자였고, 복음을 전할 모든 기회와 수단을 썼다. 그는 주요한 중심 지역들에서 주간 학습반을 운영했고, 주변 마을 사람들은 성경과 신조를 공부하고, 함께 예배드리기 위해 찾아왔다." (브라운, 93)

거제의 첫 교회로 알려진 구영교회는 아담슨의 전도 영향으로 교회가 세워졌고, 후에 기틀을 잡고 튼튼히 서도록 지원한 사람은 다름 아닌 왓슨이었다. 또한, 1916년 창립된 고성의 성곡교회 '교회 연혁서'에 따르면 1대 당회장으로 왓슨의 한국 이름 왕대선이 기록되어 있다.

1917년 통영과 고성에 드디어 한국인 담임 목사가 부임하였다. '서울에서 온 수염이 길게 난 박 목사'였는데, 충무교회 100년사에 따르면 목사로서는 처음으로 박영업 목사가 부임하여 첫 성례식을 가졌다고 기록하고 있다.

동시에 박 목사는 고성읍교회에서도 목회하였다. 그동안 외국인 선교사들만이 성찬식을 인도하였는데, 처음으로 한국인 목사가 집례하는 역사적인 순간이었다고 하였다. (더 크로니클, 1917년 5월 1일, 2)

그러나 박영업 목사는 대화정교회에서 오래 있지 못하였다. 1919년 초 박영숙 목사가 부임하였고, 동사목사로 왓슨이 함께 일하였다. 그리고 그다음 해인 1920년 왓슨은 처음으로 당회를 조직하여 교회의 주춧돌을 놓았다. 아담슨, 왓슨, 테일러 등이 그동안 이 지역에 뿌린 씨가 열매를 맺는 순간이었다.

경남노회 통영시찰

왓슨은 또한 당시 경남노회의 통영 시찰을 돌보고 있었다. 그 시찰 안에서 일어나는 교회의 제반 사항을 진종학 목사와 함께 관리 감독하며 노회에 보고하였다. 한 예로 1927년 7월에 열린 제23회 경남노회 회록에 왓슨의 이름이 수 번 등장하고 있다.

먼저는 호주선교사회 청원 부분인바 통영지방의 왕대선 목사는 통영군과 고성군의 32개 교회를 돌보게 한다는 내용이다. 그는 또한 성경학원 위원장으로 성경학원에 대해 보고를 하였는바, 다음이 그 일부분이다.

"1) 지방마다 3주일씩 예비공부하던 일은 폐지하고, 창세기와 예수행적 2과목만 통신과로 공부하고 입학시험을 받을 일이오며... 4) 강사는 왕대선, 예원배, 권임함, 안다손, 정덕생, 김만일, 김길창, 주

기철, 최상림, 김이제, 이자익 제씨를 원이오니 노회로서 해 교회에
허락 받아 주기기를 원이오며..." (최병윤, 252)

유치원 개원

1917년 말, 빅토리아여선교연합회는 왓슨 부인으로부터 편지를
받는데 통영에서 유치원을 시작하였다는 소식이 담겨져 있었다.

> "왓슨 부인으로부터 편지가 왔다. 그들은 통영의 두 곳에서 유치원
> 을 시작하였는바, 한곳에는 16명, 또 다른 곳에는 20명의 어린이가
> 있다. 야간반은 재조정되었는데, 지금 40명의 학생이 있다."
> (더 크로니클, 1918년 1월 1일, 6)

통영에서의 유치원이 정확히 어떻게 시작되었는지 왓슨 부인의
보고서에는 나와 있지 않지만, 스키너의 한 편지에 그 배경을 짐작
할 만한 내용이 적혀있다.

> "20여 년 전 캠벨 선교사와 알렉산더 선교사가 막 도착한 일꾼들의
> '조력'을 받아 유치원을 설립하는 것이 가치 있겠다고 생각하였고,
> 무관심한 마음들을 인내심과 사랑의 노동으로 설득하였다…. 유치
> 원 사역은 대단한 사역이었다. 유치원 노래는 이곳에 맞게 적용되
> 어야 하였고, 교사들에게는 귀와 입으로만 가르쳐야 했는데, 그 와
> 중에 종종 음정을 잃어버리기도 하였다." (스키너, 68)

통영의 유치원은 알려진 것과는 달리 알렉산더와 캠벨에 의하여
설립되었고, 왓슨 부인이 호주에 보고하므로 지원을 받았던 것이다.

왓슨 가족은 이 해 호주에서 휴가를 보냈다. 그리고 후에 다시 한국에 입국하여 통영에 안전하게 도착하였다. 왓슨 가족이 당시 부산에서 통영으로 돌아올 때 동행하였던 테일러는 그때의 상황을 다음과 같이 쓰고 있다.

> "우리의 배는 밤 10시에 통영 포구에 도착하였다. 우리 귀에 제일 먼저 들어온 소리는 교회에서 들려오는 기쁜 타종의 종소리였다. 언덕 위에는 일본식 등불이 여행자의 집을 둘러싸고 있는 모습이 보였다. 해변에는 등을 든 사람들이 두 줄로 서 있었다. 우리의 작은 배가 바닷가에 다다랐을 때 그들이 우리 신자들과 친구들이란 것을 알았다.
>
> 시니어 선교사들이 도착할 때 이들은 두 줄로 늘어서 그들이 그사이를 지나가게 하여 마음속의 환영을 표시하였다. 이 모든 행사가 끝난 다음, 우리는 교회에 모여 짧은 예배를 드렸다. 이들은 자신들의 외국인 목사가 안전하게 도착하게 되어 하나님께 감사를 드렸다. " (더 크로니클, 1919년 6월 2일, 2)

그러나 왓슨 부인의 건강은 계속하여 좋지 않았다. 1919년 말, 왓슨 부인이 매우 아프다는 보고가 있었다. 아시아의 어떤 병에 걸렸다고 하는데 구체적인 병명은 제시되지 않고 있다. 그녀는 치료를 위하여 진주의 배돈기념병원으로 갔다. 그리고 그곳에서 점차로 나아지고 있다는 보고도 후에 전해졌다.

왓슨 부인이 당시 진주에서 치료를 받으며 호주로 쓴 편지 일부가 '더 크로니클' 선교지에 소개되었다. 레잉이 휴가에서 돌아온 것을 반기면서, 한국 사회가 빠르게 변하고 있는 모습을 말하고 있다.

"우리에게 가장 크게 영향을 끼치는 것은 이곳 사람들의 마음 상태이다. 그들은 우리가 전하는 것을 받을 준비가 되어있다. 동방을 빠르게 기독교화하면 할수록 그들과 우리에게 좋은 일이다. 나는 한국에서 엄청난 신앙을 보았다. 특히 한국교회 안에서 말이다. 우리가 여기에 투자할 수 있다는 것이 나는 자랑스럽다. 우리는 이곳에 그리스도를 위하여 왔고, 아시아와 호주를 위하여 왔다."

(더 크로니클, 1920년 5월 1일, 7)

왓슨 부인은 1922년 초 쌍둥이 딸을 출산하였지만 얼마 후에 아이들 둘 다 잃었다. 네피어가 최선을 다하였지만 살릴 수 없었고, 그들에게 큰 슬픔이었다.

"쌍둥이 딸이 선교관에 태어났을 때는 몇 친구만 제외하고는 무관심하였다. 그들은 딸에는 관심이 없었고, 거기에다 쌍둥이는 더 소용이 없었다. 두어 주 후에 무엇이 잘못되어 갑자기 쌍둥이가 죽자, 두세 명만 우리의 슬픔을 이해하였다. 읍 성곽 밖의 햇빛이 잘 드는 언덕에 작은 무덤을 만들었을 때도 말이다."

(더 크로니클, 1926년 9월 1일, 5-7)

왓슨 부부에게는 남자아이만 3명이 있었는데, 큰아들 족크는 당시 평양의 미션 스쿨에서 공부하고 있었다. 그런데 그 아이도 때때로 아프다는 보고가 있었다. 왓슨 가족은 가정적으로 어려운 시기를 보내고 있었다.

1923년 통영선교부에는 호주선교사로 왓슨 부부, 에이미 스키너 그리고 제인 매카그가 있었다. 그리고 선교부에서 운영하는 학교는 진명유치원, 준 초등학교, 산업반, 그리고 마을학교 교사 훈련반이 있었다. 학교 교육의 많은 부분을 이제 스키너가 책임지고 있었고, 매카그는 순회전도 그리고 왓슨은 교회와 노회 관계 일을 보고 있었다. 그리고 이 당시 엘리자베스 던도 막 임명되어 통영으로 부임하였다.

호주로 돌아가는 왓슨 가족

1925년 중반부터 통영선교부 호주선교사 명단에 왓슨 부부의 이름이 빠져있다. 스키너, 엘리스, 그리고 던의 이름만 올라와 있었다. 왓슨 부인의 건강 문제로 인하여 이들은 다시 호주로 돌아갔고, 한국으로 언제 다시 복귀할 수 있을지 모르는 상태였다. 당시 왓슨은 빅토리아주의 미아 미아라는 소도시에서 목회하였다.

왓슨 부부는 호주에 머물면서 한국의 상황을 호주교회에 알리는 글을 쓰기도 하였다. 왓슨은 '한국에서 무엇을 할 것으로 나는 기대하는가?'란 제목의 글을 썼고, 왓슨 부인은 '선교사 아내의 어떤 경험'이란 짧지 않은 글을 집필하였다. 그녀는 자신의 글에 통영의 자신의 집에 묵었던 페이튼과 김익두를 소개하고 있는바, 특히 김익두에 관한 이야기는 흥미로운 부분이다. 또한, 학교가 많이 발전한 부분도 다음과 같이 소개하고 있다.

> "젊은 기독교인인 두세 명의 좋은 여교사의 열정적 도움으로 학교는 빨리 발전을 하였다. 처음의 우리 의도와는 조금 달라진 모습이지만 말이다. 지금은 학비가 많이 올랐음에도 비기독교인들까지 자신의 딸을 학교에 입학시키려고 우리 선교사들에게 애원한다."
> (더 크로니클, 1926년 10월 1일, 5-7)

여기에서 '우리 의도와는 조금 다른 학교의 모습'이라는 뜻은 학교가 정규 보통학교로 성장하지 못하고, 직업훈련 중심의 산업반의 모습으로 발전되고 있는 것을 말하는듯하다.

1926년 8월, 왓슨 부부는 다행히도 한국선교사 명단에 자신들의 이름을 다시 올리고 있다. 큰 환영을 받으며 통영으로 다시 돌아온 것이다.

그러나 왓슨 부인은 돌아오자마자 여전히 아팠다. 던은 그녀를 진주의 배돈기념병원으로 데리고 갔고, 병원의 호주 의사들은 그녀를 최선을 다하여 돌보았다.

당시 왓슨은 남자성경학원을 책임 맡아 운영하였는데, '남성경학원 보고서 1926-1927'을 썼다.

> "1927년 성경학원은 학원 역사상 가장 많은 등록이 있었다. 전체 참가자 중에 46명이 모든 과목을 끝까지 참여하였다. 학생들은 열정적이었고, 시험 결과도 전반적으로 우수하였다."
>
> (더 레코드, Vol 14, 1927년 6월, 27-28)

성경학원의 교사로는 왓슨과 앤더슨을 비롯하여 정덕생, 주기철, 김길창, 최상림, 이채봉, 김두식, 이차익 등이 있었다.

1928년 3월 20일 스코트교회에서 열린 정기모임 보고에 왓슨이 통영 선교관에 전깃불 설치를 하려 했지만 못하고 있다는 보고가 있었다. 생각보다 비용이 더 든다는 내용이었다.

결국, 이해 7월 말 왓슨 부부는 사표를 내고 호주로 돌아가게 된다.

"충무교회 당회록을 보면, 왓슨 선교사는 1920년 3월 1일부터 1928년 1월 8일 제71회 당회까지 왓슨 선교사 사택에서 대화정교회 목사와 당회원이 참석한 가운데 회무 처리와 직접 사역에 동참하였다. 그리고 1926년 6월 15일 왓슨 선교사는 공동의회에서 이재풍 목사와 함께 임시 동사목사로 청빙하기로 결정하였다. 1928년 6월 13일 제73회 당회는 왓슨 선교사 부인의 신병으로 귀국(은퇴)하는 일에 대하여 송별회를 가지기도 하였다." (충무교회 100년사, 365)

그리고 8월부터 선교사 명단에서 그들의 이름을 더는 찾아볼 수 없게 되었다. 그 후 트루딩거 부부가 그 자리에 들어가 왓슨의 순회 전도를 이어갔고, 거창에 있던 스키너도 통영에 재임명되어 왓슨 부인의 학교를 맡아 운영하게 된다.

1928년 6월 마산에서 열린 호주선교사 공의회는 왓슨 부부에 대한 다음과 같은 찬사의 기록을 남기고 있다.

> "우리 공의회는 왓슨 부부가 선교지로부터 사표를 내기로 결정하였다는 소식을 듣고, 매우 깊은 아쉬움과 개인적인 상실감이 있다. 왓슨은 이 나라에 18년 전에 왔으며, 지금까지 그는 사역을 위하여 자신을 아낌없이 내어 주었다. 그는 이곳에서 많은 교회를 다녔는 바, 가는 곳마다 특별한 방법으로 사람들의 애정을 받았다.
>
> 많은 사람이 그를 믿음의 아버지로 의지하였으며, 그가 뿌리 씨앗은 생명책이 열리는 그 위대한 날까지 열매가 계속 열릴 것을 확신한다. 공의회의 서기로 섬겼던 그에게 우리가 어떤 빚을 지고 있는지 말고 다하지 못한다. 그는 능률적이고 행복한 사람이며, 우리가 그에게 진 빚을 어떻게 다 갚아야 할지 모르겠다.
>
> 왓슨은 우리 모두와 개개인에게 진정한 친구였으며, 본보기였으며, 우리의 주님의 영을 그로부터 볼 수 있었다.
>
> 왓슨 부인은 그녀가 이 땅에 온 후부터 교회의 여성과 소년과 소녀와 함께하는 사역에 전적으로 동참하였다. 그녀는 예수 그리스도의

사랑을 깊이 알 수 있는 수단이었다. 그녀의 생생하고 아름다운 글은 많은 도움이 되었고, 종종 방해하는 병약함 속에서도 지치지 않고 일을 하였다.

왓슨 부인이 완전한 건강을 회복하도록 우리는 진심으로 기도하며, 고향에서도 왓슨 부부는 우리 주님의 사역을 위하여 쓰임 받기를 원한다. 왓슨 부부가 데이비드와 함께 고향에 있는 다른 두 아들을 만나기 위하여 길을 갈 때, 우리의 사랑과 축복을 가지고 간다. 이들의 이름은 우리 모두의 가슴에 남을 것이다. ”

(더 레코드, Vol 15, 1928, 70-71)

왓슨 부인의 죽음

그 후 왓슨 부부의 활동은 한동안 전해지지 않았다. 그러던 어느 날, 왓슨 부인이 별세하였다는 소식이 날아들었다. 빅토리아여선교연합회는 더 크로니클 선교지에 그녀에 관한 기록을 짧게 남기었다.

“수년 동안 병고 속에 있던 왓슨 부인이 안식을 위하여 소천 하였다는 소식을 들은 우리는 그녀가 한국에서 헌신하였을 때를 기억한다. 그녀는 함께 헌신하였던 남편의 진정한 조력자였다.

특히 그녀가 그곳의 사역에 관하여 쓴 훌륭한 편지들은 복음적이고 문학적인 매력을 담은 내용이었는데, 그녀의 뛰어난 대학 학업을 말해주었다.

사랑과 감사로 그녀를 기억하는 사람들이 많으며, 지금은 그녀의 남편과 아이들에게 신실한 애도를 전한다.”

(더 크로니클, 1935년 5월 1일, 2)

왓슨을 추모하며

아내의 별세 후, 왓슨 목사의 소식도 더는 전해지지 않았다. 그러다가 1940년 중반 뜻밖의 한 소식이 알려졌다. 1940년 5월 왓슨은 목회를 하던 냐웨스트교회에서 떠나게 되는데 그 소식이 '더 크로니클'은 다음과 같이 보고되고 있다.

> "1910년부터 1928년까지 한국선교사로 통영에서 일하였던 왓슨 목사는 현재까지 냐웨스트교회에서 목회를 하여 왔다. 이제 그는 다른 곳에서의 부름을 받고 떠나는데, 한 교인은 그에 관하여 다음과 같이 적고 있다.
> '그는 그리스도를 위한 이 지역의 목회에서 자신의 삶과 모범을 통하여 보이는 것 이상으로 일을 하였다는 것을 우리는 아마 다 헤아리지 못할 것이다. 그의 설교는 영감적이었고, 그의 기도는 영적인 능력을 불어넣었다.
> 우리 장로교인 뿐만 아니라 이곳의 다른 신앙인들도 그의 떠남을 애석해 하고 있다. 그의 친절하고 예의 바른 태도와 기독교적인 인내, 그리고 그의 문화와 높은 지성은 모든 사람의 사랑을 받았다.'
> 왓슨 씨는 한국에서도 똑같은 인상을 남기었다."
> (더 크로니클, 1940년 5월 1일, 3)

그리고 약 2년 후 왓슨 목사는 소천하였고, 호주교회는 그에 관한 추모사를 남기었다. 다음이 그중 일부이다.

> "지난 2월 4일 수요일, 우체국에서 전화를 몇 번 해도 응답이 없자 직원이 목사관을 방문하였고, 그곳에 왓슨이 운명한 것을 발견하였

다. 그다음 날, 장례예배와 그의 무덤에 많은 사람이 참석하였다. 총회장과 노회의 지도자들이 참석하였고, 해외선교부 총무와 외부인들도 참석하였는바, 좋은 남성이고 그리스도교회의 진실한 목사로 존경을 받았음이 널리 알려져 있었다.

그리고 2월 15일 주일, 왓슨을 위한 두 번의 기념예배가 브롱스홈교회 주관으로 있었다. 해외선교위원회 대표로 노블 맥켄지 목사가 초청을 받아 설교하였다. 그리고 당일 리치몬드에서 있었던 추모예배에는 해외선교부 총무가 참석하였다.

우리의 친구는 가난한 사람이었지만 많은 사람을 부하게 하였다고 진실하게 말할 수 있다. 그는 이 세상의 물질 속에서는 가난하였다. 그러나 그가 많은 수입이 있었다고 할지라도, 그는 여전히 가난하였을 것이다. 그는 심령이 가난한 자였다. 그러나 아무도 그에게 영적으로 가난하였다고 말할 수 없다. 그는 생활의 '소유'와 불필요함에서 가난하였으나, 그러나 실제로는 부자였다.

왓슨은 삶의 가치의 본질에 대하여 분명하였다. 그의 시각은 옳았다. 그는 하나님을 진실하게 보았기에 삶도 진실하게 여겼다. 그는 매우 겸손하였고, 매우 진실하였다. 그가 큰 슬픔을 이겨내었기에, 사랑과 이해도 그만큼 깊었다. 이제 슬픔은 모두 사라졌다.

이러한 이유로 그는 사람들을 부하게 하였고, 그는 자기 자신을 기꺼이 드렸다. 그의 가족, 한국인들, 호주인들, 그리고 그의 동역자들 모두 그의 선함을 알고 있다. 그들은 그의 훌륭한 설교와 현명한 조언과 그리고 풍성한 사랑으로 인하여 부하게 되었다. 우리는 그의 풍성한 은사로 인하여 하나님께 감사드린다."

(더 크로니클, 1942년 3월 2일, 15)

에필로그

에이미 왓슨의 이름은 1940년의 빅토리아여선교연합회 임원회에서 한 번 더 언급된다. 통영에 에이미 왓슨이 개척하고 에이미 스키너가 발전시킨 산업학교에 '에이미 왓슨 학교'를 건립한다는 것이었다. 이 학교는 자선 단체로 다음과 같은 시설 증축과 비용이 필요하다고 하였다.

> "식당과 여자기숙사 목욕실, 교사 숙소, 천 엔이 먼저 요구되는 농장 건물, 그리고 여학생들을 위한 생활비용 등이다."
>
> (빅토리아여선교연합회 임원회 회의록, 1940년 11월 4일)

임원회는 이 안에 대하여 논의한 후, 데이비스 부인이 스키너의 사역에 먼저 천 엔을 지급할 것을 제안하였고, 전체 동의하였다. 그러나 '에이미 왓슨 학교'는 끝내 성사되지 못하였다. 모든 여선교사가 곧 일제에 의하여 추방되었던 것이다.

그리고 로버트 왓슨의 이름은 먼 후에 뜻밖에도 서울 사랑의교회 옥한흠 목사의 일생에 언급되고 있다. 옥한흠이 태어나서 어린 시절을 보냈던 경남 거제의 산골 마을 삼거리에는 초가집으로 된 교회당이 있었다. 그곳에 옥주래라는 사람이 선교사에게 복음을 들은 후 바로 상투를 자르고, 제사를 멈추고, 신앙생활을 시작하였는데 그가 바로 옥한흠의 증조부였다. 이때 언급된 그 선교사가 바로 로버트 왓슨이었던 것이다.

<참고도서>

빅토리아여선교연합회, 「더 크로니클」, 멜버른, 1910-1942.

이상규 & 양명득, 『호주선교사 열전-진주와 통영』, 동연, 2019.

에이미 스키너, 서상록 & 양명득 편저, 『호주선교사 에이미 스키너와 통영』, 2019.

존 브라운, 정병준 역, 『은혜의 증인들』, 한장사, 2009.

최병윤 편, 『경남노회 회록1』, 부산경남기독교역사연구회, 2014.

충무교회 백년사편찬위원회, 『충무교회 100년사』, 샬롬인쇄, 2008.

호주선교사 공의회, 「The Records」, 부산진, 1907.

호주빅토리아장로교회, 「Our Missionaries at Work」, 멜버른, 1913-1917.

〔4〕
왓슨 부부의 보고서

---

1. 발라렛의 아들

오늘 저녁 에베네저교회에서 흥미로운 모임이 개최된다. 올해 멜버른 오몬드신학교 자신의 학년의 첫 수료자이자 2번째 우등생인 발라렛의 아들 왓슨이 복음의 전도자로 엄숙하게 임명을 받는다.

총회장이 사회를 보고, 무어 목사가 설교하며, 그리고 카메룬 목사가 권면을 할 것이다.

왓슨 씨는 자신의 평생 사역지인 한국으로 수일 내에 떠날 것이다. 그의 많은 친구가 그를 보기 위하여 참석할 예정이다.

〔더 발라렛 스타, 1910년 10월 27일, 1〕

2. 목사 안수받는 왓슨

이날 저녁 왓슨 씨의 안수식에 많은 사람이 참석하였다. 총회장이 안수 기도를 하였고, 케인즈 목사와 스터링 목사 그리고 밀러 목사가 설교와 권면 등을 하였다. 왓슨 목사는 곧 선교사로 일하기 위하여 한국으로 떠난다.

호주가 아시아와 어떤 관계를 맺을 것인가에 대한 질문이 있었는데 정직한 답변이 있었다. 그는 그 질문을 뒤집어 아시아가 호주를 어떻게 대할 것인지를 물었다. 언젠가 그들이 호주의 문을 두드릴 때 기독교인으로 올 것을 믿는다고 하였다.

(더 에이지, 1910년 11월 11일, 9)

3. 마산포로 부임하다

부산에 도착한 왓슨 부인은 매우 아파서 아직 목적지로 떠나지 못하고 있다는 소식에 교인들은 우리와 마찬가지로 염려하고 있었다. 그러나 이제 완전히 회복되어 마산포에 2월 말쯤 도착하여 우리는 모두 기뻐하였다. 그곳에 새 선교사가 보충되어 우리는 하나님께 감사한다.

왓슨 부인은 이미 아담슨 부인을 때때로 도우며 찬송가를 가르치는 실제적인 관심을 보이고 있다.

(Our Missionaries at Work, 1913년 1월, 17-18)

4. 진해와 고성에서

　　왓슨은 현재 우선적으로 언어공부에 집중하고 있고, 지난 3월 1학년 시험에 합격하였다. 그는 목사가 부재할 때 선교회와 관련된 일을 여러 방법으로 돕는 것 이외에 칠암을 두 번 방문하였는바, 그곳에 선교부 대지를 구매하는 일 때문이었다.

　　또한, 지난 연례 회의 시 그에게 할당된 김해와 고성을 순회하였다. 그는 자신의 교회에서 목회하면서 14명에게 세례를 베푸는 특권을 누렸고, 세 교회에서 성만찬 예배를 집례하였다. 사람들은 먼 곳으로부터 마중 나와 왓슨을 따뜻하게 환영하였고, 이상한 일도 있었지만, 전체적으로 즐거운 경험이었다.

　　왓슨은 왕진 가방을 가져갈 수 있어 다행이었다. 사람들은 가방 속의 다양한 기구들을 보며 흥분하였고, 마치 그가 자격을 가진 의사인 것처럼 그를 대하였다. 그런 사람들에게 그는 자신은 의사가 아니라고 말하지만, 다른 선교사들처럼 가벼운 질병으로 고생하는 사람들에게는 최대한 치료해야 하는 압박이 있었다.

　　왓슨은 이곳 기독교인의 행실에 좋은 인상을 받았다. 그들은 간단한 약을 받기 전에 먼저 경건하게 머리 숙여 기도하였다. 동시에 실망되는 일도 있었는바, 교회의 한 지도자였고 약속을 잘한 한 사람이 7번째 계명을 어김으로 죄를 지었다.

　　이곳 지역교회의 상황은 갈라디아서와 고린도전서가 말하는 초대 교회의 상황과 비슷하다.

(Our Missionary at Work, 1913년 1월, 18-19)

5. 남해에서의 수확

남해 지역의 창성 섬에서 큰 수확이 있었다. 몇 명의 열정적인 회심자의 인도하에 처음부터 교회가 부흥하기 시작하였다.

지난 12월 우리 선교사와 조사가 이틀 동안의 바쁜 시간을 가졌는바, 시험 끝에 남성, 여성, 어린이 총 64명이 세례 문답 반에 받아들였다. 이 교회는 낮과 밤 학교 둘 다 운영하고 있다.

같은 지역의 진목정이라는 마을의 교회는 방문할 때마다 감동이 있는바, 대부분 교인이 젊은 사람들이기 때문이다. 참석하는 남성들 대부분이 25살 정도이다.

남해 교회들의 특징은 기독교인 대부분이 고등 교육을 받았다는 것이다. 앞으로 이곳 지역에서 많은 목회자 후보생이 나올 것 같은 느낌이다. 또 다른 특성은 선교사와 한국인 조사에게 보여주는 이들의 애정이다. 이들과 함께 있을 때 이들의 외적인 행동뿐만 아니라 감정도 올바른 사람들과 함께 있는 것 같다.

(Our Missionary at Work, 1913년 1월, 23)

6. 아들의 출생

왓슨 부부의 가정에 아들이 태어나 즐겁고 풍요로워졌다. 우리는 그 행복한 부모에게 축하를 전하며, 하나님의 큰 선물로 인하여 그들과 함께 기뻐한다.

칠암의 선교관도 거의 완공되고 있다. 우리 동역자들이 곧 그들의 새 선교부에 취임할 것이다.

(Our Missionaries at Work, 1913년 4월, 8)

7. 욕지에서의 첫 세례식

가장 먼 거리에 있는 섬 욕지 방문은 매우 흥미로웠다. 이 섬은 칠암에서 20~30마일 정도 떨어져 있다. 이곳에 가려고 우리는 기회를 기다려 왔다. 다음 날 우리는 이곳으로 배가 떠난다는 기쁜 소식을 들었다. 이 배는 비바람에 시달린 낡은 일본 배였는데, 거친 바다를 항해하기에 달갑지 않았다. 더군다나 애꾸 눈의 일본인 선장과 그의 선원 2명도 우리에게 만족을 주지 못하였다. 그러나 우리에게 다른 선택이 없었다.

토요일 아침 7시, 나의 선생인 김 조사와 한 명의 매서인과 더불어 출발하였다. 그 시간 날씨는 좋았고, 바람도 잔잔하였다. 바다 풍경도 아름다웠다. 그러나 항구를 벗어나 광활한 바다로 나아가자 바람의 방향이 곧 바뀌어 뱃머리에 불어 닥쳤다. 우리는 몇 시간 바람과 싸웠지만, 낡은 이 배는 그런 바람을 이길 수 없었다. 정오쯤 되자 욕지가 보이기 시작했다.

"언제 우리가 저기에 닿을 수 있겠습니까?"

김 선생이 애처롭게 물었다.

"자정쯤에요."

일본인이 쾌활하게 대답하였다. 다행히도 그는 우리가 감당할 수 있을 정도의 부주의한 성격을 가졌다. 해 질 무렵 우리는 욕지의 한 작은 항구에 닿았다. 그 화물 배 위에서 온종일 시달린 후, 우리는 육지에 내리면서 그 일본 선장과 다정하게 작별 인사를 할 마음의 여유가 없었다.

욕지도는 해변보다 산이 많은 섬이다. 바다가 끝나는 지점에서 갑자기 높은 산으로 이어진다. 우리는 숙소까지 2마일을 걸어야 하였다. 밤의 어둠 속에서 바람이 부는 산등성이 길을 따라갔다. 매서인이 앞장섰는데 그는 이곳을 아는 사람이었다. 이윽고 계곡 아래 한국인 농가에서 인사하는 반가운 소리가 들렸다. 우리는 정확한 예고 없이 왔지만, 농부와 그의 가족은 우리를 따뜻이 환영하였다.

나에게 안내한 방은 내가 지금까지 머문 방 중에 제일 작은 방이었다. 옷을 걸자 움직일 수 있는 공간이 거의 없었다. 병과 마른 생선과 잡다한 것들이 천장에 매달려 있었다. 그러나 우리는 이것으로 기뻐하였다. 찬바람 속의 하루 후에, 아래부터 따뜻한 온돌방은 가장 치료적이었다.

육지에는 집들이 마을에 모여 있지만, 이곳의 농가는 서로 떨어져 있다는 것이 다른 점이다. 이 이유로 우리는 사람들이 함께 모인 예배를 기대하지 않았다. 또한, 늦은 시간이었다. 그러나 우리가 왔다는 소식을 듣고 우리를 환영하러 사람들이 모였다.

욕지의 교회는 세워진 지 벌써 몇 년 되었다. 그럼에도 교인들은 아직 정회원이 되지 못하고 있었다. 우리는 즉시 세례 문답을 시작하였다. 거의 자정까지 진행되었다. 이들은 새벽에 다시 시작하기 원하였다. 그러나 그것은 원칙이 아니었기에 9시에 다시 하기로 하였다.

세례 문답은 꽤 어려웠지만, 순박한 마음의 이 섬 교인들의 일반

상식은 훌륭하였다. 교인 중 오직 한 사람만 전에 성찬식을 본 적이 있었다. 이들에게 성만찬의 내적 의미는 세련되지 못하였지만, 외롭고 멀리 떨어진 욕지의 교인들은 성실한 성경 구독자들이었다.

세례 문답 후, 주일 아침 우리는 교회로 향하였다. 바람이 불어 닥치는 언덕 위에 몇 개의 돌과 초가로 이은 지붕이 전부인 작은 집이었다! 그들은 교회당이 작다며 미안해하였다. 한국에는 거대한 교회당이 부재하지만, 사랑스러운 손길들이 욕지의 이 작은 초가집 예배당을 세운 것이다. 그 손길들이 이 예배당을 새롭고 깨끗이 유지하여 왔다.

욕지에서 기독교인이 된다는 것은 일반보다 더 의미가 있다. 외지의 도움 없이 이들은 수년 동안 박해와 고난 속에서 생존해 왔다. 교인 중 몇은 이웃 섬에 살고 있다. 이들은 수년 동안 폭풍이 불 때 외에 주일마다 바다를 건너 이 욕지교회 예배에 참석하였다. 설교가 있는 예배 후에, 우리는 10명에게 세례를 베풀었다. 그 외 교인들에게 우리는 주저하며 좀 더 공부하며 기회를 기다리라고 하였다. 그리고 세례받은 자 중에 오직 네 명만 우리는 성만찬에 초대하였다. 다른 이들은 의식에 관한 이해가 애매하였고, 좀 더 이해한 후 참석하도록 요청하였다.

이것이 욕지도에서 거행한 첫 세례식이자 성만찬식이다. 나는 이것에 깊은 만족감을 느끼며 평생의 특권으로 여길 것이다. 이러한 경험을 할 수 있음을 하나님께 감사드린다.

농가에서의 저녁 식사 후, 우리는 섬 다른 편에 있는 또 다른 교회로 향하였다. 산을 건너는데 풍경이 훌륭하였다. 험준한 절벽과 수많은 새들의 소리, 잡목으로 덮힌 언덕, 광활한 바다의 석양, 이곳을 집으로 삼고 있는 이들에게 질투가 날 정도였다.

3마일을 걸어 우리는 다른 교회에 도착하였다. 소나무 사이에 거의 숨겨진 작은 집이었다. 이 교회가 모 교회였다. 약 7년 전에 한 믿는 가정이 육지에서 건너와 욕지에 정착하였다. 한국인의 그 전도의 열정으로 복음서의 이야기를 이웃에게 전하기 시작하였다. 순박한 사람 중에 회심자가 나왔고, 시간이 지나면서 교인 수가 200명이 넘었다. 그리고 박해가 시작되었고 고난이 찾아왔다. 농사도 안되었고, 물고기도 안 잡혔다. 많은 사람이 세상으로 돌아갔다. 그래서 우리가 방문하였을 때는 100명 정도만 남아있던 것이다. 그리고 이들도 매우 낙심하고 있었다. 수년 동안의 낙심과 절망 속에서도 진정한 그리스도인으로 남은 이들이 우리는 자랑스럽고 반가웠다.

주일 저녁 우리는 교회당에서 예배를 드렸다. 예배에 온 사람 모두가 앉을 자리가 없었다. 많은 사람이 믿지 않는 사람들이었다. 김 조사는 이들을 향하여 특별히 설교하였고, 나의 선생은 낙심한 교인들에게 설교하였다. "이는 큰 환란에서 나오는 자들인데 어린 양의 피에 그 옷을 씻어 희게 하였느니라."(계 7:14)가 본문이었다. 그리고 환등기를 보여주었다. 예배 말미에 나는 밖으로 나와 탕자의 비유와 예수님의 일생을 그림으로 설명하였다.

김 조사의 설교 후에 나의 선생은 환등기 앞에 서 불신자들에게 믿도록 권고하였다. 그는 격정적이었다. 마르고, 검은 옷에, 만화 같은 모습으로, 한 손엔 신약을 들고, 하얀 옷을 입은 침묵의 남녀 불신자들에게 그리스도를 믿으라고 열정적으로 간청하고 있었다. 이날 밤은 매우 추웠음에도 그의 전도가 끝날 때까지 거의 한 사람도 움직이지 않았다. 그리고 그들은 조용히 집으로 돌아갔다.

다음 날 우리는 교회 회원을 위하여 문답을 진행하였다. 그리고 8명을 받아들였다. 그들 중 여성에게는 이름을 지어주어야 하였다. 불신자 여성은 이름으로 안 알려져 있고, 누구의 아내 혹은 엄마 등으로 알려져 있기 때문이다. 나이든 할머니에게 이름을 붙여주기란 쉽지 않지만, 이 세례명은 교회 안에서만 통용될 것이다.

　욕지의 사람들은 학교가 필요하다. 여성들은 한글을 전혀 모르고 있고, 소녀들도 그들과 같이 문맹으로 자라고 있다. 남성 중 일부는 글을 읽을 수 있지만, 소년들도 글을 제대로 배우지 못하고 있다. 그러나 이들은 너무 가난하여 교사의 봉급 1파운드를 지급하지 못한다. 그러나 음식은 제공할 수 있다고 한다. 우리는 이들을 돕기 원하지만 어떻게 해야 좋은 것인지 모르겠다. 교회에 도움을 청하기는 지금 좀 어려운 형편이다. 그러나 우리가 도움을 얻는다면 고군분투하는 이 섬사람들에게 큰 의미가 있을 것이다.

　이곳에서 개인별로 사람들을 더 만난 후, 우리는 집으로 향하였다. 돛단배가 가기에는 파도가 너무 높았다. 기선이 오전 3시에 온다는 말을 듣고, 그 배를 타고 통영에 와 구마산에 도착하였다.

　이 소식을 급하게 적어 미안하다. 이번 방문은 매우 흥미로운데, 한국 기독교인들이 해외의 도움 없이도 무엇을 할 수 있는지 보여준다. 한국인이 전도를 시작하였고, 그들에 의하여 교회가 조직되었고, 매년 지원 없이 그들이 예배를 인도하였다. 내가 이 섬을 방문한 첫 해외 선교사가 된 것은 나에게 큰 특권이다.

(Our Missionaries at Work, 1913년 4월, 26-29)

---

8. 통영을 위하여

　어떤 '더 크로니클' 독자들은 새로 생긴 통영선교부, 예전 이름은 칠암선교부에 관하여 궁금해할 것이다. 다른 사람들도 이곳의 선교에 관하여 관심을 두기를 희망한다. 우리 뒤에 후원자가 있다는 것을 아는 것은 우리에게 힘을 더하여 준다.

구경꾼들

개척선교사들은 외부의 영향을 비교적 받지 못한 이곳과 같은 지역에서 이상한 경험을 하게 된다. 마산포에서 조용한 1년을 지내다 이곳에 오니 최소 '흥분된다'라고 말할 수 있다. 여기 사는 사람들에게 우리는 매우 큰 흥밋거리이다. 이 층의 우리 방과 파란 눈의 아기 그리고 '외국인' 여성에 관하여 이들은 너무 큰 호기심을 갖는다.

끊임없는 구경꾼과 방문객들이 찾아오고 있다. 청년과 노인, 부자와 가난한 자, 남성과 여성, 무례한 자와 예의 바른 자, 그리고 혼자 혹은 단체로 온다. 우리가 영국인인 줄도 모르면서 영국인의 집 혹은 그들의 성으로 여기기도 한다. 어떤 이들은 아마 우리를 일본 사람이라고 생각하는 것 같은데, 목사가 항상 검은 옷을 입고 있어 그런지, 우리에게 일본어로 말을 걸어온다. 어쩌면 우리 집을 일본 절로 생각하고, 노크도 없이 그냥 걸어 들어오는 것 같다.

우리는 구경꾼은 집으로 들이지 않았고, 기독교인과 그의 친구들, 그리고 신자는 아니지만 몇 명만 조용히 들어오는 것은 허락하였다. 우리의 초보 한국말로 기독교에 대하여 듣기 원하는 사람들에게는 문을 개방하였다.

남성들도 여성들보다 호기심이 적지 않았다. 그들이 방 안에 들어가는 것은 허락하지 않지만, 공부방에서 창문을 통하여 밖을 내다보는 것과 꽃을 만져보는 것은 어쩔 수 없다. 처음에는 이들의 행동에 화도 났지만, 시간이 지남에 따라 이 상황의 웃음을 받아들일 수밖에 없다.

지난 주일에는 통영의 사찰 개원식이 있었다. 사람들은 아침 일찍 그곳으로 갔고, 그 참에 어떤 사람들은 우리 선교관으로 올라왔다. 당시 나는 아침 예배를 준비하던 참이었다. 나는 주일임을 말하고, 오늘은 구경할 수 없다고 하였다. 그래서 그들은 언덕을 내려가 교회로 갔다. 교회당 안도 이미 교인들과 구경하려는 사람들로 차 있었다.

예배 후, 그들은 나를 따라 다시 언덕으로 올라왔다. 나는 와도 소용없다고 말하였다. 우리는 결국 문을 잠그고, 셔터를 내리고 안에 있어야 하였다. 그러나 곧 한 무리의 여성들이 다가와 집안을 보여 달라고 요청하였다. 아니면 그 '젊은 영국 부인'을 볼 수 있게 해달라고도 하였다. 그러나 그 '젊은 영국 부인'은 나오지 않았다.

그때 밖에서 설교 같기도 하고, 또한 찬송 같기도 한 소리가 들렸다. 그제야 나는 나의 세례준비반 학생들이 도착한 것을 알아차렸다. 문틈으로 내다보니 두 명의 사랑스럽고 열정적인 얼굴이 보였다. 이들은 나를 구경하는 것보다 더 좋은 것을 얻기 위해 온 것이다. 한 사람씩 어렵게 집안으로 들어오게 하였고, 우리는 위층에 올라가 조용한 시간을 함께하였다.

동시에 왓슨은 집안의 심부름꾼 소년과 함께 이웃 마을을 방문하여야 하였다. 그래서 내가 내려 와보니 한 무리의 여인이 문을 밀고 안으로 들어오기 위하여 기다리고 있었고, 남성들은 바깥 마루에 앉아 있었다. 사람들은 쉽게 군중심리에 빠져있었다. "이런 법이 어디 있습니까?" 권위 있는 목소리에 사람들은 양 떼가 흩어지듯 흩어지기 시작하였다. 그들이 숫자의 힘으로 밀고 들어오려면 얼마든지 할 수 있다는 것을 여러분은 알 것이다. 그중에 세례준비반에 늦게 온 3명이 있었다. 그들만 집으로 들어왔고, 공부하였다. 이들이 떠날 때 보니 사람들은 다 흩어지고 없었다.

세례준비반

여러분은 세례문답반의 학생들이 궁금할 것이다. 그중에 오직한 사람만 잘 읽을 수 있다. 그녀는 총명한 아내로 왓슨의 언어 선생이다. 곧 그녀가 세례를 받게 되면, 세례준비반을 도울 수 있을 것으로 생각한다. 어떤 여성은 세례준비반에 받아들여지지 않았다. 지난주일 처음 온 여성은 읽지 못하는 여성인데, 자기 아들이 자신의 눈이 되어 줄 것이라고 하였다. 그녀는 들을 수 있기에 배울 수는 있었다.

특별히 관심을 끄는 또 다른 여성은 네 번째 십계명 공부 바로다음에 왔는데, 나는 그녀를 근처의 무밭에서 보았다. 그녀는 이날수업에 안 나왔는데 나는 어떻게 말해야 할지 몰라 좀 거북하였다. 그러나 나보다 그녀가 더 부끄러워하였고, 먼저 공부하고 그다음 무를 캐려고 소쿠리를 가져왔다고 설명하였다. 긴장하는 그녀에게나는 웃어주려 하였지만, 그녀는 당황하며 나를 슬프게 하여 수치스럽다고 하였다.

다음 주일, 그녀의 이름이 준비반 명단에 없었다. 그 상황을 알고보니 그녀가 처음 왔을 때 어떤지 먼저 보러 온 것이고, 준비반에서공부하기 원하니 이름을 넣어달라고 하였던 것이다. 그녀는 정직하였고, 좋은 기독교인이 될 것이다.

두 명의 흥미로운 여성

다른 여성들도 준비반에 있다. 그중 관심을 끄는 여성들을 소개하자면, 좀 기이하고 심각하고 어두운 작은 여성, 부끄러워하고 단순하고 나이든 얼굴이지만 사랑스럽게 밝은 여인, 가난하고 초라하고 누더기 같은 옷을 입었지만 깨끗한 여성 등이 있다. 자신을 수탄이의 모친이라는 여성은 생쥐와 같이 앉아서 조용히 듣고 읽는다. 그녀는 글을 조금 읽을 수 있는데 마치 경을 읽는 것 같이 읽어 학생들의 웃음을 자아냈다.

어느 날, 나는 그녀에게 기도를 인도하라고 청하였다. 그녀는 용감하게 시작을 하였는데, 기도도 경을 외우는 것같이 하였다. 한 사람이 낄낄거리고 웃자 그녀는 실망하며 울기 시작하였다. 그러나 그녀는 다시 마음을 잡고 용감하게 끝까지 기도를 마치었다. 그녀의 기이함과 조용한 부끄러움이 나에게는 매력적으로 느껴졌다.

마지막으로, 40세 정도 되는 상식이의 모친이 있다. 얼굴에 상처가 있지만, 그녀는 어두운 구석에 드는 햇빛과 같은 총명함이 있었다. 좀 먼 거리에서 왔는데, 자신의 마을에서 유일한 기독교인이었다. 그녀는 남편에게 매맞고, 이웃에게 모욕을 당하고, 박해받고 쫓겨났다. 그러나 그녀는 다시 몇 번이고 돌아가 가족을 돌보았고, 자신을 박해하는 사람들에게 전도하였다.

지난주일 나는 수탄이의 모친과 그녀가 구경꾼들에게 설교하는 것을 보았다. 그녀는 배우는데 열심이다. 그리스도를 향한 그녀의 사랑으로 언젠가 그녀가 더 잘 읽을 수 있을 때 말씀을 더 잘 배우면 훌륭한 전도부인이 될 수 있을 것으로 생각된다.

수업 후에 학생들은 신속히 전도하러 떠나는데, 그녀는 남아 말하였다.

"부인. 저도 집에 갑니다. 오늘은 무엇을 설교할까요?"

그리고 그녀는 자신의 마을 '친구들'에게 가서 주님이 자신에게 베푼 위대한 일을 소개하였다. 이들이 이곳의 어두운 구석을 빛으로 비추는 여성들이다.

(호주에서) 한번은 선교에 관심이 있던 한 학생이 말하였다.

"나는 한국에 가지 않을 겁니다. 그곳은 충분히 악하지 않아요."

악하지 않다고? 평화로운 산과 잔잔한 물결, 바쁜 시장과 기름진 논과 밭, 구불구불한 거리, 기이한 오래된 집들, 통영의 이 모든 것들은 분명히 아름답다. 수 세기 동안 이방인의 땅이었던 이곳에서 그리스도인으로 사는 것은 기적과도 같다. 이곳의 작은 기독교 공동체, 특히 주님을 용감하게 따르는 여성들은 특별하다.

이들에게 힘을 달라고 기도해 달라. 그들이 가는 길에 온전한 날이 올 때까지 빛을 비추어 달라고 기도해 달라. 통영을 위하여 기도해 주기를 요청한다.

통영에서.
5월 29일.
왓슨 부인.
[더 크로니클, 1913년 8월 1일, 4-5]

9. 공부 반의 시작

(주일 오후 세례 문답 반에) 23명의 여성이 등록하였다. 멀리서 오는 여성들은 정기적으로 참석하지는 못한다. 그중 2~3명만 한글을 읽을 수 있지만, 대부분 여성은 요구되는 내용을 성실하게 암기하였다. 몇 명은 자신을 박해하는 친척과 친구들에 용감하게 맞섰다.

그중 한 명을 언급하기 원한다. 상세기(상식이?) 모친은 그녀가 당한 시험으로 통영교회 안에서 모두에게 인정을 받는다. 그녀는 외로움 속에 있는 교인들에게 희망과 힘을 준다. 그녀는 여성 반에서 열심히 노력하였다. 그러나 물고기 풍년을 기원하는 희생 제사를 그녀가 거부하자 그녀의 남편은 그녀의 손과 다리를 묶었다. 또한, 수치를 당하도록 머리카락을 잘랐다. 그리고 심하게 구타하여 마을 밖으로 쫓아냈다.

그녀는 고통 속에 우리를 찾아왔고, 우리와 함께 2~3주를 머물렀다. 우리는 그녀에게 집으로 돌아가라고 말할 수도 없었고, 또 앞으로 어떻게 도울 수 있을지도 몰랐다. 마침내 그녀의 남편과 마을 촌장이 찾아와 집으로 돌아오라고 간청하였다. 이번에 그녀의 남편은 공손하였는데, 그의 잔인한 행위로 인하여 동네 사람들에게 야단을 맞았기 때문이다.

기도 후에 그녀는 집으로 돌아가기로 마음을 먹었다. 그곳에서 여전히 박해를 받겠지만 그녀는 웃는 얼굴로 자신의 자리로 돌아갔다. 그녀는 우리가 알면 알수록 더 존경하게 되는 여성이다. 성경 말씀대로 '큰 환란에서 나오는 자'이다.

우리는 또한 매주 한 번의 오후에 소녀들을 위한 공부 반을 운영하고 있다. 7명의 믿는 소녀들로 우리는 시작하였다. 이들은 성경공부와 찬송을 배우러 오는 소녀들이다. 그러다 이들의 요청으로 바느질 학습을 시작한 것이다. 이것으로 몇 명의 안 믿는 소녀들도 오게 되었고, 이들은 찬송가에는 별 관심이 없지만, 성경 구절 읽기와 암송에는 적잖은 관심을 보이고 있다.

우리의 여성 사역은 아직 통영에 국한되고 있다. 여러 지역을 방문하는 니븐의 여성 사역을 제외하고, 시골의 29개 모임에 어떤 도움도 주지 못하고 있다. 그들을 도와야 하는 필요성은 자명하다.

왓슨 부인.
(Our Missionaries at Work, 1914년 1월, 49-50)

10. 여학교의 발전

　　학교는 잘 진행되고 있다. 매일 조금씩 나도 나의 몫을 가르친다. 매서인의 작은 딸 기독교인 순남이는 지역 정부의 하급반 시험을 막 합격하였다. 그녀는 어린 학생들을 가르치는 메리 윤 선생을 잘 돕고 있다. 동시에 우리는 순남이의 상급반 과목을 지도하고 있다. 순남이는 이제 16살이고, 상급반 시험을 준비하고 있다. 그녀는 충분히 좋은 교사가 될 것이다.

　　우리는 지금 학교를 등록하려 하고 있고, 그러면 우리는 순남이와 다른 아이들을 상급반 학생들로 받을 수 있다. 그러면 더 세심한 가르침을 위하여 메리 윤을 도울 보조교사도 필요하다.

　　어떤 나이 든 소녀들은 와서 고등반을 공부하기 원한다. 그러나 이것은 아직 허가가 나지 않으리라고 나는 생각한다. 학교가 먼저 등록되면 다른 교사가 그것을 하기에 쉬워질 것이다. 우리가 받을 수만 있으면 우리 학교에 오기 원하는 다른 어린 소녀들도 있다. 그러나 우리는 급하게 하지 않는다. 천천히 진행할 것이다.

　　우리 소녀들을 볼 때 참 기쁘다. 그들이 주기도문과 사도신경과 십계명을 외우는 것을 보면 매우 흥미롭다. 그리고 나이든 소녀들은 요리문답을 공부하고 지금은 마가복음을 공부하고 있다.

　　나는 주로 성경 과목만 가르치고 있다. 그러나 과목을 늘리고 싶은 유혹이 강렬하다. 식물학은 성경공부를 보조하는 데 큰 도움이 될 것인데, 한국 학생은 이것에 대하여 전혀 모른다. 또한, 한국인은 산수에 대하여 충격적으로 무지한데, 이 과목을 잘 가르치는 한국인 교사를 나는 아직 못 보았다. 상급반 과목을 하는 소녀들도 기본적인 뺄셈이나 곱셈에서 종종 막힌다.

통영에서.

5월 16일.

왓슨 부인.

[더 크로니클, 1914년 8월 1일, 3]

11. 연단 속의 한 교회

우리는 통영선교부에서의 성공적인 한 해를 마무리하였다. 모든 발걸음에 햇빛이 들지는 않았지만, 모든 그늘에는 대가가 있었다. 그것에 대한 보고서는 나중에 볼 수 있을 것이다.

새 신자와 세례 문답반 학생들, 그리고 세례 자의 수가 늘었다. 전에 학교가 없던 곳에 이제 우리는 두 개의 학교가 있다. 교인들은 한국교회의 국내와 해외 선교에 작년보다 두 배 가까이 헌금하였다. 그리고 작년보다 더 많은 성경반이 운영되고 있다.

우리의 한 교회가 현재 큰 시험의 기간을 통과하고 있다. 구영동의 한 작은 교회는 우리 전체 선교부의 교회 중 가장 풍요로운 교회로 사람들이 좋아하였다. 그곳의 지도자는 한때 모든 죄를 지며 거칠게 살았던 사람이었지만, 지금은 착하고 정직한 기독교인 되어 그마을의 교회를 위하여 훌륭히 일하고 있다. 그는 조용한 한 집사에 의하여 지지를 받고 있는데 그도 정직한 기독교인이다. 이런 곳에 시험이 언제 불어닥칠까 우리는 의심하였으나 기대치 못한 방법으로 시험이 시작되었다.

몇 주전 회의 후에 갑자기 그 집사가 아파하였다. 그리고 두어 시간 후에 급사하였다. 그 작은 교회는 발칵 뒤집혔다. 그들의 친구이자 교회의 인도자인 그가 갑자기 죽은 것을 이해할 수 없었다. 안 믿는 이웃은 악마의 소행이라고 하였다. 사람들이 자신에게 제물을 드리지 않고, 기독교인이 되었기에 악마가 몹시 화가 났다는 것이었다.

우리가 그곳을 방문하였을 때 가족들은 몹시 걱정하고 있었다. 특히 과부가 된 아내는 악마의 소행이 아니라 하나님의 뜻임을 우리에게 몇 번이나 확인하려 하였다. 그러나 이것은 그들에게 슬픔의 시작일 뿐이었다. 그 집사의 동생도 기독교인인데, 그는 형의 죽음으로 구영동에 왔다. 그리고 일주일도 안 되어 그도 아프다가 죽고 말았다. 그러자 비기독교인들의 박해가 시작되었다. 그들은 교인들에게 기독교를 포기할 것을 강요하였다. 그리고 힘이 있고 두려운 영에게 제단을 쌓도록 하였다. 이 나라의 가난하고 단순한 사람들은 이 두 번의 이해할 수 없는 죽음 앞에 귀신을 두려워할 수밖에 없지 않은가?

그러나 이 교회의 지도자는 강한 신앙의 사람이었음을 하나님께 감사한다.

"물론 모두 이해할 수는 없습니다. 그러나 이 모든 것이 하나님의 뜻입니다."

그의 정직한 눈을 나는 좋아하였다. 그는 계속 말하였다.

"그들에게 박해하라고 하세요. 지금 견디기 어렵지만, 결국은 이 교회를 더 단단하게 할 것입니다."

그 동생이 사망한 날 밤에 우리 작은 무리가 교회당 안에 모였다. 그리고 '예부터 도움 되시고 내 소망 되시는 주' 찬송을 불렀다. 나는 이들의 얼굴을 보면서 그 지도자의 용감한 말대로 되리라고 생각하였다.

이것이 이 이야기의 전부이면 좋겠지만, 그 집사의 아내와 며느리도 사망하였다는 소식을 지금 막 들었다. 이 불행의 연속이 정말 어떤 의미인지 가늠하기 어렵다. 안 믿는자들의 비방과 조롱대로 신령들이 화가 났기 때문일까. 이 사람들에게는 신령의 세계에 대한 두려움이 실제 존재한다. 기독교 신앙이 성장할 때에만 사랑과 믿음으로 두려움을 물리칠 수 있을 것이다. 아직 많은 교인이 어린아이와 같은 신앙을 가지고 있다. 그들의 신앙이 실족하지 않기를 우리는 기도한다.

왓슨.
(Our Missionaries at Work, 1914년 10월, 7-9)

12. 교장 왓슨 부인의 보고

통영의 초급 초등학교는 1월 15일 18명의 학생으로 시작되었다. 그리고 지난 한 해 동안 교회당에서 운영되고 있다. 교사의 봉급은 빅토리아여선교연합회 회원인 멜버른의 한 여성이 관대하게 지원하고 있고, 책상과 가구 그리고 월 운영비는 통영의 교회 교인들이 제공하고 있다.

서울에서 졸업한 메리 윤은 능력있는 교사이며, 학생들의 신임을 받고 있다. 테일러 박사의 언어 교사 유병섭도 특히 학부모 관계나 강의로 많이 돕고 있다. 한국인으로 위원회가 구성되었고, 그들은 사람들을 만나며 후원받는 일을 돕고 있다. 사람들은 자유롭게 후원을 하고 있는데, 75세의 한 여성 노인은 학교 종을 위하여 20엔(2파운드)을 기부하였다.

처음에 나는 매일의 성경만 가르쳤다. 그 후에는 이틀에 한 번씩 성경, 산수, 노래를 가르쳤고, 이것이 3개의 반을 동시에 운영해야 하는 교사에게 더 도움이 되었다.

학생들은 계속 증가하였다. 정부의 초급 초등학교에서 졸업한 4명과 기독교인 부모의 아이 3명도 입학을 하려 하였다. 그러나 우리는 거절해야 했는데, 우리 학교는 아직 등록된 학교가 아니고, 교사 요원이 충분하지 못하기 때문이다. 몇 명의 학생은 출석이 저조하여 출석부에서 이름을 삭제하였다. 지금은 모두 38명의 학생이 있다.

지난 한 해 기독교 가정에서 온 5명의 여학생은 시험에 합격하여 교회의 정회원이 되었다. 현재 우리의 필요는 (1) 독신 여성 교육가, (2) 학교 건물, 그리고 (3) 기숙사이다. 사등의 남학교에는 30명의 학생이 출석하고 있다. 대구의 한 학교에서 졸업한 교사가 책임 맡고 있는데 잘하고 있다.

올해 초, 모든 기독교인이 교회와 연합하여 좋은 학교를 만들어 기독교 학교로 등록하자는 제안이 있었다. 이 생각이 매력 있는 것은 그러한 방법으로 복음에 문을 닫은 사람들의 마음을 움직일 수 있다는 것이다. 그러나 학교의 성공에 비신앙인의 영향이 더 크다는 이유로 이 생각은 실현되지 못하였다. 통영의 소녀와 여성들을 위한 야학은 메리 윤과 한 정부 학교 교사의 지도하에 계속되고 있다. 비기독교인 소년과 청년을 위한 야학에는 43명이 공부하고 있는데, 좋은 일을 하고 있다.

[Our Missionaries at Work, 1915년 1월, 37-38]

13. 세례 문답반의 여성 교인

왓슨 부인은 여성을 위한 세례 문답반이 매우 흥미롭고, 때로는 실망스럽다고 보고하였다.

많은 학생의 열정과 열심 그리고 즐거움과 놀라움으로 보람을 느낀다. '도'라는 여성은 읽지는 못하지만 배울 능력은 있는데, 주기도문, 사도신경, 십계명을 자신의 방법으로 한 번의 실수 없이 암송할 정도로 열정적이다.

한 젊은 과부는 교회에 참석하지만, 그리스도와 십자가 이야기 전체를 들은 적이 없었다. 그녀는 마치 자신에게 새로이 하는 이야기처럼 그리고 그리스도를 사랑하는 열정으로 말하였다. 세례 문답 시간에 왜 천당을 가기 원하느냐고 질문을 하자 그녀는 다음과 같이 대답하였다.

"그리스도를 만나기 위함입니다."

또 다른 여성은 공부를 일 년 정도 부정기적으로 하여 잘 배우지 못하였다. 그러다 그녀의 남편이 죽자 갑자기 열심을 내기 시작하였다.

"그는 좋은 사람이었고, 기독교인이었습니다. 천당에서 그를 만나기 원합니다."

다른 여성들도 열심이다. 지난 일 년 동안 10명이 세례를 받았고, 수 명이 문답반에 들어왔다.

(Our Missionaries at Work, 1915년 1월, 38)

14. 근대 교육의 모습

통영의 학교에 관하여 여러분은 오랫동안 소식을 못 들었을 것이다. 나를 용서해 주시기 바란다. 물론 교육 선교는 그 결과를 보여야 하나, 우리 학교는 매우 점진적으로 진행되고 있다. 그리고 장차 무슨 일이 일어나도 확실한 것은 우리 30명의 어린 소녀들은 이미 성경과 예수 그리스도를 알았다는 것이다. 이들은 자신의 삶 속에서 쉽게 이것을 잃어버리지 못할 것이다. 몇 명은 앞으로 주님의 능력을 보이는 큰일을 할 수도 있을 것이다.

학교가 문을 연 지 이제 16개월쯤 되었다. 학생들이 학교생활에 적절히 적응하는데 2~3개월 걸렸다. 일본 학기 말인 지난달에 첫 학년말 시험이 있었다. 우리 학교의 첫 기념비적인 순간을 지나는 것 같았다. 우리의 첫 교사 메리 윤은 지난 9월에 사직하였다. 그녀는 우리 학교와 학생들을 위하여 열심히 일하였다. 우리는 그녀를 좋아하였기에, 그녀가 떠나는 것을 서운해하였다.

그 후, 학교는 어려움을 좀 겪는 것 같다가 곧 회복하였는바, 부산진의 우리 학교에서 교육을 받은 두 명의 교사하에 조금씩 발전하였다(정인순과 양성숙 - 편집자 주). 이들은 이 지역이 자신들과 맞는 것 같았고, 한국인 보조자 집의 작은 방에 같이 살면서 처음부터 열심히 일하였다. 수개월 동안은 자신의 음식도 스스로 해결하였다.

지금은 그러나 보조자의 아내가 이들의 음식을 준비해 주고 있고, 그들은 더 많은 시간을 학교에 쓸 수 있다. 현재 이들은 주중의 아침과 오후에 한 번에 두 개나 세 개의 반을 가르치고, 야간반을 위한 토요일 아침과 세 번의 저녁에도 가르친다. 이들은 전심을 다하여 일한다. 그리고 건강하고 행복해 보인다. 이들은 젊지만, 최선을 다하고 있고, 학생들도 존경하고 좋아하고 있다.

우리가 처음 본 학생 중에 몇 명을 기억할 것이다. 기대가 별로 없는 것 같았지만 지금은 우리의 노력이 헛되어 보이지 않는다. 이 작은 아이들 속에 희망과 영감이 있다. 지금 우리 예비 반에는 20명의 어린 소녀들이 있다. 이 작은 아이들이 배우고 습득하는 것을 보면 참 놀랍다. 이들은 물론 열심히 공부하지는 않지만, 배우려는 열정은 있다. 특히 성경 이야기에 관심이 많다.

예비 반에서 이 아이들은 십계명과 주기도문을 암송하고, 선택된 성경 이야기를 배운다. 올해 간신히 5살이 된 작은 아이가 있었는데, 자신의 언니를 기다리며 곁에서 십계명을 다 외우기도 하였다. 한국 어린이들이 기억할 수 있는 양을 보면 때로 놀랍다!

1학년부터 4학년까지 23명의 학생이 흩어져있고, 3학년과 4학년 학생들은 보통 15살이다. 나는 이들과 마태복음을 공부하는 것을 즐기고 있다. 이들은 집중하여 성경 이야기를 배운다.

선교사가 간접적인 방법으로 가르치는 것이 얼마나 큰 책임인지를 나는 우연히 발견하고 있다. 주일에는 그 두 여교사가 누가복음을 가르치고, 매 토요일에는 내가 학생들과 복습을 한다. 그런데 내가 그 두 여교사에게 누가복음 강의를 준비시키는데, 학생들이 내 반에서 내가 두 여교사에게 가르친 것을 그대로 말하고 있는 것을 깨달았다.

교사와 보조자들은 당신이 말하는 그대로 배우고, 그들은 그것을 학생들에게 더 확실하게 가르치는 것이다. 오히려 내가 직접 가르치는 것보다 더 효과적이다. 이런 간접적인 교육의 효과를 보면 참 격려가 되고, 그러므로 교사를 가르칠 때 실수할까 봐 두렵다.

통영에서.
4월 14일.

왓슨 부인.

(더 크로니클, 1915년 8월 2일, 4-5)

15. 여학교 학생들의 신앙

지난 9월 여학교의 교사 인원 변동이 있었다. 부산진의 여학교에서 온 두 명의 졸업생이 임명되었다. 정인순과 양성숙이다. 이들은 비록 젊고 경험이 없지만, 일반 과목의 기초가 튼튼하고 멘지스의 가르침 하에 성경 이야기와 역사를 잘 알고 있다. 또한, 자신들의 일에 열정적이고 선교 정신도 가지고 있다.

학교에서 성경 과목은 오직 상급반 2개에 있는데 내가 가르치고 있다. 6명의 상급반 학생은 모두 세례를 받았고, 노는 것을 좋아하지만 정숙한 태도를 가졌다. 이들은 하급반 학생들과 비기독교인 학생들에게 본보기가 되고 있다.

이들이 성경에 갖는 관심은 놀랍다. 죄를 정죄하고 고백할 준비가 되어있다.

"네. 저는 정확하게 그렇게 합니다."

부드러운 눈을 가진 한 소녀가 슬픈 목소리로 다음과 같이 말할 때 어떻게 대답하기가 어렵다.

"그런데 저는 학생들 사이에 양의 탈을 쓴 늑대와 같습니다. 어찌하면 좋겠습니까?"

우리 지역의 기독교 가정 아이 중 나이가 되는 소녀는 2명만 제외하고 모두 학교에 다닌다. 그 2명은 이미 정부 학교에 다니고 있다. 이것은 기독교인 부모가 자신의 딸을 대하는 새 가치를 말해준다.

현재 37명의 학생이 출석하고 있다. 작년보다 1명이 줄었다. 그러나 학생들은 전보다 더 정기적으로 다니고 있다. 한 방에서 5개의 반을 가르치는 것이 우리에게는 힘들다. 진짜 학교 건물을 세워 편함과 편리함을 경험하기 원한다.

여성과 소녀를 위한 야학은 특히 고무적이다. 이 사역은 두 명의 교사가 진행하고 있고, 나는 이따금 방문한다. 평균 20명이 출석하고 있다. 이 중에 두 여성은 입학할 때 불신자였는데, 지금은 정기적으로 예배에 출석한 지 꽤 되었고, 한 명은 자신의 딸을 주간 반과 주일학교에도 보내고 있다. 좋은 신앙인이 될지는 시간이 좀 더 지나야 알겠지만, 선교적 마음을 가지고 있는 두 교사는 지금까지 이들을 잘 돌보고 있다.

사등의 남학교에는 34명의 남학생이 있다. 그중 몇 명은 학교에 다니면서 기독교인이 되었다. 한 학생은 신앙인이 된다는 이유로 그의 부모가 그를 퇴학시켰다.

"그러나 이것이 나의 신앙을 막지는 못합니다."

부모는 설득에 실패하자 학생을 구타하였다. 그러나 그 학생은 여전히 완강하다.

"저를 죽인다 해도 그리스도를 따르겠습니다."

왓슨 부인.
(Our Missionaries at Work, 1916년 1월, 45-46)

16. 욕지도의 장채한

그의 진짜 이름은 장채한이다. 14년 전에 그의 집은 내륙에 '안녕이 있는 마을'의 뜻을 가진 안정에 있었다. 고동색 초가집들이 모여 있고, 그 너머에는 논들이 보이고, 더 너머에는 빛나는 바다와 헐벗은 언덕들이 있는 거제도가 보인다. 그때 그는 건장한 청년이었는데, 물댄 논에서 황소를 부리고 친구들과 산에서 나무를 한 짐 하여 지게로 나르던 사람이었다.

그런데 그에게 병마가 찾아왔다. 가난하고, 도움이 필요하고, 한 남자로서 그는 무너졌다. 그는 자신의 좁은 방에 스스로 고립되어 불행한 비극의 삶을 살았다. 이 이야기를 이렇게 몇 줄로 말하지만, 그 어려운 시절 그의 괴로움과 고통은 충분히 설명할 수 없다. 그와 같은 사람을 도와주는 기독교 국가에서도 통탄할 일인데, 이곳에서의 단조로운 음울함은 그를 더 망가지게 하였다.

하반신 마비의 지체장애인이 된 그에게 치료법이 없다고 동네 의원이 말할 때, 그의 인생은 최악의 어둠의 시간이었다. 그러나 새벽이 가까워지는 어둠이었다. 이때 그가 그리스도를 만났기 때문이다. 그에게서 열이 물러나자, 이웃 사람 한 명이 이상한 신앙을 가지고 와 그에게 소개하였다. 당시 한국의 많은 마을에 소동을 일으키는 내용이었다. 그는 '믿는 자'였고, 지금까지 안정의 교회에서 우리와 함께하고 있다. 그는 특별한 사람은 아니었지만, 메신저로 사용되어 말씀이 장채한에게 전해진 것이다.

이 새 신앙에 그는 지대한 관심을 가졌다. 그는 먼저 찬송가를 구매하였다. 그는 한문을 잘 읽을 수 있었지만, 찬송을 부르기 위해서는 서민들의 글을 배워야 하였다. 마을의 서당 학생이었던 그는 하인도 쉽게 배우는 한글을 자신이 배운다는 것은 부끄러운 일이라 생각하였다. 그러나 그가 그리스도를 따라가기 시작하면서 자신의 자만심을 버리고 교회의 한 청년의 도움을 받아 한글을 배우기 시작하였다. 그렇게 그는 찬송을 부를 수 있게 되었다.

그리고 그가 성경을 읽기 시작하자 새 세상과 희망이 그의 앞에 열렸다. 예수가 병을 고치는 기적의 이야기에 그의 관심이 끌렸다. 특히 그는 앉은뱅이가 일어서는 이야기에 심취하였다.

"그도 예수에 의하여 고침을 받을 수 있지 않을까? 예수는 어제나 오늘이나 내일도 동일한 분이 아닌가? 지금도 살아계신 그리스도가 그의 병을 확실히 치료해 줄 수 있을 것이다."

병 고침을 받을 수 있다는 가능성에 그의 희망은 더 커졌고, 예수의 만지심을 고대하는 마음에 사로잡혀 있었다. 그래서 당시 그는 기도하고 또 기도하였다. 자신의 사지가 온전하게 돌아와 잃은 힘과 젊음을 다시 회복되도록 기도하였다. 그렇게 날과 달이 한참 지나갔다.

"이 청년의 간구에 관하여 예수는 무관심한 걸까? 아니면 이제라도 고쳐주실 것일까?"

"왜 이 희망의 새 신앙은 그의 비참함을 비웃는 것일까?"

"모두 거짓인가 아니면 새 가르침에 다른 진실이 있는가?"

희망은 절망이 되었고, 그는 기도를 멈추었다. 그의 불쌍한 운명에는 고침을 받을 가능성이 없어 보였다.

그의 얼굴은 점점 슬퍼져만 갔다. 신앙은 날아갔고 그의 영혼은 절망에 사로잡혔다고 그 어두웠던 때를 말하였다.

"내가 기도를 멈추자, 더는 살기도 힘들어졌다. 그리고 어느 날, 이제 끝내자고 생각하였다."

이생의 삶도 의미가 없고, 다음 생에도 희망 없이 빨리 끝내려고 하였다! 그때 어떤 힘이 그의 손을 멈추게 하였다. 그는 자신이 비겁

하여서 하지 못하였다고 생각하였다.

"인생은 실패이다. 왜 나의 죽음도 같아야 하는가?"

그러나 하나님의 영이 그의 마음에 역사하시고, 그의 손을 막은 것은 아닌가?

그날부터 그는 자신의 십자가를 지고, 포기함이 아니라 확신 속에 다시 태어나려 하였다. 그 당시 그의 창백한 얼굴은 자기 자신 몸부림의 아픔을 말해주고 있었는데, 지금은 그의 얼굴에 평화가 있다.

가장 참기 어려운 실망까지 지나가자, 그는 다시 성경을 펼쳤다. 결국, 그는 자신의 고통의 신비를 이해해서가 아니라, 진실한 신앙과 하나님의 사랑으로 그의 영혼은 천천히 다시 태어났다.

그가 자신의 망가진 삶으로 하나님의 품으로 들어온 지 이제 수년의 시간이 지났다. 자신 고통의 길이 예수의 수난과 비슷하다는 것을 그는 배웠고, 예수와 깊은 관계를 맺기 시작하였다. 그리고 현재의 고통 너머를 보는 법도 배웠는바, 다음 생의 빛이 기다리고 있었던 것이다.

약 7년 전에 그는 내륙에서 욕지도로 내려와 자신의 동생 집에 정착하였다. 우리는 그를 그곳에서 만났다. 작은 갈색 오두막이었는데, 그 언덕 아래에 바닷물이 계속 바위를 치고 있었다. 그의 동생도 물고기를 잡으며 가난한 생활을 하고 있었고, 언덕에 심은 감자로 양식으로 삼고 있었다. 그러나 그는 자신의 순례의 길 위에서 만족스러운 모습이었다. 한 남자는 우리에게 이렇게 말하였다.

"그들은 그의 집을 '평화의 집'이라 부른다. 그 지체장애인이 그곳에 살고 있기 때문이다."

그는 자신의 팔에도 힘이 없으므로 일을 못 하고 있지만, 자신의 사역은 이루고 있었다. 주일에는 기도와 금식을 하며 지냈고, 언덕 위의 작은 집에 있는 그를 방문하는 사람들에게는 예수의 십자가 이야기를 하였다.

"지금도 어두운 날이 있습니까?"

우리는 그에게 물었다.

"예. 아직도 그런 날이 있습니다."

그가 대답하였다.

"그럴 때는 어떻게 합니까?"

우리가 다시 물었다.

"너희는 마음에 근심하지 말라. 내 아버지 집에 거할 곳이 많도다."

그는 부드러운 웃음을 지으며 성경의 구절을 말하였다.

"그러면 어두운 날이 다시 찾아오면 아버지의 집으로 가기를 원합니까?"

우리는 또 질문하였다.

"예. 그러나 지금은 아버지의 뜻을 이루기 원합니다."

그의 대답이었다.

우리는 떠나기 전 그에게 요한계시록 21장을 읽도록 하였다. 그는 요한이 본 새 하늘과 새 땅에 관한 이야기를 읽었다.

"또 내가 새 하늘과 새 땅을 보니 처음 하늘과 처음 땅이 없어졌고 바다도 다시 있지 않더라…. 모든 눈물을 그 눈에서 닦아 주시니 다시는 사망이 없고 애통해하는 것이나 곡하는 것이나 아픈 것이 다시 있지 아니하리니 처음 것들이 다 지나갔음 이러라."

그의 어두운 날에 도움이 될 수 있는 내일의 비전을 나누고 우리는 헤어졌다. 그날 우리는 섬 반대편으로 가기 위하여 언덕을 올라갔다. 그곳에서 격랑의 파도가 유리의 바다처럼 잔잔해지고 해가 지는 모습을 보았다. 미신과 어두움을 이기고, 하나님 안에 아이들 신앙처럼 밝게 빛나는 용감한 그를 생각하였다. 엄청난 고통에서 세상이 빼앗아 갈 수 없는 기쁨과 평화 속에 그는 자신의 인생에서 승리하였다. 밧모 섬에서 본 요한의 비전을 우리도 생각하였다.

"그가 나에게 이르되 이는 큰 환난에서 나오는 자들인데 어린 양의 피에 그 옷을 씻어 희게 하였느니라. 그러므로 그들이 하나님의 보좌 앞에 있고 또 그의 성전에서 밤낮 하나님을 섬기매..."

그는 병 고침을 위하여 기도하였다. 그러나 하나님은 그에게 더 위대한 무한한 사랑을 선물로 응답하였다.

통영에서.

로버트 왓슨.

[더 크로니클, 1916년 11월 1일, 4-6]

17. 예배당 학교

불확실과 불황의 그림자 속에도 짧은 역사의 우리 여학교는 최고의 시간을 보냈다. 두 명의 여교사는 한 작은 방에서 계속 살고 있고, 밤낮으로 열심히 일하고 있다. 테일러 부인의 지도하에 학교에서 만든 수공예품과 뜨개질한 물품을 지역의 한국인에게 팔고 있다. 그래서 학생들은 자신의 적은 그 수입을 은행에 각각 저금하는 습관을 들이고 있다.

유아반을 제외한 모든 학생은 매달 적은 돈을 내야 하는 규칙이 있는데, 교사들의 운영으로 만족스럽게 저축되고 있다. 이것에 대한 부모와 교회 사람들의 무관심이 처음에는 실망스러웠다.

35명의 학생은 출석이 불규칙하거나 늦게 등교하거나 하였다. 그래서 때로 이 일이 가치 있는 일인지 회의가 들 때가 있다. 그러나 점차 학교에 관한 관심이 높아지고 있다. 우리는 학교와 학생 그리고 교사를 위해 기도하고 있고, 한국인 운영위원들도 노력하고 있다. 또한, 몇 명의 교인은 학교를 위하여 새 학생을 데리고 오기도 하였다.

4월 1일부터 새 교사 정봉윤이 부임하였다. 그녀는 구마산의 학교를 졸업하였고, 모든 어려움 속에서도 18개월 불평 없이 일한 두 교사를 도우며 가르쳤다. 그녀도 만족스럽다. 이제 학교는 6개의 반으로 구성되었는바, 유아반부터 상급반 1학년까지이다. 60여 명이 등록하였고, 이제 매일 평균 50명이 출석하고 있다. 결석자는 주로 유아반에서 나오고 있는데 그중 몇 명은 5살이다. 결석의 원인은 항상 아프거나 비가 온다는 이유였다.

유아반에 특별한 관심을 두기 위하여 우리는 교사 한 명이 계속 책임을 맡게 하였다. 그리고 나머지 두 명의 교사가 다섯 개의 반을 나누어 책임지었다. 젊은 여성 교사가 대부분 비기독교인 가정에서 온 30명의 유아를 가르치는 장면은 가슴을 움직이게 한다. 그녀는 아이들에게 자신이 아는 아버지보다 하늘의 아버지가 더 위대하고 사랑한다고 가르친다.

이 작은 아이들이 성경에서 배우는 내용이 놀랍다. 십계명과 주기도문 그리고 긴 성경구절도 암송한다. 짧은 기간에 배운 내용이다. 제일 어린 학생도 곧 착하다는 말을 동네에서 듣게 되었다. 그들의 몇 비기독교인 모친들이 교회에 참석하기도 한다. 그중 한두 명은 정기적으로 참석하고 있다.

정부 학교에서 온 한 여학생의 모친은 자신도 신앙인임을 고백하였고, 교회에 못 나올 때는 딸을 통하여 헌금을 보내기도 하였다.

비기독교 가정에서 온 4명의 학생은 처음부터 교회에 참석하였고, 술집의 여학생은 자신의 남동생에게 기도하는 법을 가르쳤다. 나머지 3명 중 한 명은 13살 게으름뱅이로 오랫동안 기독교인이 되기를 거부하였다. 그러나 몇 개월 전에 그녀는 '예배당 학교'에 다닌다는 이유로 욕을 들었다고 하였다. 그때 그녀는 고개를 세우고 다음과 같이 대답하였다고 한다.

"만약 천당에 가기 싫으면 안 가도 되요. 그러나 우리는 갈 거예요."

얼마 후, 그녀의 친구 중 한 명이 병에 걸렸다. 그리고 이제 기독교인이 된 덕침이와 세 번째 소녀가 그 아픈 아이 집을 방문하여 찬송과 기도를 하였고, 자신들의 친구가 곧 다시 학교에 나온 것을 보고 기뻐하였다.

우리의 산업반을 위하여 특별한 청원을 한다. (1) 학교의 상황으로 인하여, 그리고 (2) 도덕적 위험에 처한 통영과 같은 곳에 꼭 필요하다고 생각되기 때문이다. 호주의 교회가 우리 학교와 기숙사 그리고 새 교사를 지원함에 감사드린다. 또한, 오르간과 교재 그리고 교육 설비를 위한 현금 지원도 감사하다.

지난 일 년 야학도 지속하였고, 20~24명이 출석하였다. 상급반 학생들이 야학 반 지도를 돕고 있다. 새 건물에서 이 사역은 더 큰 기회를 제공할 것이다.

기숙사를 위하여 작은 집을 세웠다. 세 명의 교사를 위한 방 1개, 집 관리인과 아이들을 위한 방 1개, 부엌 1칸, 그리고 옷장과 화장실이 있는 마루로 된 방 하나이다. 교사와 학생들 모두 만족하며 잘 정착하고 있다.

우리는 교사와 교인들, 그리고 동역자 선교사들에게 감사한다. 무엇보다도 우리 학교를 지켜주시며 약한 자를 사랑하시는 하나님께 감사드린다.

사등남학교는 계속 성장하고 있다. 약 45명의 학생이 출석하고
있다. 이 중 몇 소년은 부모의 지지를 전적으로 받고 있으며, 자진하
여 세례를 받고 교회 회원이 되었다.

왓슨 부인.
(Our Missionaries at Work, 1917년 1월, 33-35)

18. 정인순 교사

빅토리아여선교연합회 일꾼들에 관하여

1914년 어느 여름날, 한 젊은 여성이 통영의 기독교 학교 교사
로 부임하였다. 그녀는 젊고 경험이 없는지라 여러 사람에게 비판을
받았다.

"서울에서 오지 않는 것 중에 어떤 좋은 것이 있을까?"

이것이 그 교사에 대한 사람들의 마음이었고, 교회의 제일 좋은
사람들의 얼굴에도 그런 표정이 나타났다.

"왜 그녀는 '당신의 이름이 뭐예요'가 일본어로 무엇인지 묻는
말에 대답을 못 합니까?"

한 사람이 말하였다.

우리는 그것을 대답하기에는 부끄러운 요소가 더 많다는 것을
알고 웃음을 지을 뿐이었다.

"나는 그녀가 한문을 쓸 때 획 하나를 잘못 긋는 것을 보았습니다."

우리는 또다시 웃음을 지었다. 수학, 지리, 음악 등 다른 과목에 자신들의 실수가 얼마나 잦은지 안다면 그런 말을 할 수 있을까 궁금하였다.

그러나 정 교사는 자기 일을 계속하였는데, 부산진의 학교에서 졸업한 친구 양 교사가 합류하여 함께 일을 하였다. 한 명은 18살이고, 또 한 명은 그리스도 종의 마음을 가진 이 두 명의 젊은 교사들이 일을 함께하면서 학교는 천천히 그러나 확실하게 발전하였다. 그 두 명의 여교사는 스스로 사랑과 존경을 얻었던 것이다.

한국인들은 편한 것을 좋아한다. 그러나 이 두 교사는 수개월 동안 아주 작은 방을 같이 쓰며, 자신들의 음식을 해 먹으며, 빨래하며, 학교에서 아이들을 가르쳤다. 이것은 토요일 아침, 주중의 야간반 세 번, 그리고 주일에 두 번의 강의를 포함하는 것이었다. 이들은 피곤하다는 생각도 없는 것 같았다. 다만 이렇게 말하기는 하였다.

"예수님을 위하여 일하는데 우리가 왜 피곤하다고 하겠어요?"

이들은 자신들의 성경 지식으로도 우리를 놀라게 하였다. 그리고 그들은 자신들의 선교 영성으로 계속해서 우리를 기운 나게 하였다. 이들의 선교사적인 열정은 같지만, 양 교사는 학생과 교사로서 능력이 뛰어나고, 정 교사는 건강한 영과 정의감으로 이루어진 강한 믿음이 있기에 우리는 그녀에게 더 의지하였다. 이 둘은 훌륭하였고, 항상 하나 된 모습으로 일을 하였다. 이들은 자신들의 공부도 계속하였고, 음악을 공부하면서 찬송을 연주하는 것과 일본어 향상에도 애를 썼다.

2년 동안이나 이들은 한마디 불평 없이 교회의 불편한 교실에서 수업을 진행하였다. 그리고 새 학교 건물이 생기고 마산포에서 새

교사가 부임함으로 이들에게는 큰 기쁨이었다. 새 학교는 밝고, 공간도 넓고, 편안한 교실 등으로 건축되었다. 그 근처에는 작은 기숙사지만 깨끗하고, 밝고, 아름다운 건물이 그들의 집이 되었다. 집의 관리자로 숙소가 없던 나이든 여성을 임명하여, 이들은 가사의 부담도 덜게 된 것이다.

그러나 아쉽게도 우리는 정 교사를 오래 붙잡을 수 없었다. 그녀에게 중매가 들어왔던 것이다. 좋은 상대방과 또 그의 가정이 기독교 가정이란 것을 알고서 그녀는 그 청혼을 거절할 수 없었다. 그녀를 떠나보내는 것은 어려웠다. 그녀에게 기대하고 있었던 우리에게뿐만 아니라, 처음에 그녀를 비난했던 사람들과 학생들에게도 말이다.

우리 선교사들은 그녀를 환송하였고, 선물을 주었다. 그녀는 학교 기금으로 산 진주가 박힌 상자와 호주교회가 보낸 감사의 편지를 받고 매우 좋아하였다. 통영교회의 환송회에서는 감사의 말이 이어졌고, 아름답게 진주로 수놓아진 옷상자를 선물로 주었다. 그녀가 가르쳤던 작은 아이들도 작별의 말과 찬송을 하면서 흐느꼈고, 그들이 준 부피가 가장 큰 선물은 진주가 아름답게 세공된 한국식 밥상이었다.

통영은 진주 세공으로 유명하다. 정 교사는 이 물품들을 좋아한다고 알려졌던 것이다. 야간반도 환송식을 하였고, 최선을 다하여 선물을 주었다. 보통 결혼할 때의 개인 선물은 비단이나 옷감인데, 그녀는 책, 그릇, 비단과 옷감, 상자 등을 다 받았다. 이것은 서양의 신부에게도 긴 목록의 선물이었다.

그러나 그녀가 받은 것은 단순히 선물만이 아니었다. 감사의 정도였는데, 자기 일에 대한 것뿐만 아니라, 부산진 학교에 대한 감사, 호주교회에 대한 감사 등도 우리를 기쁘게 하였다. 그녀가 배를 타고 떠나갈 때 우리의 가슴이 벅찼던 것은, 그녀가 우리에게 와 예수의 이름으로 헌신하였고, 그의 이름을 높였음을 알고 있기 때문이었다.

이곳에서 신실하게 일한 그녀가 새집과 새 지역으로 가서도 그녀의 주님에게 사용되기 바라며, 주변 사람들을 그리스도에게 인도하여 자신의 지역을 복음화하기를 기도하며 믿는다.

그녀의 결혼 소식을 여러분은 궁금해할 것이다. 부산진에서 온 편지에서 인용한다.

"우리는 모두 두 쌍의 결혼식에 참석하려고 동래읍의 교회로 갔다. 교회당은 천과 소나무로 장식되었고, 축제장 같은 분위기였다. 심 목사는 한세의 조카를 결혼시켰고, 엥겔은 인순이 즉 정 교사와 한세의 입양아들을 결혼시켰다. 신부 둘 다 아름다운 옷을 입었는데, 부드러운 장밋빛 분홍색의 비단 상의와 핑크빛 위에 연한 청색 망사 같은 치마를 입었다. 머리 위에는 작은 왕관을 둘 다 썼다. 우리는 그런 장식품을 전에 본 적이 없었지만 아름다웠다."

왓슨 부인.
〔더 크로니클, 1917년 5월 1일, 6-7〕

19. 섬에서의 만남

정오쯤에 우리는 사등에서 조선 배에 올랐다. 목적지까지 30분 정도 걸릴 것이라는 말을 들은 것 같았다. 그러나 우리와 함께 가는 여성들도 연동이 보이지 않는다고 하였다. 편하게 앉아 있으라는 말이 들렸고, 14마일은 적지 않은 거리라는 말도 들렸다. 현실에 부딪힌 것이다.

잔잔한 바다, 반짝이는 햇빛, 멋있는 풍경, 수다와 노랫소리가 있었고, 그리고 볶은 콩을 먹으니 6시간은 아무것도 아닌 것 같았다. 또한, 한국인 여성의 찬송 인도는 선교사의 찬송보다 의심할 나위 없이 강력했다. 때로 음정이 엇나가도 즐거운 일이었다.

마침내 낭떠러지를 돌아가니 한 작은 마을이 보였다. 가장 나이 어린 여성이 언덕 위의 십자가를 보며 물었다.

"여기가 예수님을 못 박아 죽인 사람들이 사는 곳인가요?"

조용한 마을, 하얀 모래사장, 그리고 파도 소리는 평화와 자비의 모습이었지만, 바닷가에 다다른 우리는 십자가를 생각하고 있었다.

기대하지 않았지만, 사람들은 우리 선교사와 한국인을 환영하였다! 저녁의 서늘함이 이미 느껴졌으나, 따뜻한 방에서 한 집사와 어머니가 제공한 정성스러운 음식을 먹고 우리는 곧 편안하여졌다.

얼마 후에 연약한 교회의 작은 종소리가 울렸다. 우리는 예배를 위하여 모였다. 몇 남성들은 오른쪽에 앉았고, 6~7명 정도 참석할 것이라던 여성이 25명 이상이나 와 왼쪽에 앉았다. 이웃 마을에서도 온 것이다. 그들은 '큰 교회'에서 친교 차 왔다고 하며, '연약한 교회를 돕고자 왔다'라고 하였다.

이틀 동안 25명의 여성이 작은 방에 모이고 또 모였다. 바닥에 앉아 서로 다리와 손을 모으고 제대로 움직일 수도 없었다. 그러나 친교의 기쁨으로 그 불편함을 극복할 수 있었다.

우리는 요한복음을 공부하였고, 예수님의 사랑을 좀 더 알게 되었다. 세례 요한, 니고데무스, 사마리아여인, 날 때부터 소경이었던 남성과 함께하시는 예수님, 그 작은 방에서 여성들은 문밖의 다른 사람들이 모르는 기쁨과 구원으로 얼굴에 빛이 났다. 작은할머니는 안 믿는 아들을 위하여 기도하였고, 두무실교회의 지도자 소경 여성은 견디기 힘든 가난과 고난 속에 남편과 아이들을 위해 기도하였다.

"예수님 외에는 다 견디기 힘들어요."

믿지 않는 남편을 가진 첩의 젊은 얼굴에는 한없는 슬픔이 서려 있었다. 담대해 보이고, 옷을 잘 차려입고, 풍족해 보이고, 잘 웃는 아이를 가진 한 여인의 열망은 강렬하였다….

다른 이들은 교회 어디서나 만날 수 있는 '오래 믿은 강한 기독교인'들이다. 사등의 옥마리아도 결혼하였고, 아이들이 있다. 호주의 교회에 그녀가 있다고 상상을 하면, 누구나 친구가 되고 싶고 도움을 요청하고 싶은 몸집이 크고, 마음이 넓고, 정직한 영혼의 소유자이다. 성경반에서 여성들은 그녀에게 끊임없이 도움을 구하였고, 그녀는 다 응하였다. 쉬는 시간에 학생들은 옥마리아에게 말하였다.

"놀이를 합시다. 이 마을의 여성들은 여성들끼리 노는 것을 한반도 못 보았어요. 한번 보여주지요."

그녀는 '등치기 놀이'를 선택하였다. 이들에게 이것은 평등한 놀이로 생각되었다. 날카로운 웃음소리가 났고, 여성들은 뛰고 뒹굴었다! 그중 제일 거친 여성은 몸짓이 날렵한 할머니였는데, 바로 그 믿지 않는 아들을 둔 여인이었다. 아이들도 이렇게 재미있게 놀지는 못하리라. 이들 중 몇 명은 60이 넘었고, 이런 모임에서 놀이를 처음 경험하였다….

헤어질 때가 되자 여성들은 눈물을 흘리며 울기도 하였다…. 냉기가 도는 아침, 우리는 수도승같이 해변에 서서 찬송과 기도를 하고 작별을 고하였다. 그들은 해변에 서서 멀어져가는 우리를 향해 손을 흔들었다. 그 집사의 재미있는 모친이 가장 열정적으로 손을 흔들었다. 옥마리아가 배 위에서 화답하였다.

그리고 그 모친이 잠시 안 보여 집으로 돌아갔다고 생각하였다. 그런데 언덕 위에 그녀의 모습이 다시 나타났다. 그녀는 더 열정적으로 두 팔을 들어 흔들었다. 그리고 30분이 흘렀고, 다시 그 모친의 모습이 보였다. 이번에는 맞은 편의 더 높은 산으로 올라가 우리를 배웅하고 있었다. 우리는 결국 그녀의 시야에서 멀어져 갔다. 언젠가 우리는 한 아버지, 그의 보좌 잎에 하나가 되어 다시 만날 것이다.

왓슨 부인.
(Our Missionaries at Work, 1917년 7월, 8-10)

20. 통영을 떠나는 왓슨 가족

은둔의 왕국으로 알려진 조선이 이 아이들(왓슨 부부의 아들들을 가리킴 – 역자 주)의 나라이다. 통영이 고향인데 조용한 항구, 이상하게 생긴 집들이 있고, 백여 년 묵은 동백나무와 기념관, 그리고 돌, 부서진 성곽, 들쭉날쭉한 산이 '오래되고, 불행하고, 아득히 먼 것들, 그리고 오래전의 전쟁'을 이야기하는 것 같다.

이 아이들은 많은 한국인 친구들이 있다. 병조는 이들을 위해 요리를 하였고, 수택이의 엄마는 바느질하였고, 그리고 이들의 유모는 같이 놀아주고, 자신의 기쁨을 이들과 맞추었다. 그리고 선생들과 다른 이들도 많이 있다. 특별히 고마치도 있었는데, 그의 상투를 잡아당겨도 그를 향한 특별한 존경과 사랑이 있었다.

그러나 이 모든 것을 이제는 뒤로하고 떠난다. 이들의 한국인 친구들은 자부심을 드러내며 '멀리멀리' 호주로 친구를 떠나보내고 있다. 창백한 얼굴, 붉은 얼굴, 갈색 얼굴들이 삼삼오오 떼를 지어 올라온다. 하얀 옷과 검은 연통과 같은 모자를 쓴 남성들과 모자 없이 하얀 옷을 입은 여성들, 요셉의 채색옷과 같은 색동의 옷을 입은 아이들이 갈색 한국인의 집을 지나 구부러진 길을 따라 언덕 위 나무 사이의 '요한과 도날'(당시 한국인들은 족크와 도날드를 이렇게 부르고 있었다 - 역자 주)의 집으로 왔다.

이들은 송별선물을 들고 왔는데 소쿠리 안에는 사탕, 과일, 밤이 있었고, 진주가 세공된 작은 상자를 주며 물었다.

"너희들 다시 우리에게 돌아올 거지?"

점 하나 주름 하나 없는 하얀색 옷을 입은 유모는 결국 자신의 작은 방으로 들어가 닫힌 문 뒤에서 흐느끼며 울었다.

하루가 지났고, 수택이의 엄마는 아이들이 자는 것을 지켜보았다. 자정까지 한국인들이 들락거렸다. 한두 시간 후, 아직 너무 이른 새벽에 요한과 도날은 일어나 옷을 입었다. 그들은 업혔고, 염려하던 '우리 짐'들을 앞세우고, 자신의 엄마 아버지가 그 뒤를 따랐다. 그리고 우리의 행렬을 따르는 한국인들의 수도 점점 많아졌다.

길을 따라 내려가는데 오래된 집들과 돌, 귀신 기둥, 그리고 돌로 된 계단을 지났고, 일본인, 혹은 한국인, 혹은 영국인이 자신들에게 오렌지나 감이나 사탕을 사주던 가게를 지났다. 그리고 언젠가 천주교 신자가 순교한 곳을 지나 포구에 다다랐다.

우리는 그곳에 서서 배를 기다렸다. 새벽 3시 배였다.

"닭이 아직 안 울었나요?"

누가 물었고, 누가 대답하였다.

"닭 울 때가 지났어. 곧 배가 올 거야."

추웠다. 진짜 한국의 추위이다. 그리고 배 도착이 지연되었다. 그러나 요한과 도날은 병조, 수택이의 엄마, 고마치, 교사들 등에 둘러싸여 추위와 시간의 흐름을 의식하지 못하고 있었다. 아이 중 한 명이 자랑스럽게 말하였다.

"우리는 아주 멀리 가요."

추위에 떠는 도날의 목소리도 들려왔다.

"이제 집으로 다시 가자."

마침내 배의 불빛이 등장하였고, 곧 반달 모양의 만에 배가 장착하였다. 사람들의 눈에서 혼란의 눈물이 흘렀다.

"안녕히 가세요."

"잘 갔다가 다시 돌아오세요."

"평화가 함께 하시기를…."

배에 오르자 또 오라는 큰소리의 외침이 들렸다.

요한과 도날은 자신들의 아버지와 어머니 그리고 유모와 함께 떠났다.

배가 출발하자 포구에 있던 한국인들은 찬송을 불렀다.

"낮 빛보다 더 밝은 저 천당에 올라가…."

그들이 호주를 말하는지 아니면 천당을 말하는지 아니면 단순히 '우리 다시 만날 때까지 하나님이 함께 계셔…'를 피하기 위한 것인지, 물어보기에는 너무 늦었다.

우리가 마산항에 도착할 때 서서히 새벽이 밝았다. 우리는 이곳의 선교관에서 기차 시간을 맞추면서 쉬었다. 이곳에서도 송별이 있었지만, 기차의 엔진 소리가 들려오자 아이들은 그것에 더 큰 관심을 가졌다. 기차를 타고 우리는 마을과 시냇물을 가로지르기도 하고, 다리를 건너기도 하고, 터널을 통과하기도 하고, 계곡을 가로지르기도 하면서 부산으로 갔다.

20분도 안 되어 요한은 64개의 질문을 쏟아냈고, 도날은 가끔 날카로운 목소리로 '왜'라는 질문 외에는 조용히 생각하며 앉아 있었다.

우리는 아침 늦게야 부산진에 도착하였는데, 요한과 도날의 눈이 크게 뜨여졌다. 일본인과 한국인 아이들만 보다가 두 명의 영국 아이들을 보고 놀란 것이다. 요한은 처음으로 '저 큰 프랭크 아저씨처럼' 자기 자신의 아버지 언어로 대화하기 원하였다.

그리고 기차와 전차가 있었고, 볼만한 것이 많았다. 도날은 거의 유모의 등에서 내리지 않았는데, 흐느끼는 소리가 유모에게서 들렸고, 그에게도 동정 어린 눈물이 흘렀다.

"나의 기쁨은 오직 이 아이들입니다. 매시간이 열흘 같이 느껴질 거예요."

유모가 말하였다.

마침내 우리를 일본으로 데려다줄 큰 배가 기다리는 항구의 부둣가에 섰다. 우리는 안녕을 고하였지만, 마지막까지 남은 사람은 유모였다. 유모는 아이들을 배 안의 예약된 방에 눕히고, 기도하였다. 그리고 그녀는 배에서 내려야 할 때까지 흐느끼며 울었다.

결국, 그녀도 우리에게 안녕을 고하였다.

"안녕히 다녀오세요."

…

왓슨 부인

[더 크로니클, 1919년 2월 1일, 5]

---
21. 중등학교에 관한 토론

    호주선교사 공의회의 모든 결정은 심각한 결과를 초래할 수 있다. 특히 여자중등학교에 관한 계획이 그러하다. 여기에 관한 결정은 매우 조심히 다루어져야 한다. 이 안건에 관한 토론은 충돌되는 양상으로 시작되었는데, 어떤 회원은 한국에서 기독교 학교를 발전시키는 것에 대한 회의가 있었고, 다른 회원은 우리가 지금까지 쌓아온 교육 성과를 더 발전시킬 기회라고 하였다.

    또 다른 회원은 우리가 운영하는 다른 특별한 학교를 중등학교로 대체하는 것이 더 효과적이라고 하였다. 그러나 중등학교를 확장하므로 우리가 한국에서 하는 기본적인 사역에 어려움이 따를 수 있다는 회원들의 염려도 있었다.

    우리는 결국 중등학교가 경남도에서 기독교 학교로서의 정체성이 담보될 때에만 진행할 수 있다는 것에 동의하였다. 그리고 중등학교의 시작으로 각 지부에서 진행하고 있는 기본적인 사역이 방해받지 말아야 한다고 생각하였다.

    우리는 만장일치로 빅토리아여선교연합회에 이 방향으로 일을 추진할 것을 추천하였다. 그런데도 이 일에는 어려움이 내재하여 있음을 우리는 인식하고 있다. 비용이 많이 들 것이다. 호주에서 큰 노력을 해야 한다는 것을 우리는 알고 있다.

    우리는 호주의 상황이 어렵다는 것에 깊은 공감과 동정심을 보낸다. 우리가 토론할 때 그런 상황을 우리 마음에서 잊어 본 적이 없다. 그러나 기도하고 희망하기는 그리스도의 마음이 주어져 다른 나라 양 떼들의 필요한 것에도 민감하기 바란다. 이들도 한 가족의 구성원이다.

    길레스피 씨가 우리와 함께하여 매우 즐거웠다. 서로에게 유익한 시간이었다.

로버트 왓슨.

(더 크로니클, 1924년 1월 1일, 8)

22. 개척적인 여성 교사

'악을 멀리하고 선을 구하라.'

나의 성경에는 비단으로 된 책갈피가 있고, 그 위에 한문으로 쓰인 분명한 글씨가 있다. 이 구절은 보통 부드러운 말로 듣는데, 이 한문은 거칠고 도발적으로 튀어져 보인다. 이것을 보면 떠오르는 기억이 하나 있다! 이 구절을 쓴 그 손은 이제 멈추어져 있지만 말이다.

10년 전 전쟁이 시작될 때, 그녀가 우리에게 왔다. 17살 된 젊음과 활력이 넘쳤던 청소년이었다. 이제 10년밖에 안 되었나? 그 이후 다른 지역의 한국은 이곳보다 더 놀랍게 바뀌었다.

이 책갈피는 그녀의 선물이었다. 아마 그녀가 도착하고 일 년 후 성탄절이었을 것이다. 우리는 그 아이를 좀 놀렸다. '수천 마일 멀리서' 가르치러 온 시니어 부인에게 그런 훈계가 담긴 표를 선물하다니. 그러나 손으로 직접 아름답게 만들어 준 그 정성에 누군들 마음이 따뜻해지지 않을까. 그녀는 당황하여 설명하려 하였고, 우리의 폭소로 그녀의 설명은 중단되었다.

그녀에게 그 구절을 쓰게 한 동기가 무엇일까? 아마 자신과 많은 이야기를 나눈 '멘지 부인 엄마'(멘지스 선교사-역자 주)의 가르침 때문일까. 그러나 한자성어가 말하는 뜻은 "우리는 악을 멀리하고, 선을 구한다."이다. 어떤 의미든지 이 한자의 의미는 놀랍다.

그녀의 이름은 성숙이다. 한자어로는 '거룩하라'라는 뜻이다. 그녀의 부모는 부산진의 초기 기독교인이다. 그들이 회심할 때 그들은 이 아이를 얻은 걸까? 그리고 이 아이를 특별히 선별해 놓은 걸까? 그녀의 '멘지 부인 엄마'가 말해 줄 수 있을 것이다. 여자아이들의 이름은 아들이 생길 때까지 여러 이름으로 불릴 수 있는데, 그 아이의 이름은 신앙에서 비롯되었다.

부산진의 우리 학교 초기 졸업생 중에서 그녀가 통영으로 왔다. 그곳에서 여성으로 교육받은 몇 안 되는 사람으로 매우 젊고 신선하였다. 그녀와 그녀 동료들에 관한 기억이 돌아온다. 우리가 교과서를 사려고 책방에 가면 남자가 그들을 쳐다보았다. 오직 대담한 젊은 여성들만 당시 길가로 나왔기 때문이다.

그러나 '악을 멀리하고 선을 구하라'는 그들에게 그러한 의미가 아니었다. '오랜 것을 버리고 새것을 찾으라'이었다. 그리고 그들은 필요할 때와 안전한 동료들이 있을 때만 길거리로 나갔다.

거기에 또 다른 이야기가 있다. 그 남자는 그때나 지금이나 좋은 사람인데, 그 여성 개척자와 어려움을 겪고 있었다. 그는 그녀에게 물었다.

"이건 나의 상점입니다. 부모님 것이 아닙니다."

오래된 관습에서 좋은 것은 지키려는 그녀는 꾸짖듯이 대답하였다.

"부모님을 무시하는 관습은 어디 관습인가요?"

친구들은 그 남자와 그녀의 결혼을 생각하고 있었지만, 그녀는 그 남자에게 관심이 없는 듯하였다.

그녀의 부모는 자신의 딸을 우리 학교에 보내며 짐을 지운다고 생각하였지만, 어린 그녀는 신실하였고, 비전이 있었다. 학교위원회 회의에서 야간반과 주일학교 방문 등 과외 가르침을 논할 때, 성숙은 가장 열정적으로 응하였다.

"하나님과 우리의 사람들을 위해서라면 하겠습니다."

"그것이 멘지 부인 엄마의 정신입니다."

겸손한 기독교인의 섬김은 그녀의 정신이기도 하였다. 아무리 작은 일이라도 그녀는 기꺼이 자원하며 일어섰다! 그러나 또한 교회나 학교에 어려운 일이 생길 때 그녀는 얼마나 슬퍼하였던가?

그녀는 자신의 성경을 잘 알고 있었다. 예비반에 구경꾼들이 들어오면 구약 역사에 대한 그녀의 놀라운 지식이 드러나고, 새것에 감사하였다. 그녀는 유대인과 자기의 사람들을 종종 비교하였다. 예수도 유대인 중의 한 명이었지만 그는 하나님 나라의 의를 먼저 구하였다. 그녀에게 한국인이라는 중요성보다는 그리스도인이라는 자부심이 더 컸다.

몇 해가 지났다. 그녀는 훌륭한 의과 학생과 결혼하였다. 전에 남자와는 달리 지혜롭고, 오래된 방법으로 부모를 통하여 결혼이 성사된 것이다! 우리는 그때 성숙해진 그녀를 보았고, 어디든지 자유롭게 갈 수 있었다. 그녀는 '여교사'로 알려졌고, 자신의 사람들에게 도움을 주는 자로 알려졌다. 그러나 그녀는 '시어머니의 뜻에 순종하여' 통영을 떠났다.

그러다가 세계 전쟁이 끝날 무렵 한국에서는 독립을 위한 운동이 여기저기서 일어났다. 많은 사람이 그 일로 감옥에 갇히었다. 그 중에 성숙이의 젊은 남편도 있었고, 그는 성숙이와 아이와 떨어지게 되었다. 그녀는 그 힘든 이별과 슬픔을 어떻게 견디었을까. 그녀는 감옥 근처에 거하면서 자기 남편과 친구들에게 음식을 넣어주며 어떤 생각을 하였을까.

그런데 이들을 우리 집에서 다시 함께 볼 수 있어 즐거웠다. 남편은 별스러운 억양이 있는 영어로 말하였고, 아내는 웃으며 그것을 고쳐주었다. 이들이 갈 때가 되자 아내는 아기를 업으며 말하였다.

"당신이 데리고 올라왔으니 내가 업고 내려갈게요."

그녀의 행복한 얼굴은 그러나 창백하였고, 상해 보였다.

그 후, 한 소식이 우리 귀에 전하여졌다. 그녀가 죽었다는 것이다. 한국어로 '돌아갔다'라는 표현이었다. 우리의 눈에는 눈물이 흘렸고, 가슴은 아파져 왔다. 그러나 감사함도 있었다.

성경책에 꽂혀있는 책갈피에서 그녀와 그녀의 친구들을 생각하면, '악을 멀리하고 선을 구하라'는 말은 또 다른 의미로 우리에 다가온다. 그리고 그 속에 기도가 있고, 감사가 있다.

"그들은 위험과 수고와 고통을 통해 가파른 오르막의 천국에 올랐습니다. 오 하나님, 우리에게 그들을 따라갈 수 있는 은혜를 주옵소서."

왓슨 부인.
〔더 크로니클, 1924년 8월 1일, 8〕

23. 한국에서 나는 무엇을 기대하는가?

호주의 조용한 시골 사택 벽난로 옆에서 먼 나라 한국에서 해야 할 일을 꿈꾸고 있다. 그러나 선교사의 생활 속에 실제로 현존하는 문제 앞에 그 꿈은 일상의 생활에서 이상하게 사라지고는 한다. 편집자가 이런 주제에 관한 글을 요청하였을 때 나는 조심스럽게 생각을 하였고, 정중하게 그러나 확실하게 거절을 하였었다.

호주 환경에서 영향을 받은 대로 현재의 기대에 관하여 쓰지 않는 것이 최선이라고 생각하였다. 그러나 과거의 경험을 이야기하는 것은 희망을 말하는 것인바, 한국이 지난 2년여 동안 극적으로 변화하지 않은 이상 역사는 어느 정도 되풀이될 것이기 때문이다.

한 가지 한국에서 내가 기대하지 않는 것은 이곳에서 매일 아침 일어날 때마다 별일 없는 하루가 될 것이라는 생각이다. 동방에서는 그날에 어떤 흥분되는 일이 일어날지 상상할 수 없다. 우리가 일해야 하는 그 정치적 상황에서는 어떤 일이든 갑자기 발생할 수 있다. 새로운 사상이 그 땅을 휩쓸 수도 있고, 수 세기 동안 고착된 관습을 흔드는 일일 수도 있다.

그것은 우리 자신의 기독교 공동체 안에서 기초부터 시작될 수도 있다. 또한, 비기독교적인 과거의 유산이나 불신자의 현재에서도 일어날 수 있는데, 그것은 우리 호주인들 보다 한국인 형제들의 신앙생활을 더 어렵게 할 수 있다.

어찌하였던 선교현장에 있는 사람들 마음속에는 뭐라고 정의할 수 없는 기대로 차 있다. 미아 미아 같은 평화롭고 안정적인 교회에서 목회한 후에, 한국과 같은 선교지로 다시 돌아간다는 생각은 무의식적인 긴장을 하게 한다.

통영선교부에는 깨끗하고 하얀색의 모터보트 '데이 스프링'이 있거나 있었다. 내가 한국으로 돌아가면 나의 첫 과제 중에 불행한 하나는 그 배를 사랑하는 부산진의 선교사 형제(노블 맥켄지를 가리킴 - 역자 주)에게서 그것을 가져오는 일이다. 그는 아마 그 배를 기쁘게 내주지는 않을 것이다. 그러나 그는 주는 것을 불합리하다고도 생각지도 않을 것이다.

우리 선교회에 모터보트가 하나 더 있다면 이런 일은 없을 것이다. 특히 부산진의 우리 선교사가 육지로 다녀야 하는 길고도 지루한 시간을 줄일 수 있을 것이다. 한국인들은 이 배를 '전도선'이라고 하는데, 우리의 오랜 선장 노진구 같은 일꾼이 있다면, 그는 이미 모터 기술자가 다 되었을 것이다, 앞으로 통영선교부에 속한 섬들을 더 순회할 수 있을 것이다.

통영읍은 경치로 친다면 한국에서 아름다운 곳 중의 하나이다. 조선 시대에 이곳은 군사적 기지였다. 오래된 군인들의 막사(세병관 – 역자 주)가 아직도 있다. 거대한 나무 기둥과 조각물, 그리고 무거운 기와지붕은 이곳의 경계표이다. 그 근처에 우리의 첫 교회가 있었다. 후에는 교회가 그곳에서 멀지 않은 곳으로 이사하였는데, 현대식 서양 건물로 갔다. 장날에는 많은 사람이 그 앞길로 다닌다. 이 교회에서는 한국인 목사가 수년 동안 일을 하고 있으며, 우리 선교사가 동사목사다.

"기쁜 일이 있어 천국 종 치네. 집 나간 아들 돌아왔도다."

이 찬송으로 환영을 받은 후에 나는 나의 일을 다시 시작할 것이다.

이것과 관련하여 말한다면, 읍내의 교회에서 '동사목사'는 한국인 목사보다 좀 낮은 위치인데, 우리는 기꺼이 그것을 받아들이고 있다. 우리 선교회의 정책이 지역의 교회가 독립하도록 돕는 것이기에, 선교사는 길을 예비하는 사람일 뿐이다. 건물이 올라가려면 발판이 있어야 한다. 그러므로 지역 교회의 목사 권위는 더 올라가야 하고, 선교사의 역할은 감소하여야 한다.

현재 한국의 장로교에서 선교사의 위치는 지도자의 역할이라고 하기보다 '영적인 동지 관계'이다. 우리의 전통과 많은 경험으로 장차 한국교회에 공헌할 것이 많이 있다.

중국이나 다른 곳에서의 상황이 어떻든, 한국교회는 서양 선교사들의 도움을 아직 거부하지 않는다. 우리 지역의 노회가 남 선교사를 더 요청하는 것을 보면 그러하다.

그러나 나의 우선적인 일은 통영선교부의 약 30개 되는 교회들을 돌보는 것이다. 그 교회들은 자신들의 전도사나 일꾼을 지원할 수는 있어도, 안수받은 목사는 청빙하지 못하고 있다.

먼저 나는 통영에서 17마일 떨어진 욕지도를 방문할 것이다. 그리고 이런 순회는 내가 하는 사역의 전형적인 모습이다. 여기에 대하여 좀 더 자세히 설명하기 원한다. 이 방문은 내가 처음 그곳에 갔던 기억을 일깨워준다. 우리는 통영에서 이른 아침 출발하였고, 해가 막 질 때 그 섬의 동쪽 해변에 도착하였다.

그곳 교회는 7년 전에 내지에서 온 사람들에 의하여 세워졌다. 그리고 그동안 아무 선교사도 그곳을 방문하지 못하였다. 그 교회의 남녀 신자들은 신앙을 잘 지키고 있었지만, 심한 박해가 있었던 그 길고 외로운 시절에 어려운 경험을 하였다.

'데이 스프링'이 산언덕으로 둘러싸인 조용한 만에 닻을 내렸을 때, 우리를 만나러 논길을 따라 황급히 내려오는 흰옷을 입은 사람들을 보았다. 그들은 얼마나 우리를 반겼던가! 우리가 그들을 거의 방문하지 못하였다는 사실에 우리는 부끄러웠다. 선교사는 많은 교회와 사람들을 방문하고 있지만, 매해 모든 개개의 교회를 자주 방문하는 것은 가능치 않은 일이다. 더 많은 일꾼을 보충하는 것만이 그 문제를 해결할 수 있다.

인사가 끝나면 선교사는 그곳의 지도자와 교회의 사정에 관하여 조용히 이야기를 나눈다. 세례문답과 정회원 관리도 해야 한다. 그 지도자는 한동안 주저하다가 그곳 교인들의 문제점에 대하여 말하기 시작한다. 선교사는 고향의 교회와 선교지 교회의 차이점을 다시 한번 깨닫게 된다. 고향의 교회 뒤에는 수 세기 동안의 기독교 전통이 있지만, 이곳 교회는 오랫동안 예수 그리스도의 영향이 없었다.

우리 선교사들은 한국교회의 믿음의 형제들에 대하여 열정적으로 말하지만, 공평하게 잊어버리지 말아야 할 것은 우리의 기독교 유산은 고향 교회의 기독교 생활 소양의 결과이다….

섬에서의 사역은 빛과 그림자, 기쁨과 실망이 공존한다. 그럼에도 불구하고 우리는 계속되는 진전을 느낀다. 고향 교회에서의 목회는 이 같은 경험을 산출할 수 없다. 그러나 교회가 젊고, 활기차고, 그리스도의 나라로 한국을 이끌어야 하는 과제가 있다면, 교회 사역의 생활 속에는 만족스러움이 있다.

각 선교부나 성경학원에서 실행하는 선교사들의 집중적인 성경 공부 인도 이야기는 여기에 시간과 공간이 허락하지 않는다. 그 이야기는 전에 이야기하였다. 그러나 나는 현재 한국의 이야기만 나누는 것이 아니라, 호주의 미래 생활에 관한 이야기도 필연적으로 나누기를 기대한다. 누가 이러한 일을 하기에 충분한가? 이 과제의 중요성은 우리의 것에 기대기보다 더 높은 분을 쳐다보도록 하고 있다.

"우리의 만족은 오직 하나님으로부터 나느니라."

왓슨.

(PS: 누가 두 번째 모터보트를 기증하겠는가? 그래서 하나는 부산진에 또 하나는 통영에서 사용하도록 하겠는가?)

〔더 크로니클, 1926년 7월 1일, 16-17〕

24. 선교사 아내의 어떤 경험(1)

　　이 글의 제목이 위험하다. 좀 길어질 수 있는 내용이다. 그러나 편집자의 요청이다. 사람들은 선교사의 아내로부터 어떤 이야기를 듣기 원할까? 삶의 긴장감과 압박감에 관하여? 아니면 그 모험적인 이야기? 아니면 해외 선교지에서의 하루하루 집안일에 관하여서일지도 모른다. 빵을 먹는지 밥을 먹는지, 신선한 달걀과 구운 소고기가 있는지, 우리가 무엇을 먹는지 말이다. 어떻게 요리는 하고, 아이들은 어떻게 키울까? 집안일의 단조로움에 어떤 기쁨과 새로운 일이 있을까?

　　최소한 그곳의 삶에 단조로움이란 거의 없고, 사람마다 다른 경험이 있다. 왓슨은 이미 한국에서 1년 살았지만, 우리가 한국에 도착한 날은 1911년 11월 11일이다. 우리의 존재는 때로 전쟁을 하려는 곳에 평화의 복음을 전하는 예언자이었던 같다.

　　나의 선교사 경험은 4달 동안의 장티푸스 열로 시작이 되었다. 최고의 병원 치료를 받았지만, 동방에서는 물을 꼭 끓여 먹어야 한다는 교훈을 배웠다. 그리고 시장에서 사 온 과일도 조심해야 한다.

　　일 년 동안은 마산의 편안한 방갈로에서 언어 공부를 하였다. 이곳에서 우리는 통영을 종종 방문하였고, 새 통영선교부에 우리는 개척자로 임명을 받았다.

　　마산에서는 빅토리아여선교연합회 요리책과 스토브와 한국인 집사의 도움을 받아 우리가 필요한 음식을 요리하는 것을 배웠다. 심지어 빵까지 구웠다. 서 서방이 재료를 샀고, 물을 날랐고, 텃밭에서 우리가 먹을 채소를 가꾸었다. 요리도 도와주었다. 나는 나머지만 하면 되었다. 우리는 요리책을 따라 요리를 하였는데, '양다리를 준비하고' 등은 할 수 없었다. 한국에는 양고기가 없다. 소고기는 있는데 더는 밭에서 일할 수 없는 소의 고기이다. 달걀은 신선하다고 하는데 때로 조심해야 한다.

왜 우리는 닭을 키우지는 않았을까? 족제비들 때문이다. 언덕 위에 있는 선교부지의 닭은 종종 그들의 먹이가 된다. 마을을 이루는 초가집들이 모여 있는 곳에서는 닭을 키울 수 있지만, 그것도 밤이 되면 한 마리 한 마리 모두 바구니에 넣고 뚜껑을 닫아 마루 위에 매달아 놓는다! 닭 한두 마리는 이들에게서 항상 살 수 있다. 생선은 살수 있지만, 달걀보다는 좀 더 조심하여야 한다. 상한 생선으로 인한 복통은 정말 괴로운 경험이다.

서 서방은 요리에 관하여서는 매우 조심한다. 비록 깡통 고기 접시를 재떨이로 사용하지만 말이다! 우유? 동방에서의 경험 후에는 호주가 문자 그대로 꿀과 우유가 흐르는 곳이다. 한국어의 한 단어는 '귀하다'와 '가치 있다'를 동시에 담고 있다. 꿀과 우유는 확실히 둘 다이다. 아무도 케이크나 푸딩이나 소스에 우유를 넣을 수 없는데, 선교사들은 점차로 우유에 대한 갈망을 느낀다. 결국에 우리는 염소를 키웠다.

전에 우리는 일본 유제품 상점에서 우유를 샀는데 그 직원에게 불평하였다.

"우유에 물 타지 마세요. 물은 우리 우물에도 많아요."

그 일본인은 말했다.

"아닙니다. 부인. 우리는 물 타지 않았어요. 부인에게 준 것은 물을 타기 전 우유입니다."

그해 말, 작고 우아한 여성 노인 한 분이 우리 집에 왔다. 남편이 자주 출타하는 시간에 벗도 되고, 집안일도 돕는 사람이었다. 그녀의 모습은 사진 같았는데, 특히 교회에 갈 때 입는 옷을 입으면 말이다. 하얀색 옷과 보라와 초록의 모자를 쓰는데, 자주 장사 리디아 같았다. 그녀는 기민하고 열정적이었지만, 무지하고 실없는 말도 하였다.

이 해에 통영의 첫 선교관이 일본인에 의하여 지어졌다. 그러나 선교사의 감독이 적었기에 외관은 좋았지만, 내부는 부실 공사였고, 이것은 시간이 흐르며 점점 드러났다.

선교관은 완공되었고, 우리의 짐 반 정도를 그곳으로 옮겼다. 나의 남편은 이미 대부분 시간을 그곳에서 보내고 있었다. 어느 폭풍이 치는 밤에 남편은 배로 마산으로 오게 되어있었는데, 한두 주 후에 태어날 예정이었던 우리 첫째 아들이 기다리지 못하고 그날 밤 태어났다. 마침 네피어가 호주에서 막 도착하여 우리를 안전하게 돌보았다.

폭풍이 있은 다음 날, 그녀는 먼바다에서 배 한 척이 파도에 흔들리며 마산포로 들어오는 것을 보았는데, 바로 내 남편이었다. 우리 보모가 그를 맞이하러 달려나갔다. 남편은 당시 한국말을 다 알아듣지 못하였는데, 특히 보모의 말은 더 어려웠다. 그는 당황하였으나 최소한 '아들'이란 말은 알아들었다. 우리는 항상 그녀에게 우리는 딸이 더 좋거나 아들만큼 좋다고 하였는데, 그녀가 후에 다음과 같이 말하였다.

"왕 목사님이 내 말을 못 알아듣다가 '아들이 태어났습니다.'라고 하니 알아듣고 쏜살같이 언덕 위로 뛰어 올라갔습니다."

한국인 교인들도 기뻐하였다. 한 달 후에 우리가 통영으로 가는데, 한 무리의 교인들이 '우리 요한, 우리 요한' 하면서 마치 자신들의 자식인 양 하였다. 그들은 그를 위해 기도하였고, 세례 요한과 같이 되기를 빌었다. 우리는 사랑받던 예수님의 제자 요한을 더 생각하였는데 말이다. 통영에 가서도 우리 아들은 '우리 요한'으로 불릴 것이다.

통영에서의 첫해는 힘든 해였다. 왓슨은 종종 집을 떠나 있었다.

구경꾼들은 계속하여 영국인의 새집을 보기 위하여 찾아왔고, 집 안으로 들어오기 원하였다. 때로 우리는 문을 잠그고 살아야 했고, 교인들만 비밀스레 들여야 하였다. 당시 우리 집 문은 고생을 많이 하였다. 문고리가 흔들거렸고 선교관에 다른 고장도 많았다. 폭풍이 올 때마다 언덕 위에 있던 집은 피해를 보았고, 여기저기 땜질한 벽의 구석에서 쥐들이 들어 왔다.

우리는 종종 아기와 유모를 숨겨야 했다. 수십 명이 혹은 백여 명이 구경하기 위하여 들어 올 때 여기저기 흥미를 느끼고 둘러보았다. 그러나 그들은 집안 규정에 따라 아무것에도 손을 대지 않도록 조심하였다.

그러나 나는 감히 길거리를 활보하지는 못하였다. 많은 사람이 뒤를 따르며 "뭐야?"라고 말할 것이 두려웠다.

그러나 이 해는 기쁨의 해였다. 당시 연약하고 작았던 기독교인 모임은 우리에게 의지하며 친교 하였고, 우리도 그들에게 의지하였다. 우리가 또한 힘든 압박의 시간을 지날 때, 동료선교사들도 크게 의지가 되었는바, 스키너와 매카그가 그들이었다. 기쁨과 슬픔의 하나 됨을 통하여 우리는 매우 그들과 가까워졌다.

그 해가 지나면서 왓슨은 30개의 교회를 왔다 갔다 하였다. 나는 학교에서 바빴고, 교회와 집의 여성들 사이에서 일하였다. 항상 행복하였고, 첫해의 한국인들과의 우정만큼 감동적일 때가 없었다.

왜 나는 말할 수 없는가. 아마 많은 한국인 신자들은 자신의 생활 속의 과실을 교회의 훈련 아래 두었고, 특히 결혼과 관련되는 것은 더 그러하였다. 하나님의 팔이 우리를 안아 보호해 주신다는 느낌으로 우리의 아이들은 외로워하지 않았다.

우리가 아들을 둘 더 낳자 한국인들은 함께 기뻐하여 주었다.

"우리 선교사님은 아들을 셋이나 가진 부자이다."

그러나 쌍둥이 딸이 선교관에 태어났을 때는 몇 친구만 제외하고는 무관심 하였다. 그들은 딸에는 관심이 없었고, 거기에다 쌍둥이는 더 소용이 없었다. 두어 주 후에 무엇이 잘못되어 갑자기 쌍둥이가 죽자, 두세 명만 우리의 슬픔을 이해하였다. 읍 성곽 밖의 햇빛이 잘 드는 언덕바지에 작은 무덤을 만들었을 때도 말이다.

한국인 기독교인들에게 죽은 아이는 그저 잃어버린 아이일 뿐이었다. 한국인 목사들도 그곳에 가 아직 추모예배를 드리지 않았다.

나는 여러분들에게 매우 사적인 이야기를 하였다. 이렇게 하는 것이 여러분이 이해하는 데 도움이 될 것을 알기 때문이다. 선교사 아내의 생활을 여러분들이 이해하는 것이 우리는 필요하다.

우리는 이곳에서 영국 사람들에 대한 적개심을 만날 때가 있다. 우리의 작은 겸손으로 정의를 생각해 보자. 우리 영국인 국제 개척자나 상인이나 관료나 범죄자들이 집에서는 못하는 것을 이곳 동방에서는 감히 하지 않는가? 물론 예외는 있지만, 선교사들도 '십계명도 없는 동방의 한 지역으로 나를 보내 달라'라는 태도이다. 동방인들도 십계명만큼이나 경직된 도덕의 관습이 항상 존재해 있었다는 것을 잊은 채 말이다. 이런 사람들은 자신의 나라를 배신하는 것이다. 우리의 제국은 이런 사람들 때문에 동방에서 신뢰와 명성을 잃고 어려움을 겪는다.

우리는 우리나라를 위해서도 슬퍼한다. 호주의 젊은 여성들이 동방을 방문하는데, 이곳 사람들의 눈을 의식하지 않는 경우가 있다. 교양 있는 여성은 이곳에서는 춤을 추지 않는다는 사실에 주의해야 한다. 우리가 타는 배 위의 직원들은 주로 중국인 학생들인데 대학교 학비를 벌기 위하여 일한다는 것이다.

만약 그들이 자신 나라의 이름과 명예를 가지고 있다는 것을 안다면, 절제해야 하는 것이 있음을 깨달아야 한다. 그것 말고도 다른 즐길 것들이 많으니까 말이다. 우리가 다른 이들에게 우리나라의 정신을 존중해주기 바란다면, 우리는 다른 나라도 존중해야 하지 않겠는가?

　동방의 훌륭한 사람 중에 말하기를 영국은 너무 자기 자신을 뽐내며, 욕심이 많은데 재물과 힘 그리고 다른 나쁜 것들을 추구한다고 한다. 내가 이곳에서 처음 본 술 취한 사람이 영국인이었다. 한국 기독교인들은 아마추어 연극에 심취해 있다. 우리는 한 믿는 청년이 공연하는 연극에 초청을 받았는데, 매우 잘하였다. 그런데 그의 역할이 무엇인지 아는가. 바로 술 취한 영국인이었다. 이런 것들이 다른 무엇보다도 우리의 가슴을 아프게 한다.

　국가적인 겸손이 우리에게 좋을 것이다. 우리의 죄가 무엇인지 아는 것이다. '내 나라가 맞든 틀리든'이라는 태도는 애국이 아니다. 우리를 어렵게 했던 것들이 여전히 우리를 힘들게 하고 있다. 이곳 사람들은 이제 국제관계의 필요와 상호 존경에 대하여 지각하고 있다. (다음 호에 계속)

왓슨 부인.
〔더 크로니클, 1926년 9월 1일, 5-7〕

25. 선교사 아내의 어떤 경험(2)

　선교사 아내에게는 여러 가지 일이 주어진다. 그로 인하여 또한 다양한 경험도 하게 된다. 나의 첫해에는 여학교를 발전시키는 일에 노력하였는데, 당시 그 일은 어려운 일이었다. 자신의 딸을 일주일에 이틀 학교에 보내는 것을 우리를 위하여서 한다고 생각하던 시절이었고, 기독교인들도 예외는 아니었다. 한 달에 2펜스 등록금 내는 것도 그들에게는 걸림돌이었다.

젊은 기독교인인 두세 명의 좋은 여교사의 열정적 도움으로 학교는 빨리 발전을 하였다. 처음의 우리 의도와는 조금 달라진 모습이지만 말이다. 지금은 학비가 많이 올랐음에도 비기독교인들까지 자신의 딸을 학교에 입학시키려고 우리 선교사들에게 애원한다.

스키너와 다른 선교사들이 이곳에 부임하여 나를 학교에서부터 자유롭게 해주었다. 학교는 산업반의 형태로 가장 만족스럽게 발전하였으며, 할 일은 여전히 많았다. 소년들과 남성들도 있고, 여성들과 교회의 어머니들도 있다. 그러나 호주교회에도 일은 많다. 국내선교와 해외선교는 항상 긴장 관계에 있다. 교회 안과 밖의 일로 둘로 나누어지는 것 같은 느낌이다.

세계 전쟁 전에는 도움을 받기가 쉬웠다. 한동안 우리는 세 명의 조력자가 있었지만 보통 두 명이었다. 집 관리에 관한 그들의 생각이 매우 다르므로 그들은 감독이 많이 필요하였다. 그리고 할 일은 항상 많았다. 물건이 정육점이나 빵 가게 그리고 식품점에서 오지 않았다. 우물에서 물을 길어야 하였고, 빵은 집에서 구어야 하였고, 옷도 집에서 만들어야 하였다.

그러다 젊은 과부들이 우리에게 와 훈련을 받고 응급 간호사, 전도부인 등으로 발전하였고, 그들은 우리에게 큰 기쁨을 주었다. 선교관에 하인을 둔다는 것은 그를 입양하는 것과 마찬가지였다. 우리는 두 명의 청년이 결혼하는 것을 도왔고, 그중 한 명의 집값은 우리가 지급하였다.

가난한 사람은 한국에서 우리와 항상 함께 있다. 우리 집에도 있다. 호주는 얼마나 풍요로운가! 한국과는 천지 차이다. 수백 명 수천 명이 제대로 못 먹고 있다. 그러나 그들은 관대하게 베풀 줄 안다! 그들의 그 작은 밭에서 그들은 어떻게 먹고사는가.

우리의 어린이들은 돌봄이 많이 필요하다. 호주의 향기롭고 건강한 공기의 환경과는 다르다. 천연두나 장티푸스나 홍역이나 선홍열이나, 설사나 콜레라 같은 질병이 흔하다. 그리고 끊임없는 피부병도 있는데 잘 씻지 않아서라기보다 동방의 도시의 밀집된 환경에서 나오는 병이다.

우리는 그곳에서 넓은 공간을 얼마나 그리워했던가. 호주의 나무들과 향기, 새들의 노랫소리, 그리고 우리와 같은 사람들과 즐거운 대화, 빅토리아의 아름다운 마음에서 넘쳐나는 것들. 한국에서는 호주의 토착 나무들에서 나는 향기와 아침마다 날카롭게 우는 맥파이(까마귀의 일종 – 역자 주)의 소리는 꿈에서나 느낄 수 있는 것들이다. 한국의 풍경도 대단하지만 그런 향기와 새 울음소리는 적다.

한국에서의 특별한 어려움은 겨울이다. 햇빛은 쨍쨍한데 추위는 날카롭고, 바람은 살을 에는 듯하다. 우리는 종종 망치를 가지고 화장실의 얼음을 깨야 하였고, 그리고 더운물로 녹여야 하였다!

여름에 우리는 어린아이들이 하루에 두 번씩 목욕하도록 하였는데, 피부병을 피하기 위해서이다. 모기와 쥐도 조심하여야 하였다. 우리는 샌디라는 작은 개가 있었는데, 기쁘게도 쥐를 쫓는다. 그러나 애견도 위험한바, 선교관에 병균과 죽음을 가져올 수 있기 때문이다.

음악과 성가대 연습으로 남자 청년들이 우리 집에 자주 왔다. 우리의 제한된 능력으로라도 이런 방법으로 이들을 기쁘게 해줄 수 있어 좋았다. 음악은 한국에서 훌륭한 도움이 된다. 다른 방법으로는 이 똑똑한 청년들을 도울 방법이 없었는데, 특히 만세운동 후에 이들은 불안해하고 있다. 그러나 음악은 이들에게 항상 인기였다. 대부분 찬송가였고, 그들이 요청하는 음악을 제공하기에는 부족하였지만, 가치 있는 일이었다. 그들은 빨리 배웠다.

작은 풍금이나 밴드 악기는 선교부에서 항상 환영한다. 쓰던 것은 세금도 없다. 간단한 악보가 있는 노래집, 흑인 영가, 성가, 성탄 캐럴, 스코치 음악, 행진 음악 등 모두 환영한다.

그러나 나의 경험에는 가장 지속적이고 가장 보람되고 가장 영감적인 일은 주일 오후 교회 어머니들을 위한 여성반이다. 이들은 주기도문으로 모임을 시작하여 사도신경과 십계명을 암송하고, 예수의 일생 중 한 본문을 공부한다. 그리고 후에 나는 이들 중 상급반에서 시편, 이사야, 요한복음, 사도행전, 고린도서 그리고 히브리서를 지도하였다.

동방에 사는 선교사는, 특히 배우지 못한 여성도 이들에게는 가장 오래된 기독교인이다. 내가 가르치기에는 어려운 과목들이지만 이들과 함께 나눌 때 꼭 이해하지 못할 정도로 어려운 것은 아니다. 그리스도의 십자가 자체가 이해하기 어려운 은혜 아닌가. 고린도교회에 쓴 편지는 특히 한국교회를 위한 메시지이다. 결혼 문제, 교회 안에서의 여성의 위치, 우상에게 바친 음식 등 많은 내용이 그렇다.

바울의 모험과 경험은 동방의 많은 현대의 선교사들 생활 속에 최소한 비슷한 게 아니면 반복적으로 재생산되고 있다. 놀라운 동방의 책 성경은 그곳에서 더 쉽게 이해되는데, 풍구, 맷돌, 소 멍에, 씨 뿌리는 자의 비유, 채색옷, 자주 장사, '안녕'이라는 인사 등은 고대 팔레스타인 사람들이 쓰던 것들이다. 귀신이 드는 것은 그들에게 현실이며, 뉴 헤브리디스와 다른 곳에도 '죄 사함을 받기 위한 피 뿌림'이 있다.

우리는 한국의 여성들이 천지를 만드신 '위대한 하느님'을 알고 있음을 발견하였다. 그러나 그들은 '벌레와 같은 우리'를 돌보기에는 그 존재가 너무 높고 힘이 있다고 믿었다. 가뭄이 들 때면 그것이 자신들의 죄 때문이라고 생각하고 마을의 촌장이 기우제를 드린다. 그때 죄 사함을 위한 피 뿌림이 있다. 그러나 가뭄이 거의 없으므로 그런 모습은 희귀하다. 오직 소수만이 그 전능한 존재에 다가갔는데, 그들은 "하나님이 세상을 이처럼 사랑하사 독생자를 주셨으니"를 경험하였다. 그 무서운 존재가 자신을 사랑한다는 놀라운 깨달음이다!

일본의 압제에 항거하는 한국인들의 운동을 우리는 보아왔다. 물론 모두에게 어려운 시기였다. 그러나 우리에게 있어야 할 일이었다.

두 개의 특별한 경험이 동시에 찾아왔는바, 가장 어두웠던 것과 그 후에 가장 밝았던 경험이다. 가장 어두웠던 경험은 일본의 압제 하에 몇 번이나 감옥에 간 여성들을 구하려 하였던 일이다. 그들은 '게이샤'라 불렸고, 혹은 순진한 방문자들에게는 '일본의 우아한 여성'이라 불렸다. 그러나 그들은 이 땅 위의 지옥이라는 곳에 갇혔다. 그 환경을 말하는 것 자체가 고문이지만, 그곳에 갇힌 우리 학교의 한 학생을 구하려 호소를 하였다.

그러나 우리는 세속적인 일본의 가장 악마적인 모습에 모두 반감을 품고 돌아왔으며, 그 나라는 자기 자신의 여성성과 몸과 영혼을 이득을 위하여 팔고 있었다. 그러나 우리는 감히 일본에 엄하게 대할 수 있을까? 기독교 국가인 영국에서도 음주와 저주받을 것과 수치스러운 것들이 있다.

우리는 그 소녀들을 구하는 데 실패하였지만, 다른 이들이 또 노력하고 있다. 우리 학교의 한 학생은 이제 안전하다. 우리 선교사들과 일본의 좋은 기독교인들이 그 전체 구조 악을 부수려고 하고 있다.

그러나 그 어두운 날 후에 광명의 날이 다가왔다. 우리의 밝은 이 층에 4개의 창문이 있는데, 그곳에서 선교부 전경과 시내와 항구를 굽어볼 수 있다. 손님방도 있지만, 손님은 많지 않다. 종종 나는 그 방에서 바느질하고 글쓰기를 하였는데, 어린이들이 토끼풀 마당 잔디에서 뛰어노는 모습과 항구에 배들이 오가는 모습도 보았다.

그러나 우리는 손님들의 방문을 즐거워하였다. 모든 방문 중에 두 명의 손님이 특별히 생각난다. 페이튼이 한 주간 머물렀고, 김익두도 한 주간 머물렀다. 김 목사는 한국의 유명한 부흥사인데, 그와 함께한 일 주간의 경험은 언급할 만하다. 한국인 목사로 우리 집에 머문 이는 그가 유일하다. 그는 신유집회를 하였다. 후에 우리는 그의 신유집회가 좀 시들해질 때 다시 그를 만났는데, 천여 명이 참석하던 집회가 백여 명으로 떨어져도 그는 여전히 같은 모습으로 웃고, 울고, 성스러웠고, 진지하였고, 모두에게 예의가 발랐는데 특히 가난한 자와 아이들에게 그랬다.

김익두는 종종 하얀 옷을 선물로 받았는데, 선물 주기를 좋아하는 사람으로 그 옷을 다른 이에게 주기도 하였다. 자신은 오래된 회색 모직 옷을 항상 입었다. 그는 자신의 설교를 극대화하려고 연단에 있던 남성 선교사들을 항상 예를 들었다. 내가 다 말할 수는 없지만 그를 위대하게 만드는 것은 그의 신유집회가 아니라, 그의 가슴에서 차고 넘치는 사랑과 그의 겸손과 죄 사함을 얻었다는 감사였다.

그가 가장 좋아하던 찬송은 '만왕의 왕 내 주께서 왜 고초당했나'와 '구주의 십자가 보혈로 죄 씻음 받기를 원하네'이었다. 그가 좋아한 주제가 예수의 사랑이었던 것이다.

우리 주변의 연약한 그리스도인들이 넘어질 때 김익두는 우리에게 한국 기독교에 대한 비전을 보여주었고, 한국교회 지도자의 비전을 보여주었고, 한국에서뿐만 아니라 그 너머 호주까지도 죄 사함이 무엇인지 알게 하여 주었다. 그 비전을 성취하기 위해서 '참고 견디라'라는 부름이 여러분과 나에게 있는바, 우리가 인내 있게 견딘다면 그 약속을 성취할 것이다.

이제 한국으로 돌아갈 시간이 다가왔다. 우리의 생각은 통영의 선교부에 가 있으며, 선교부는 건강상의 이유로 다행히 시내 높은 곳에 위치하고 있다. '그는 길가의 집에서 살았고, 사람들의 친구였다'라고 쓴 호머의 말대로 때로 우리는 읍내 한중간에 사는 생각도 해 보았다.

신기하게도 이 생각은 이루어졌는데, 이곳 마세돈 노회에서이다. 여기서는 특별한 이야기는 없지만, 우리의 헌신을 요구하는 일을 위한 재충전과 준비의 시간을 가질 수 있었다.

왓슨 부인.
[더 크로니클, 1926년 10월 1일, 5-7]

26. 왓슨 부부를 환영하며

통영의 한국인과 외국인의 간절한 기다림 속에 드디어 소식이 전해졌다. 왓슨 부부가 오늘 오후 부산에서 배로 출발했다는 것이다. 그리고 오늘 밤늦게 통영에 도착한다는 소식이었다. 늦게 도착한다는 사실이 그러나 기다리는 자들의 열정을 낮출 수 없었다.

'데이 스프링'의 선장 노영수는 급하게 교회로 가 종을 쳤다. 우리가 포구로 갈 때 만난 한 노인은 '왕 목사'가 온다는 소식을 듣더니 머리 위에 이고 있던 생선 바구니를 길 한가운데 내려놓고 환영단의 무리에 합류하였다.

우리는 작은 포구에서 상자 위나 혹은 앉을 수 있는 아무 곳에나 앉아 배를 기다렸다. 항구는 마치 그림처럼 보였는데, 작은 읍내의 불빛이 바닷물 위에 반사되었다. 밤바다 위에 비치는 통영은 아름답다. 더러운 것이나 추한 것은 보이지 않는다. 왓슨 부부와 데이비드가 부재 후에 이 모습을 볼 수 있어 우리는 좋았다.

배를 기다리는 한국인을 보는 것도 흥미로웠다. 그들은 학교의 여학생들이었고, 좀 더 나이 많은 여학생들은 그 학교와 연결되어 운영되는 산업반 학생들이었다. 나이 든 남성들은 그들의 전통 복장을 하고 있었고, 지방에서 온 사람들과 이야기를 하고 있었다. 그들의 이야기 속에서 다음과 같은 낱말들이 들렸다. '하나님의 은혜', '기도 많이 했어요', '왕 목사' 등이다. 어떤 뜻인지 연결하기는 어렵지 않다.

수명의 여성들도 있었는바, 그들은 목사 부인 즉 왓슨 부인에 관해 이야기하고 있었다. 이들의 삶에 왓슨 부부의 귀환은 큰 의미가 있다는 것을 알 수 있다.

마침내 배가 도착하였다. 그리고 사람들은 기쁨으로 흥분하였다. 일본인들도 무슨 일인가 해서 둘러서서 구경하였다. 이 호주인들이 먼 나라에서부터 돌아오도록 그동안 기도한 것이 응답되는 순간이었다.

다음 날 저녁, 우리는 통영의 '외국인들'을 위하여 선교 배를 타고 작은 소풍을 하기로 계획하였다. 우리의 스타일대로 말이다. 우리는 선한 의도로 계획을 세웠는데, 그것에 반대하는 요소가 있었다. 통통배가 말을 안 듣는 것이었다. 왓슨과 노영수의 수고로 배는 움직였는데 얼마 못 가 또 멈추었다. 그리고 데이비드의 조언에 따라 왓슨은 다시 반복하여 배를 손보았다. 그러나 배는 우리가 가고자 하는 섬까지 못 갔고, 우리는 결국 배 위에서 준비한 저녁을 차분히 먹었다.

그때 기대하지 못하였던 폭풍이 몰려오고 있는 징조가 보였다. 우리가 바다 위에 더 머무르는 것을 경고하는 모습 같았다. 마침내 배가 우리를 다시 육지로 데려다주었는데, 천둥과 번개가 쳤다. 우리가 막 항구에 닿을 때 비가 억수로 쏟아지기 시작하였다. 친절한 일본인이 우산을 빌려주었고, 우리는 언덕 위에 세워진 선교관으로 올라갔다. 폭우 중에 떨어진 전깃줄이 도중에 우리에게 두려움과 염려를 주었는데, 데이비드를 포함한 몇 명이 잠시 충격을 받았지만 심각한 일은 발생하지 않았다.

기억될만한 이 날 저녁은 아직 끝나지 않았다. 왓슨 부부와 데이비드, 던, 프란시스 그리고 내가 선교관에 도착하였을 때, 집사는 우리가 열쇠를 가지고 간 줄 알고 모든 문과 창문을 잠갔던 것이다. 우리는 폭우와 천둥 속에 그리고 전깃줄의 염려 속에 선교관 건물을 돌며 들어갈 만한 문을 찾았다. 마침내 우리는 집 뒤편의 거의 잠그지 않는 작은 창문을 생각하였고, 내가 힘들게 그 창문을 통하여 들어가는데 그 모습을 보던 던과 프란시스가 웃었다.

왓슨이 호주를 떠나기 전 쓴 글이 있는 줄 나는 안다. 한국에서는 어느 하루도 평범하고 보통의 일상을 기대할 수 없다고 말이다. 이날 밤도 그를 실망시키지 않았다는데 우리는 동의한다.

저자 미상.

(당시 통영에는 엘리스가 주재하고 있었으니 그녀의 글로 추측된다. - 역자 주)

〔더 크로니클, 1927년 2월 1일, 4-5〕

27. 서통영에서의 환등기의 밤

왓슨은 아직 시도하지 않은 것이 있다. 그동안 잘 활용하지 못하였던 환등기이다. 유랑극장과 함께 일하였던 박 집사가 '추수감사절 행사'에서 예수의 일생에 관한 환등기 그림을 보여준다고 하였다. 프란시스와 나는 등불로 안내된 작고 거친 길을 따라 들어갔고, 문 옆에 앉으라는 충고와 함께 웃음소리가 들렸다! 많은 사람이 따라 들어와 문 옆에도 자리가 없었다. 환등기 쇼는 마당에서 있을 것이다.

학교 강당에 모인 사람들은 끊임없이 이야기하고 있었다. 다들 즐거워하며 기대를 하였다. 그때 갑자기 박 집사가 조용히 하라며 관심을 끌었다. 그는 동방의 습관처럼 앉을 자리가 마땅치 않아 미안하다고 사과하였다.

"미안합니다. 혹시 알아요. 내년에는 좋은 교회당에서 여러분을 환영할지 말입니다. 푹신한 의자에 말입니다."

그 농담에 신자와 비신자는 함께 웃었다. 그리고 그는 광고하기를 짧은 예배를 드린 후 어린이들의 추수감사절 발표회가 있고, 그리고 그림 영상이 있을 것이라 말하였다.

그리고 찬송가 5장을 불렀다. '예배'라는 단어는 뒤에서 어슬렁 거리는 비신자 젊은이들에게 거슬렸고, 웃고 떠드는 분위기에 어울리지 않았다. 그들은 매 절 찬송가가 마칠 때마다 '아멘'을 소리쳤다. 우리의 찬송은 음정이 불안하게 시작되었지만, 인도자의 활발한 인도로 끝까지 마칠 수 있었다. 그는 찬송가를 조용히 내려놓았고, 조용하고 분명한 목소리로 말하였다.

"여기에 선교사들이 있습니다. 서양인들입니다. 이들은 수천 마일 떨어진 자신들의 교회에서 파송을 받아 복음을 전하러 왔고, 이 학교처럼 우리에게 도움을 주고 있습니다. 이렇게 모인 이유는 어린이들이 추수 감사로 드린 것을 팔아 돈을 모아 중국에 우리의 선교사를 파송하려 하는 것입니다. 그곳에는 야만인처럼 서로 사람을 죽이고 있습니다. 이런 일에 여러분이 웃는다면 여러분 자신이 야만인으로 불릴 것입니다."

그리고 그는 성경을 읽었다.

"이는 하나님이 비를 의로운 자와 불의한 자에게 내려주심이라."

선교사의 아이와 무지한 한국인과 그림 영상을 보려는 자들만 제외하고 사람들은 집중하였다!

예배가 마치고, 어린이들의 발표를 위해 앞자리를 비웠다. 그리고 밖은 사람들로 더 붐비었다. 어릴 적부터 우리에게 알려진 여교사는 자신의 음악 지식을 필요에 따라 놀랍게 적용하였다. 그녀가 작은 오르간에 앞에 앉자 아이들이 행진하여 나왔고, 노래를 불렀다. 그리고 그들은 숙달된 한국 어린이처럼 발표하였다. 어린이들의 머리는 과일의 형상으로 만들었는데, 어떤 아이는 볏단으로, 어떤 아이는 배로, 어떤 아이는 무로, 그리고 작은 아이는 고추의 모습을 하였는데 각자 자신의 열매처럼 말하고 감사를 하였다.

"나는 어디 어디의 김 씨 텃밭에서 자랐습니다."

무를 가진 아이가 이야기할 때 웃음이 터졌다. 그 김 씨는 잘 알려진 사람이고 인기가 있는 사람 같았다. 읍내의 이쪽 빈민촌 같은 곳에서 야간반을 통해 배우고 감사의 노래를 하는 흰옷 입은 소녀들의 얼굴이 빛이 났다.

그리고 환등기가 켜졌다. 다른 모든 불은 껐다. 우리는 앉아서 기다렸다. 어두운 하늘에는 큰 별 하나가 떠 있어 우리를 비추었다. 그리고 종이 위에 희미한 그림이 비추어지기 시작하였다. 군중들은 그것을 보려고 고개를 뺐고, 우리는 점점 사람들로 인하여 밀렸다.

그림은 점차로 밝아졌고, 배가 보였다. 우리는 속삭였다.

"박 집사. 계속 그림을 돌리세요. 곧 달이 뜨면 더 안 보일 거예요."

그는 자신의 강의를 시작하였고, 잘 진행하였다. 그러나 그는 이렇게 말하기도 하였다.

"엔지니어를 하면서 강의를 하기가 어려워요!"

사진들은 점점 잘 보였고, 모두 조용히 하며 보고 들었다. 가끔 사람들에게 눌리는 아이들의 비명이 들렸다.

"밀지 마세요!"

아기 예수의 부모가 아기를 안고 이집트로 도망하는 그림은 잘 보였다. 그러나 환등기가 쓰러지지 않도록 조심하여야 하였다. 그림 하나하나가 아름다운 이야기이다.

박 집사의 사진은 모두 끝이 났다. 이번 모임의 결과는 앞으로 기대할 수 있을 그런 모임이었다. 그런데 박 집사는 교회 안에서 평화를 흩트리는 사람으로 이름이 나 있었다. 그는 큰 사업체를 운영하였고, 교회 안에서는 남성과 소년들의 부흥을 위하여 열정적으로 일을 하였다. 자신의 가정을 위하여 노력하며, 성질이 급하고, 교만하고, 그리고 계속되는 여행으로 그는 지쳐있었다. 그의 여동생은 말하였다.

"그는 아직 제대로 회심하지 못했어요."

그러나 최소한 지금 그는 천국에서 멀지 않다. 사람들을 많이 모으고, 잘 지도하는 그런 은사를 가진 그가 기대된다. 환등기의 밤은 너무 짧게 끝이 났다.

"더 보여주세요."

사람들의 외치는 소리가 들렸다.

왓슨 부인.
(더 크로니클, 1927년 3월 1일, 15-17)

새해의 여성성경반은 눈과 비가 오는 가운데 시작되었다. 시골 지역에서 적은 인원이 참석하였고, 그로 인하여 사기가 좀 떨어졌다. 오르간은 망가진 채 전문가의 수리를 기다리며 한쪽에 조용히 놓여 있었다. 성경반의 개강예배에서 그 작은 전도부인은 '심령이 가난한 자'를 주제로 설교하였다.

그녀는 자신의 능력을 겸손하게 언급하면서 다음과 같이 말하였다.

"제가 왜 이렇게 쓰임을 받고 있는지 말할 수는 없습니다. 그러나 여러분이 육신을 위한 초라한 식사를 한 후에는, 능력 있는 천사 같은 선생님(호주선교사를 지칭함 – 역자 주)으로부터 좋은 영적인 양식을 즐길 수 있을 것입니다."

그 '천사 같은' 선생은 준비를 많이 못 하여 그녀보다 더 좋은 양식을 주지 못할 것 같은 생각에 마음이 흔들렸다.

다음 날도 끌려가듯이 수업이 진행되었다. 그런데 던이 인도한 여흥의 시간이 잠깐의 즐거움을 가져다주었다. 3학년과 4학년에는 예전과 비슷한 수의 학생들이 참석하였는데, 1학년과 2학년에는 선생이 3~4명을 앞에 두고 가르치고 있었다. 시골의 교회에서 몇 명이 더 빠져나갔다.

프란시스의 한국어 교사는 페이튼 박사의 생애를 주제로 공부하고 있었다. 그녀는 그 이야기를 저녁에 해주기로 약속하였다. 우리는 그녀를 존경하고 있었기에, 그녀의 이야기는 기대가 되었다.

저녁에 우리가 교회에 들어설 때, 던은 용감하게 그리고 성공적으로 찬송을 가르치고 있었다. 오르간은 여전히 침묵하고 있는데 말이다. 여성들은 마음을 다하여 찬송을 불렀다. 연사는 조용히 앉아 있었는데, 깊은 생각에 빠진 모습이었다. 어떤 성경을 읽을지 그녀에게 묻자, 그녀는 생각을 못 했다고 하며 알아서 선택하라 하였다. 그러다 갑자기 그녀는 성경을 집어 들더니 말하였다.

"생각이 났습니다."

작은 전도부인이 모임의 사회를 보았다. 그녀는 온화하고 좋은 지도자인데, 찬송의 은사는 없는 사람이었다. 던은 그녀에게 말하였다.

"아니요. 부인이 찬송도 인도해야 합니다."

우리는 던에게 미리 말을 못 하였던 것이다. 찬송은 갑자기 시작되었는데, 옛날의 오래된 음정으로 흘러갔고, 도움이 안 되었다! 다행인 것은 우리가 잘 아는 찬송이었고, 큰 목소리들이 점차로 제대로 된 음정으로 이끌었다.

그리고 연사가 초청되었다. 그녀는 빌립보서 4장 4절~7절을 읽었다.

"이 본문을 택하였지만, 이 말씀에 관하여 이야기하려는 것은 아닙니다. 내가 이제 여러분에게 이야기하려는 위대한 한 남자에게 큰 의미가 있는 말씀이기 때문에 선택한 것입니다."

이 말로 나의 기대는 충족되기 시작하였다. 이 여성이 말하는 페이튼 박사의 개척적인 영성의 뭔가가 나를 사로잡았다!

그녀는 존 페이튼이 고향인 스코틀랜드에서 위대한 일을 하기 위하여 교육과 훈련을 받는 이야기로 시작하였다. 이것은 교육열에 불타는 대부분 한국인에게 알맞은 내용이었다. 이것은 그녀에게도 감동적인 이야기인바, 그녀도 사역을 위하여 훈련의 긴 외로운 시간을 지내왔기 때문이다.

그녀는 노트를 옆에 두고 말을 하였는데, 그것을 보면서 이야기하여 미안하다고 하였다. 그러나 그것은 그녀에게 불필요하였는데,

강의 중에 한두 번 보았을 뿐이다. 그녀는 페이튼의 젊은 시절에 시간을 많이 할애하였다. 시계가 바로 그녀 뒤에 있었지만, 우리는 시간 가는 줄 몰랐다! 얼굴 표정과 머리 흔드는 것 등 긴 한국어 설교를 들을 때 스트레스를 받는 우리에게 집중력 있는 강의였다. 크고 외풍이 있는 추운 교회당 안이었는데도 말이다!

그리고 강의의 고점이 왔다. 페이튼이 젊은 아내와 친구들과 함께 뉴 헤브리디스의 테나로 떠나는 내용이었다. 한국인들은 자신들과는 너무 다른 그곳 사람들의 이야기에 탄성을 내뱉었다. 무법이고, 배우지 못하고, 농사도 모르고, 자연의 열매만 따 먹고, 그리고 죽일 수 있는 동물은 다 먹는데, 사람도 포함된다는 것이었다.

참석한 여성들은 자신의 일꾼들을 보호하시는 하나님의 이야기를 들었고, 페이튼의 아내와 아기가 죽는 대목에서는 조용히 눈물을 흘렸다. 우리 모두에게 이야기가 진실로 다가왔다. 그곳의 야만적인 사람들의 교활함과 배반, '다정한 족장'의 친절함, 그리고 끝까지 지켜보는 개까지 말이다.

페이튼의 침구가 도둑질 맞을 때 이 한국인들은 한숨을 쉬었고, 다시 찾는 대목에서는 탄성을 질렀다. 그리고 웃음도 있었는데, 때로 맞지 않는 대목에서 웃음이 터지기도 하였다.

인육을 먹는 이야기에서 보통 웃음이 터졌는데, 잔인한 장면에서 웃음은 더 크게 울렸다. 이들에게는 식인종 이야기가 현실적이지도 가능하지도 않은 이야기이었던 것 같다. 난치병 여인을 치료하는 대목에서는 두 배로 큰 웃음이 터졌다! 페이튼이 말을 타는 그 유명한 장면에서도 이들은 웃었고, 말에서 내릴 때 이들은 안심하였다.

연사의 오스트레일리아, 즉 '호주'에 관한 설명도 흥미로웠다.

"매우 크고 넓은 나라인데, 그러나 아직 비어있습니다. 이웃집은 오른쪽과 왼쪽에 1마일씩 떨어져 있으며, 마을은 30마일이나 가야 만날 수 있습니다."

그러나 페이튼 선교사의 고생에 관한 이야기가 나오자 모두 연민하는 모습이었다. 먼 거리의 여행, 동료선교사의 죽음, 두 번째 결혼, 다른 선교사와의 귀환, 아니와에서의 노동, 우물 파기, 농장 가꾸기, 교회 목회 등의 이야기였다. 동시에 기쁨도 있었는데, 고생을 통한 선교로 그곳의 많은 원주민이 하나님을 찬양하는 모습이었다.

"시간이 거의 되었습니다."

연사가 말하였고, 청중은 더 듣기를 원하였다. 그녀는 페이튼의 가족과 그의 죽음과 그에 맞는 성경 구절을 짧게 언급하고 마치었다. 그녀는 연단에서 내려와 우리 옆에 앉으면서 말하였다.

"얼마나 이야기했어요? 너무 길었던 것 아니에요? 너무 빨리 말해서 사람들이 잘 못 알아들은 것 같아요."

"한 시간 5분이요."

우리는 웃었다.

"그러나 가치 있는 시간이었습니다."

학생들도 우리와 동의하였다.

"밤새도록 이야기를 들을 수 있습니다."

다음 날, 반에서 우울한 분위기는 사라졌다. 전체 학생 수도 103명이나 되었다. 어젯밤 이야기가 모두에게 신선한 영감을 주었고, 성경반에서 토론의 동기유발이 되었다.

"어젯밤 이야기를 나는 다 말할 수 있어요."

교회의 한 어머니가 말하였다.

"배돈이 간 섬 이름만 다시 말해주세요."

테나 섬과 아이와 섬을 반복하여 말해주었다. 그녀는 몇 번이고 따라 하였다. 우리는 공부하고 있던 베드로서를 함께 암송하자 그녀는 그때야 반복을 멈추었다.

"너희가 이제 여러 가지 시험으로 말미암아 잠깐 근심하게 되지 않을 수 없으나 오히려 크게 기뻐하는 도다."

왓슨 부인.

〔더 크로니클, 1927년 5월 2일, 19-20〕

29. 한 동방 학생의 노력 – 박중한(1)

한 15년 전일이다. 남성 칸 앞쪽 중앙에서 한 청년이 무례한 얼굴로 올려보고 있었다. 한때 한국 관원들의 무도장이었던 기이한 건물이었지만, 지금은 조선의 남쪽 통영교회(선교사들은 당시 대화정 교회를 통영교회로 지칭하고 있음 – 역자 주) 안이었다. 다른 소년들과 함께 있던 그는 한국 소년들이 보통 그렇듯이 버릇이 없는 것 같았다. 그러나 박중한은 다른 아이들과 같지 않았고, 우리가 처음 본 것처럼 예의가 없지도 않았다.

물론 무례하다기보다 그의 검은 눈에서 열정이 타오르는 모습이었다고 해도 될 것이다. 서양인의 빠른 표정 변화에 익숙하여진 우리가 이 젊은 동양인의 가슴에 불이 있었는지 추측이나 할 수 있었을까?

젊은 애국자

그의 조국 조선은 최근에 강대국인 이웃 나라의 손에 들어갔다.

그는 통영 출신인데, 통영은 관헌이 있는 곳으로 그의 부친도 구 관원이었다. 그 관헌에는 조각된 무거운 기둥이 있고, 큰 강당이 있고, 그 위에는 수 세기나 오래된 큰 돌계단이 있다. 이곳은 한국인을 위한 학교로 사용되었다.

중한이 앉아서 공부하던 그곳에 이제는 작은 무리의 기독교인들이 예배도 드린다. 그러나 이제 이곳은 일본인의 학교가 되었고, 일본 아이들이 그곳을 차지하고 있다. 한국인 설교자는 엿듣는 귀 때문에 이제는 설교를 매우 조심히 하고 있는데, 아마도 너무 조심하는 것 같다.

이런 모습을 보는 중한의 눈에는 불길이 타올랐고, 젊은 사람들이 같이 뭉쳐야 한다고 생각하였다. 그는 자기의 도시를 위하여 위대한 일을 한 조상을 생각하였다. 이순신 장군이었다. 가까이 있는 그의 기념관은 자신의 집만큼이나 익숙한 곳이었다. 그는 3백 년 전에 나라의 부름을 받고 신기하고 놀라운 거북선으로 침략하는 일본 군함을 물리친 나라의 영웅이다.

"나도 준비할 것이다. 나의 나라를 위하여 내 생을 바칠 것이다."
중한은 생각하였다.

그는 마른 체격의 청년이었는데 보기보다 나이가 들었고, 자기 학년보다 더 높은 수준의 공부를 하였다. 일본으로 가서 그곳에서 고등학교에 다니거나, 그들이 한국인을 받지 않으면, 미국으로 가 최선을 다해 공부하여 곤경에 빠진 그의 백성을 구하려고 생각하였다!

열정적인 학생

수개월이 지났다. 동경에서 그는 중국인으로 가장하여 상해로 갔다. 그는 얼마나 희망에 차 있었던가! 그런데 그가 미국으로 가기 위하여 기다릴 때, 그가 못하는 중국어가 그를 배신하였다. 감사하던 일본인이 그를 체포하여 고향으로 돌려보냈고, 어떤 이유에서인지 그를 구금까지 하였다!

얼마 후, 그가 다시 교회에 나타났다. 그리고 그에게 자신의 사람들을 도울 기회가 주어졌다. 새 진실한 설교자가 예수를 말할 때, 예수는 의심할 수 없는 훌륭한 교사였다. 그는 이미 서양에 대하여 비판을 하고 있지만, 그 똑똑한 젊은이는 선교사들의 언어 교사였는바, 다음과 같이 말하였다.

"한국의 독립은 아마 서양을 통하여 다시 올 것입니다."

교회는 최소한 계몽을 위한 견해를 보이었다. 그는 교회를 도왔다. 왜 그는 어린아이들을 가르치는가! 그는 자신을 주일학교에 몸 바쳐 헌신하였다. 그는 특별한 열정으로 소년들을 가르쳤고, 음악이 자신의 장기는 아니었지만, 성탄 찬송을 가르쳤다. 성탄 아침 일찍 그는 마음을 다하여 아이들의 노래를 인도하며 선교관 근처로 올라왔다. 그러나 우리가 그들을 따뜻한 집으로 맞아들일 만큼 가까운 거리는 아니었다. 전에도 그들이 예의 있게 하던 일이라 우리는 그들의 찬송을 더 기쁘게 감상하였다.

중한은 영어도 배우고 있었다. 그리고 선교사를 위하여 수개월 일할 기회가 생기자 그는 기꺼이 받아들였다. 봉급을 생각하면 많은 사람이 사양할 일이었다. 어떤 이들은 서양인을 비판하는데, 선교사도 예외는 아니었다. 그러나 그에게는 배울 기회였다! 그는 이 기회가 최고라고 여기었다. 왜 선교사들은 자신의 학교를 떠나 바다 건너 이곳까지 왔을까. 그는 그곳에 가보기를 원하였다. 그곳의 도서관을 보기 원하는 것이다!

그리고 그는 얼마나 열심히 공부하였던가! 영어, 서양 생활, 기독교 결혼의 이상과 노동의 공유, 예수 자신은 어떤 목수였던가. 이 모든 것이 자신의 나라 생활과는 달랐다! 그는 자신이 배운 것을 적용하려고 하였고, 중매쟁이가 신여성 교사를 소개하였을 때 거절하는 흥미 있는 실수를 하였다!

그러나 그가 깊이 있게 배운 것은 여성에 대한 존중이었는데, 동양의 이상에도 불구하고 그 관심은 증가하였다. 노동의 존엄성과 그리고 선교사들에게서 말로 그리고 본보기로 배운 중한은 자신의 백성들도 배워야 한다고 생각하였다.

그 이후, 그는 자신의 남성성경반에서 집에서 아내를 돕는 법을 가르쳤고, 검지의 긴 손톱을 자르고 집안일도 하도록 하였다. 마루를 닦거나, 구석을 청소하거나, 어떤 일이든 말이다. 그를 생각하면 미소가 지어지는 것이 있는데, 선교사 친구가 떠날 때 그는 길에서 항구까지 큰 녹색 상자를 옮겨주곤 하였기 때문이다.

기독교 원칙

그는 지금까지 해왔던 서기의 역할을 그만두었다. 선교사의 마음에는 그때의 일이 생생한 기억이 남아있다. 일본 천황의 생일이었는데, 지방의 일본 당국은 외국 선교사들이 방문하여 이날에 대한 존경을 표해 줄 것을 기대하였다. 선교사는 짧은 메모를 적어 중한에게 전달을 부탁하였다. 그는 주소를 보더니 놀라며 말하였다.

"이게 무엇입니까?"

그에게 말하여주자 그는 덧붙였다.

"그렇다면 저는 전달하지 못하겠습니다. 우리나라를 빼앗은 그에게 축하의 편지를 전해주지 못합니다."

"그러나 이 편지는 너의 것이 아니라 나의 편지이다. 다만 의례적인 행위일 뿐이야."

나는 대답하였다.

그가 그때 그것을 끝까지 거부하였다면 다른 이를 보냈을 텐데, 그는 결국 그곳에 다녀왔다. 그리고 슬픈 모습으로 그의 책상 앞에 앉아 있었다. 선교사는 그에게 다가가 조용히 말을 하였다. 예수의 작은 나라도 조선이 일본 제국 아래에 있는 것처럼 당시 로마 제국의 압제하에 있었다고 말하였다.

"그리고" 그는 덧붙였다. "깊은 종교 심성을 가지고 있는 너의 민족을 믿는다. 우리는 하나님이 더 큰 나라를 위하여 너를 부르셨고, 고통 속에서도 한국교회를 불러 영적인 지도자로 삼으시고 있다는 것을 믿는다. 너의 이름 '조선' 자체가 우리에게는 예언자적이다."

그러자 의자에 앉아 있던 중한이 반응하였다. 조용한 흐느낌이었다. 머리는 책상에 닿아 있었고, 어깨가 들썩였다. 선교사는 조용히 방을 나가며 말하였다.

"그 하나님이 이스라엘을 구원하신 것을 믿는다."

그때부터 중한은 떨리는 마음으로 목회를 위한 공부를 하는 것을 생각하였다. 그러나 선교사의 전 언어 교사이고 지금은 장로인 사람이 하나님의 나라보다 자신의 나라를 먼저 구하려는 유혹에 빠졌고, 다른 이들도 그렇게 하도록 이끌었다. 결국, 중한은 신학을 포기하고 동경에서 법학을 공부하기 시작하였다. 자신의 나라를 위하여 말이다.

왓슨 부인.
〔더 크로니클, 1927년 6월 1일, 17-19〕

*박중한에 관한 경남노회 회록의 기록은 다음과 같다.

"통영 대화정교회 입교인 박중한 씨는 금번 호주 빅토리아성 장로회 신학교에 입학할 청원에 대하여는, 본부에서 신중히 심사하온 바, 허락하심이 좋을 줄 알고 자에 보고 하나이다."

(제25회 경남노회, 1928년 7월 3일, 통영대화정예배당) – 편저자 주

30. 한 동방 학생의 노력 – 박중한(2)

독립운동과 고난

시간이 흘렀다. 비기독교인 친척의 도움으로 박중한은 계속하여 일본에서 공부하였다. 그리고 그는 한 장인 목수의 딸인 기독교인 교사와 큰 희망을 품고 약혼을 하였다. 그리고 얼마 후 한국에서는 독립운동이 일어났다.

통영 읍내의 시장에서 젊은 한국인들이 선동하는 전단을 뿌리며 크게 함성을 질렀다.

"대한독립 만세!"

그 소리가 시장 전체에 울려 퍼졌다. 나이 든 사람이나 어린이들이나 모두 외쳤다. 그 약혼자도 그중에 있었는데 그녀는 주동자 중 한 명이었고, 체포되어 감옥에 갇히었다.

일 년 후 그녀는 출옥하였고, 그들은 결혼하였다. 중한은 여전히 공부하고 있었는데, 그의 애국적인 친구들에게 쓴 실망을 경험하였다. 자신의 아내처럼 나라를 위하여 정직하게 고난을 받은 사람이 있는가 하면, 주동자 중에는 고난보다는 그 와중에 이득을 본 자들

도 있었기 때문이다. 중한에게 영향을 끼친 그 훌륭한 장로는 교회 안에서의 위치뿐만 아니라 애국 친구들에게도 소외를 당하였다.

감옥에서 쇠약해진 중한의 젊은 아내는 살았지만, 몇 개월 못 갔다. 그는 다시 선교사를 찾아왔다.

"목사님, 저는 모든 방법을 다 써보았지만 다 실패하였습니다! 아마 이것은 제가 그리스도를 위한 목회를 해야 한다는 의미인 것 같습니다."

목회의 길로

그는 다시 일본으로 돌아갔다. 대학교육이 아마 더 어려울 때를 위하여 그를 준비시킬 것이었다. 교회 안의 젊은이들은 더는 비기독교인 친구들에게 의지하지 않았다. 그의 장인이 한동안 그를 도왔다. 목수 일도 가르쳤다. 그는 매일 일도 하였다. 신문사에서 일하거나 신문을 팔았고, 열악한 숙소에서 제대로 식사도 못 하였고, 공부는 밤에 하였다. 그리고 결국 외로움과 건강 악화로 그는 다시 한국으로 돌아올 수밖에 없었다.

선교사에게는 서기가 필요하였었는데, 그의 귀환은 섭리였다. 그러나 그는 망설였다.

"저의 어머니가 술집과 관련되어 말들이 있습니다. 제가 다시 서기가 되면 교회 사람들은 비난할 것입니다."

그러나 그는 결국 우리의 제안을 승낙하였고, 자신의 모친이 학교의 청소부로 일하도록 하였다. 그리고 그는 시간이 날 때마다 어머니를 도와 마루와 구석 청소 등 마다하지 않고 일을 하였다.

해외에서 온 백인 선교사에게 외롭고 스트레스의 시간에 중한은 좋은 친구였다. 시간은 변하고 있었다. 매일, 매달, 매년의 일본군 징

집은 한국 청년들에게 열려있었다. 만세운동 후에 있던 엄격한 검열은 조금 누그러지고 있어 신문과 잡지들이 여기저기 한국어로 생겨나고 있었다. 이 모든 상황을 한국 청년들은 지켜보고 있었고, 우리의 서기도 마찬가지여서 그를 통하여 우리는 뉴스를 접하기도 하였다!

그러나 한국 청년들도 읽고 있었다. 수많은 동방의 비평, 우리 영국에서 오는 뉴스의 번역물, 서양의 정의와 부정의, 그리고 스캔들과 범죄의 소식이다. 선교사들은 더는 자기 나라에서만큼 좋은 평판을 받지 못하였다. 중한은 서양인과 너무 가깝다는 이유로 비판을 받고 있었다.

다정한 친구

그럼에도 외로운 선교사에게 그는 이상적인 친구였다. 열정 있는 이 젊은 학생은 영어도 하고, 역사, 법률, 신학, 헬라어의 지식뿐만 아니라 더 배우려는 태도도 있었다. 얼마나 그는 도움이 되었던가! 일에서도, 휴식할 때에도 그리고 아플 때도 말이다.

한동안 그는 이 지역의 전도인으로 일을 하였는데, 해안의 거칠고 위험하고 불편한 환경을 개의치 않았다. 또한, 학교에서 부를 때면 달려와 그의 특별한 보호 아래 교회의 소년들을 신실하게 가르쳤다. 교회의 진보적인 청년들이, 때로 그를 비판하면서도 다음과 같이 말하였다.

"박중한은 우리 지역의 몇 안 되는 촉망 있는 젊은 지도자입니다."

그의 이상한 노동 습관에 그들은 조롱하였지만, 사실은 그를 존경하였다.

그러나 그가 가장 비판을 많이 받는 대목은 그의 여성관이다. 각 지역에 많은 여성이 감옥에 있는 이곳 상황의 이해가 필요하다. 그 중에 한 여성이 그의 친척이었다. 그녀는 좀 더 나은 생활을 하기 원한다고 하였고, 중한은 선교사 친구들의 예를 따라 그녀를 구명하려 하였다. 그러나 그것은 순진한 생각이었고, 불가능하였다. 중한은 실패하였고, 실패만 한 것이 아니라 죄인의 여성을 위하여 노력하였다는 이유로 많은 비판에 직면하였다. 그의 모친조차도 그를 탕자라고 하였다. 그는 창백한 얼굴로 교회의 징계를 받아들였다.

다시 서기 일을 조용히 해야 하는 그는 동요되어 있었다.

"무슨 일인지 말해 보세요."

그에게 물었다.

"목사님. 기독교는 실패입니다. 목사님의 나라에서도 실패하였다고 저는 읽고 들었습니다. 그곳에도 같은 악마가 있습니다. 여기에서도 실패하였습니다. 그 작은 여성이 자신의 가난한 환경으로 인하여 지금의 어려움에 부닥쳐있습니다. 큰돈이 없이는 그녀를 자유롭게 할 수 없습니다. 나는 나의 일을 그만두고, 기독교도 포기하고, 사회주의자가 되어야 하겠습니다."

그의 가슴 속에 있는 폭풍은 휘몰아쳤다.

선교사는 다정하게 그의 아픈 가슴을 보듬으며 이성적으로 대답하였다.

"기독교는 아직 서양에서 제대로 적용되지 못하였습니다. 악마가 그곳에도 물론 있습니다. 사회주의 나라에서도 지울 수 없는 악마. 단순히 환경만 바꾸는 것이 아니라 사람들의 마음속에 변화가 있어야만 가능합니다. 하나님의 은혜로만 고쳐질 수 있습니다."

현재 이들은 다가올 성경반을 위하여 로마서를 함께 준비하고 있다.

"내가 복음을 부끄러워하지 아니하노니 이 복음은 모든 믿는 자에게 구원을 주시는 하나님의 능력이 됨이라."

첫 장부터 그들은 깊은 토론을 하였고, 새로운 비전과 이해를 추구하였다. 그리고 예수 안에서만이 마음의 평안을 누린다는 희망을 확인하였다.

애국 기독교인

지금 학교에 한 소녀가 있는데, 비극적인 삶을 살게 되었다. 외부의 영향에도 불구하고 그녀는 기독교 신자와 결혼하기를 강하게 희망하였다. 그래서 교회의 한 교인과 결혼하였는데, 나중에 알고 보니 그는 이미 아내가 있는 남성이었다. 그는 교회의 명단에서 제적되었다.

한국의 상황에 따르면 그녀는 그럼에도 불구하고 자신의 남편을 따라야 하였다. 그러나 그녀의 기독교적 양심은 그것을 허락하지 않았다. 그녀는 자신의 사람들에게로 돌아왔고, 어려운 환경에서도 공부를 계속하였다. 그리고 교사가 되었다.

그녀의 불행은 중한의 기사도적인 마음을 움직였다. 그녀의 조용하고 안정적인 얼굴의 매력은 또 다른 이야기였다. 그의 대부분 한국인 친구들은 말렸으나, 그는 왜 안 되는지 이유를 찾을 수 없었다. 결국 그는 그녀와 결혼하였다. 둘 다 순례의 도상에 있는 '시련으로 단련된 정금'과 같은 영혼들이었다.

자신의 집 근처에 있는 이순신 기념관을 보고, 그를 기억하는 것은 자신의 나라를 위해 헌신하도록 영감을 받는 일이었다. 이제는 그곳에 더 큰 교회당이 생겼다. 교인들도 많이 늘었다. 그리고 좀 더 자유롭게 말할 수 있는 환경이 되었다. 일본이 또 다른 독립운동을 원치 않았기 때문이다.

2년 전, 나이 들고 선한 한국인 목사는 모세에 관하여 설교를 하였다.

"모세를 본받으세요. 여러분들의 나라를 사랑하고, 여러분의 민족을 사랑하세요."

그는 두세 명이 짝을 지어 기도하도록 하였다. 그때 중한의 갈라진 기도하는 목소리가 들렸다.

"오 주님, 우리가 진정한 나라 사랑을 위하여 기도하오니 응답하소서. 그러나 우리의 적도 사랑할 수 있게 도와주소서."

'변하지 않는 동방'의 얼굴 위에 변화의 바람이 불어왔다. 전에 지도자였던 사람들이 이제는 더 이상 지도자가 아니었다. 중한과 같은 젊은 사람들은 새길을 찾고 있다. 그는 개척자가 될 것이다. 아니면 지도자? 그럴 수도 있고 아닐 수도 있다. 섬김의 부름이 더 클 때 지도력을 너무 강조할 수 없다. 중한은 우리와 같이 '섬기는 자' 중의 한 사람일 뿐이다.

왓슨 부인.
(더 크로니클, 1927년 6월 1일, 19-20)

*박중한은 동경에서 유학하다가 돌아와 통영의 진명학교에서 교편을 잡았고, 그 후에 호주가 아닌 미국 뉴욕에 있는 오번대학교에서 공부하고 목사가 되어 애국 활동을 하였다. 광복 후 그는 민선 통영 군수를 지내었고, 후에 국회의원이 되었다. 한국 정부는 그의 공훈을 기려 2007년에 건국포장을 추서하였다. - 편집자 주

31. 한국인을 향한 선교사의 태도

현재 한국의 상황은 10년 전이나 15년 전과는 크게 다르다. 새롭고 역동적인 생각들이 최근에 한국 사회를 휩쓸었고, 그 이후 사람들은 이때를 기준으로 두 개의 세상으로 나눈다. 조용한 아침의 나라라는 이름의 온화한 세상과 비교하여 지금은 옛것이 아직 생존해 있지만 가장 격렬한 곳으로 말이다. 그리고 새로운 세대의 선교사들이 가장 활력 있고 성공적으로 교회의 일을 감당하고 있다.

아무도 돌아가기 원치 않는 태고의 그 날에 우리 선교사 공의회는 한국인들을 향한 선교사들의 태도를 논의하였었다. 이것은 선교사가 중심이 된 논의였다. 그러나 큰 변화가 있었던 후로 한국인들은 스스로 자신들의 생활을 영위하므로 그 질문은 더는 맞지 않았다. 오히려 선교사에 대한 한국인들의 태도가 중심 질문이 되었던 것이다.

그리고 이 변화는 단순한 말장난이 아니라 더 큰 심오한 의미를 담고 있다. 내가 제안한 대로 지금 세상에서 가장 큰 운동 중의 하나로, 유럽을 휩쓴 15세기 16세기 운동처럼, 위대한 새 민족이 탄생하고 있다는 것이 확실하다. 이들이 장차 성숙하면 전체 세상의 삶을 결정할 요소가 될 것이다.

40년 전에 루스벨트가 한 놀라운 선언을 다시 상기한다. 그는 말하기를 콜럼버스가 미국을 발견하므로 중세시대는 지나갔다고 하였다. 대서양 시대도 가장 높이 오를 만큼 발전하였다. 그중에 가장 위대한 태평양 시대가 이제 그 서막을 열고 있다. 역사 사건의 날카로운 관찰자는 세상의 문명과 권세는 서쪽 방향으로 흐르고 있는 것을 보고 있다. 인류의 발생지인 서아시아부터 지중해를 거쳐, 대서양의 동쪽 해변 국가들이었다.

지금은 태평양 바닷가 민족들의 생활이 생동감 있게 움직이고 있다. 이 이론에 대하여 여러분이 어떻게 생각을 하던, 극동의 이 지역에서 사람들의 삶이 용솟음치는 것을 부인할 수 없다. 매일 이들은 자유와 계몽과 권세와 자결의 새날을 구하고 있는데, 과거에 이들이 가지고 있던 것과는 전혀 다른 것이다.

인도, 중국, 일본 그리고 새 한국은 이 사회적이고, 지성적이고, 정치적이고, 종교적인 소요를 공유하고 있으며, 우리의 일에 힘 있게 반응한다. 그 인과를 고려해보는 것은 이 땅에서 하나님 나라의 진보를 위하여 일하는 사람들에게는 매우 중요한 것이다.

한국의 새 환경에서 어떤 복잡한 어려움이 일어날지라도 나는 다음과 같이 제안한다. 우리를 낙담케 하거나 이미 지나가 버린 한국의 옛 모습에 한숨짓는 그 어떤 것도 정당화될 수 없다. 우리는 이 민족을 위한 하나님의 영이 끊임없는 변화와 재창조를 통하여 이 모든 것을 운행하고 계신다는 것을 믿는다.

이것은 우리 세상의 혼돈과 재앙 속에서 역사하시는 전능하신 하나님의 능력이며, 인간들의 딸과 아들의 환경에 맞는 질서 있는 아름다움을 위한 것임을 믿는다. 동방의 혼돈에서부터 새 세상을 창조하시고, 정의로운 개인, 사회 그리고 영적인 것을 위함이다. 한국에서의 이러한 하나님의 비전은 그 어느 때 보다 더 시급한데, 여러 곳에서 어려움이 증폭되고 있기 때문이다….

나는 한국 사람들이 근본적으로 종교적인 사람들이라는 확신이 있다. 오랜 세월 동안 이들은 신의 존재를 찾아왔고, 예수 그리스도를 통하여 계시가 된 그분에게 훌륭하게 응답하여 왔다. 그리고 이들 후손도 어려운 환경 속에서 하나님께 귀 기울이며 종교에 진실한 조상들을 계승하고 있다. 오늘날 이들을 예수 앞에 데리고 오는 것보다 더 큰 일은 없다.

예수 안에서 이들은 사회생활 변화의 어려움을 극복할 방법을 찾을 것이고, 경제 부정의를 개혁할 방법을 찾을 것이다. 그분의 영 안에서만이 옛 정치적 왕국의 회복이 아닌 더 위대한 운명을 찾을 것이다. 그분 안에서만이 그들은 영원한 생명을 얻을 것이다. 그리스도는 한국이 필요하고, 한국은 그리스도가 필요하다.

로버트 왓슨.

〔더 크로니클, 1928년 3월 1일, 13-16〕

32. 왓슨 부부에 관한 찬사

지난 6월의 호주선교사 공의회 모임에서 왓슨 부부의 사표와 관련하여 다음과 같은 기록을 낭독하고 채택하였다.

"우리 공의회는 왓슨 부부가 선교현장으로부터 사표를 내기로 결정하였다는 소식을 듣고, 매우 깊은 아쉬움과 개인적인 상실감이 있다. 왓슨은 이 나라에 18년 전에 왔으며, 지금까지 그는 선교를 위하여 자신을 아낌없이 내어 주었다. 그는 이곳에서 많은 교회를 다녔는바, 가는 곳마다 특별한 방법으로 사람들의 애정을 받았다.

많은 사람이 그를 믿음의 아버지로 의지하였으며, 그가 뿌리 씨앗의 열매는 마지막 날 생명의 책이 열릴 때까지도 다 거두지 못할 것을 확신한다. 공의회의 서기로 섬겼던 그에게 우리가 어떤 빚을 지고 있는지 말고 다하지 못한다. 그는 능률적이고 행복한 사람이며, 우리가 그에게 진 빚을 어떻게 다 갚아야 할지 모르겠다.

왓슨은 우리 모두와 개개인에게 진정한 친구였으며, 본보기였으며, 우리 주님의 영을 그로부터 볼 수 있었다.

왓슨 부인은 그녀가 이 땅에 온 후부터 교회의 여성과 소년과 소녀와 함께하는 사역에 전적으로 동참하였다. 그녀는 예수 그리스도의 사랑을 깊이 알 수 있는 수단이었다. 그녀의 생생하고 아름다운 글과 비탄에 빠진 약자들을 위한 지칠 줄 모르는 노동으로 우리를 크게 도왔다.

왓슨 부인이 완전한 건강을 회복하도록 우리는 진심으로 기도하며, 고향에서도 왓슨 부부는 우리 주님의 사역을 위하여 쓰임 받기를 원한다. 왓슨 부부와 데이비드가 고향으로 가 아들 둘과 재회할 때 우리의 사랑과 축복이 함께할 것이며, 그들의 이름은 우리 모두의 가슴에 남을 것이다."

[더 레코드, Vol 15, 1928, 70-71]

33. 행복한 바울

한국의 농촌에 힘이 센 한 농부가 있었다. 그는 황소같이 밭을 갈았고, 자신의 밭에서 나온 것들을 지게에 지고 다녔다. 그러나 그에게 불행이 찾아와 몸에 마비가 왔고, 그로 인하여 가난하고 약하고 비참하게 되었다.

그 후, 그의 인생은 어두웠다. 자신의 가난한 가정에 짐이 되었고, 자신의 처지를 비관하여 극단적인 시도도 여러 번 하였다. 그러나 자신 마음속의 소리가 계속 들렸다.

"너의 인생은 실패야. 왜 죽는 것도 그렇게 하려고 해?"

마침내 그는 복된 소식을 들었고, 그리스도가 그에게 찾아와 그의 다친 젊은 마음에 희망을 주었다. 그는 자신의 식사 문제도 스스로 해결할 수 없었지만, 자신의 친구들에게 복음을 가르치는 선생이 되었다. 그는 거의 바다로 둘러싸인 자신의 작은 집을 나가지 않았지만, 남성과 여성들은 사방팔방에서 그에게로 왔다.

특별한 어느 날, 누가 그를 교회로 데리고 왔다. 1마일 이상 떨어진 거친 언덕길을 충실한 조카의 등에 업혀 온 것이다. 그는 앉을 수 없었기에, 반쯤 누워 예배를 드렸다. 그는 간증하였고, 사람들은 그의 이야기를 들었다. 교인들은 행복하고 평화로운 그의 얼굴 표정을 놀랍게 지켜보았다. 그들은 그의 간증을 들으며 큰 은혜를 받았다.

교인들은 그를 바울이라 불렀다. 오래된 초가지붕의 교회 안에 그의 팔에 기댄 사람은 요한이었던 것 같다. 바울이든 요한이든, 이 섬마을 사람들에게 그는 좋은 선물이었다.

섬의 다른 주민들과 마찬가지로 그의 집은 가난하고, 말린 물고기와 고구마를 먹고 산다. 한국의 다른 곳에서 보는 교인들처럼 섬의 교인들도 강하고 원기 왕성하였다. 왜냐하면, 그들 대부분은 기독교인들이었고, 그것은 바울의 영향이 있었기 때문이었다.

여전히 그에게 어두운 날이 찾아오지만, 그는 신앙의 위로로 사람들을 만나고 있다. 욕지 섬에서 그는 가장 행복한 사람이다.

(더 크로니클, 1931년 6월 1일, 15-16)

34. 열쇠를 가진 부인

플로렌스 나이팅게일은 '등불을 든 여인'으로 알려져 있다. 진주 배돈병원의 수간호사 네피어는 그녀를 신뢰하는 우리에게 '열쇠를 가진 부인'으로 알려져 있다. 그녀는 열쇠를 지니고 다님으로 언제든지 위급한 상황에 효율적으로 대처할 수 있다.

네피어는 나를 몇 번 간호해 준 적이 있다. 그녀는 자신이 아플 적에도 병상에서 일어나 할 일을 하고, 다시 침대에 누워 휴식을 취하기도 하였다. 그녀는 '자기 건망증'이 있는 것 같다.

한국인들이 말하는 대로 그녀는 항상 '보기 좋소'이었다. 아기를 보고 좋아하는 모습을 보거나, 사람들에게 격려의 편지를 쓰거나, 음식을 주문하거나, 옷을 만들거나, 책을 읽거나, 환자들과 노는 모습을 보면 정말 보기 좋았다. (여기에서 제안하기를 좋은 책 한 권을 그녀에게 보내주자.)

네피어는 얼마나 철저하고 게으른 것을 싫어하였던가. 그러나 그녀는 동정심이 깊었다!

"얼마나 힘드세요?"

환자들 관점에서 항상 그녀는 말하였다.

"이 일을 위해 당신은 꼭 적합한 사람입니다." 혹은 "일을 참 잘하였어요."

그녀는 한국인 간호사들에게도 용기를 주었다. 다른 사람들에 관하여는 이렇게 말하곤 하였다.

"그녀는 정치를 잘해요. 그는 일을 계속하여 하고 있어요."

스코틀랜드인으로 그녀의 악센트는 스코틀랜드인이 아닌 우리에게도 매력이 있었다. 그녀와 함께 웃는 것은 얼마나 즐거운 일이었던가. 자기 자신에 관하여 웃어넘길 때도 말이다.

네피어는 때로 우리를 방문하기도 하였다. 한번은 휴가차 그녀가 우리에게 왔는데 당시 창궐하고 있던 콜레라에 대하여 장시간 강의를 하였다. 또한, 자기 건망증 속에 훈련도 안 된 조수 두 명을 데리고, 사람들이 죽어가고 있는 시골로 들어가기도 하였다. 그중에 한 조수는 그녀에 대하여 다음과 같이 말하였다.

"그녀는 남자와 같아요. 정말 일을 잘해요."

물론 칭찬이었다. 그러나 사실 그녀는 배돈병원에서 일을 가장 잘하였다. 매달 천 명의 환자들을 돌보는데, 그중에는 말도 할 수 없이 불쾌한 사람들도 있다. 물론 그녀는 그들 모두를 상대할 수는 없지만 가능한 한 최선을 다하고 있다. 그녀는 자신의 간호사들을 통하여 주로 일을 하였고, 간호사 훈련에 큰 관심을 가졌다! 그녀는 그들을 자랑스럽게 여겼다. 건강한 영으로 일을 잘하니 말이다.

네피어는 병원의 전도부인에 특히 관심을 두고 있었다. 전도부인은 주사를 놓기도 하였는데 네피어는 그녀에 대하여 다음과 같이 말하기도 하였다.

"달구 엄마는 잘하고 있어요. 그녀의 마음이 넓어졌고, 자신만 옳다고 하는 고집이 없어지고 있어요. 아기 보건에 관하여 관심을 두는 한 마을의 어머니들과 이번 목요일 대화를 나누기로 했대요."

네피어는 많은 일을 감당하고 있었는데, 자신이 스스로 자처한 것도 있다. 이렇게 큰 병원에서는 그러나 할 일이 많은 것이 사실이다. 많은 경우 비극적이거나 슬픈 일이 병원에서 일어난다. 그녀는 말하곤 하였다.

"의사들은 자신들의 정신이 어디에 있는지 잘 모른다. 선교사들도 같은 모습인데, 간호사들은 더욱 그렇다."

그러나 네피어의 최고 장점은 능률은 아니었다. 사람을 위로하는 자신만의 방법이었다.

"당신의 고통에는 의미가 있습니다. 특별한 일을 위하여 당신은 단련을 받고 있는 것입니다."

그녀는 우리에게 위로의 아들, 바나바를 생각나게 한다.

요즈음 염려되는 시간을 보내고 있는 호주선교사 중에 그녀는 훌륭한 선교사이다. 그녀는 동료선교사들에게 다음과 같이 쓰고 있다.

"그들은 나에게 군인을 생각나게 한다. 맹공격하고 있는바, 자신들의 대장, 즉 주님을 신뢰하고 기다리고 있기 때문이다."

한국인들을 위한 고귀하고 열매 맺는 그들의 사역을 우리가 돕고, 지금 당장 어렵다고 그들을 현장에서 철수시킬 수 있겠는가?

왓슨 부인.
[더 크로니클, 1931년 11월 2일, 9]

35. 왓슨 부인의 부고 소식

수년 동안 병고 속에 있던 왓슨 부인이 안식을 위하여 소천하였다는 소식을 들은 우리는 그녀가 한국에서 헌신하였을 때를 기억한다. 그녀는 함께 헌신하였던 남편의 진정한 조력자였다.

특히 그녀가 그곳의 사역에 관하여 쓴 훌륭한 편지들은 복음적이고 문학적인 매력을 담은 내용이었는데, 그녀의 뛰어난 대학 수준을 말해준다.

사랑과 감사로 그녀를 기억하는 사람들이 많으며, 지금은 그녀의 남편과 아이들에게 신실한 애도를 전한다.

[더 크로니클, 1935년 5월 1일, 2]

36. 호주선교사 공의회의 기록

공의회는 다음의 기록을 왓슨 목사에게 전달하도록 동의하였다.

우리의 친구이자 동역자였던 왓슨 부인이 호주에서 사망하였다
는 슬픈 소식을 접하였다. 왓슨 부인은 수년을 한국을 위하여 봉사
하였다. 그리고 건강상의 이유로 은퇴하였으며, 그곳에서 병으로 인
하여 많은 고통을 겪었다. 그녀는 이제 안식에 들어갔다. 왓슨 목사
와 그의 아들들에게 우리의 사랑의 위로를 전하며, 그들을 위하여
기도한다.

[더 레코드, Vol 22, 1935, 8]

37. 로버트 왓슨 추모사

1928년 로버트 왓슨은 선교현장으로부터 은퇴하였음에도, 그는
오랜 기간 선교사였다. 교회의 전 세계적 선교에 대한 그의 관심은

진심이었고, 이 페이지에 그의 추모사를 올리는 것은 적절하다.

왓슨은 멜버른 신학교에서 학업을 우수하게 졸업하고, 1910년 청년친교연합회의 대표로 한국으로 파송되었다. 그 먼 곳에서, 그는 자신이 일하는 곳에서 사려 깊고, 지혜롭고, 그리고 스스로 잊어버리는 진정한 선교사가 되었다.

선교지에서 은퇴할 수밖에 없었던 그 이후로, 그는 스트레탐, 리치몬드, 냐 웨스트 그리고 브롱스홈에서 매우 은혜로운 목회를 하였다. 한국에서의 그의 마지막 임기 전에는 미아 미아에서 일하기도 하였다.

그는 심장에 문제가 있었는바, 때로 교회 사역을 중지해야 하는지 고민하기도 하였다. 실제로 그는 노회에 브롱스홈교회에서 오래 있을 수 있을지 모르겠다고 보고하였다. 그러나 그는 사표를 내지 않았고, 끝까지 영향력 있는 목회를 이어갔다.

지난 몇 주 동안 그는 자신의 셋째 아들 데이비드와 가까이 지냈다. 데이비드는 다른 두 의사 형제의 길을 따라 의과 5학년에 재직 중이다.

지난 2월 4일 수요일, 우체국에서 그의 목사관으로 몇 번 전화했는데도 응답이 없자 직원이 그를 방문하였고, 그곳에 왓슨이 운명한 것을 발견하였다. 그다음 날, 장례예배와 그의 무덤에 많은 사람이 참석하였다. 총회장과 노회의 지도자들이 참석하였고, 해외선교부 총무와 외부인들도 참석하였는바, 좋은 남성이고 그리스도교회의 진실한 목사로 존경을 받았음이 널리 인식되고 있었다.

그리고 2월 15일 주일, 왓슨을 위한 두 번의 기념예배가 브롱스홈교회 주관으로 있었다. 해외선교위원회 대표로 노블 맥켄지 목사가 초청을 받아 설교하였다. 그리고 당일 리치몬드에서 있었던 추모예배에는 해외선교부 총무가 참석하였다.

우리의 친구는 가난한 사람이었지만 많은 사람을 부하게 하였다고 진실하게 말할 수 있다. 그는 이 세상의 물질 속에서는 가난하였다. 그러나 그가 많은 수입이 있었다고 할지라도, 그는 여전히 가난하였을 것이다. 그는 심령이 가난한 자였다. 그러나 아무도 그에게 영적으로 가난하였다고 말할 수 없다. 그는 생활 속의 '소유'와 불필요함에서 가난하였으나, 그러나 실제로는 부자였다.

왓슨은 삶의 가치와 그 본질에 대하여 분명하였다. 그의 시각은 옳았다. 그는 하나님을 진실하게 보았기에 삶도 진실하게 여겼다. 그는 매우 겸손하였고, 매우 진실하였다. 그가 큰 슬픔을 이겨내었기에, 사랑과 이해도 그만큼 깊었다. 이제 슬픔은 모두 사라졌다.

이러한 이유로 그는 사람들을 부하게 하였고, 그는 자기 자신을 기꺼이 드렸다. 그의 가족, 한국인들, 호주인들, 그리고 그의 동역자들 모두 그의 선함을 알고 있다. 그들은 그의 훌륭한 설교와 현명한 조언과 그리고 풍성한 사랑으로 인하여 부하게 되었다. 그의 풍성한 은사로 인하여 우리는 하나님께 감사드린다.

[더 크로니클, 1942년 3월 2일, 15]

〔5〕
호주선교사 마가렛 알렉산더

〔6〕
마가렛 알렉산더의 보고서

마가렛 알렉산더(Margaret Alexander, 1886-1967)

〔5〕
호주선교사 마가렛 알렉산더

　마가렛 알렉산더(한국명: 안진주)의 사진이 1911년 1월 더 크로니클 선교지에 실리고 있다. 1910년은 빅토리아여선교연합회에 중요한 한 해였는바, 여러 명의 주요 여성 선교사들을 뉴 헤브리디스와 한국에 파송하고 있었기 때문이다. 그 연장선에서 그리고 총회의 전진 정책으로 1910년 9월 20일 알렉산더는 이다 맥피와 함께 한국 선교사로 승인을 받았다.

　알렉산더는 목사의 딸로 목사관에서 자랐다. 그녀는 5명의 딸 중 차녀로, 어릴 때부터 목사관을 방문하는 선교사들을 만났고, 그들의 이야기를 들으며 자랐다. 부친인 윌리엄 알렉산더 목사는 1913년 빅토리아장로회 총회장으로 일하기도 하였다. 그녀의 어머니 제인은 빅토리아여선교연합회 임원으로 봉사하기도 하였고, 부회장까지 역임하는 등 연합회 활동에 적극적인 여성이었기에 널리 알려져 있는 인물이었다.

> "그녀는 이때부터 자신을 그리스도에게 드렸고, 자신의 삶을 헌신하기로 하였다. 그녀는 그 일을 위하여 참을성 있게 공부를 하였고, 부름이 오자 준비되어 있었다." (더 크로니클, 1911년 1월 2일, 2)

알렉산더는 프레스비테리안 레이디스 칼리지에서 장학금을 받았고, 아주 젊었을 때 대학교에 입학하여 영어를 전공하여 1학년 우등을 하였다. 마침내 그녀는 유치원교사가 되기 위한 훈련을 받았고, 디플로마를 성취하였다. 그리고 북멜버른에서 유치원을 운영하기도 하였다. 그리고 또한 디커니스훈련원에서 선교 과정을 마쳤다.

> "우리가 알렉산더를 한국의 선교사로 파송하면서, 정직하고 봉헌된 사람을 보낸다고 생각한다. 그녀의 오직 한 가지 목적은 한국의 여성들을 그리스도께 인도하는 것이다. 우리는 우리의 기도로 그녀를 따라갈 것이다." (앞의 책, 2)

알렉산더의 파송식은 총회의 로란드 목사, 로스 목사, 여선교연합회의 하퍼 여사 등이 인도하였고, 그 어느 때보다도 많은 사람이 참석하여 그녀를 위하여 기도하였다.

순회전도자로 임명

알렉산더는 1911년 2월 한국에 도착하였다. 그리고 호주선교사공의회에는 그녀를 부산진에 주둔하는 순회전도자로 승인하였다. 당시 부산선교부에는 베테랑 순회전도자 무어가 있었고, 멘지스, 데이비스 등 알렉산더가 의지할 수 있는 여선교사들이 있었다. 그녀는 먼저 한국어를 배우기 시작하였고, 부산진교회에 출석하며 적응하기 시작하였다.

알렉산더는 무어가 시골에서 성경반을 인도할 때 데이비스와 그곳을 방문하기도 하였다.

"우리의 '짐꾼'은 우리보다 먼저 출발하였지만, 우리가 이제는 따라 잡았고, 그가 매우 필요한 구간이었다. 우리가 시냇물에 다다랐는데, 징검다리가 모두 물에 잠겨있었다. 우리는 다른 방법이 없었다. 이곳에서 하는 대로 '업혀서' 건널 수밖에 없었다. 다른 시냇물도 있었지만 건널 수 있는 편이었는데, 물속의 자갈을 잘못 밟아 넘어지기도 하였다." (더 크로니클, 1911년 6월 1일, 6)

알렉산더는 순회 전도의 성격을 조금씩 배우고 있었고, 그 고단함이 무엇인지 체험하고 있었다.

그러나 알렉산더는 아직 교회와 학교의 일에 집중하고 있었다. 특히 미우라학원 즉 일신여학교와 미우라고아원이 새집으로 이사하게 되었는데, 이사하는 날의 모습을 소상히 전하고 있다.

"예전 집의 보통 이름은 '아랫집'이어서 보이는 것이 담벼락밖에 없었다. 그러나 이 집은 높은 곳에 자리하고 있어 부산진 마을과 주변의 언덕과 들, 그리고 부산포와 영도까지 다 포함된 아름다운 전경을 가질 수 있다. 새집은 높은 곳에 있어 이웃들도 많지 않았고, 담을 높게 쌓을 필요도 없었다. 그러므로 마루에서 많은 것을 볼 수 있었다."

알렉산더는 계속하여 다음과 같은 의미심장한 말을 쓰고 있다.

"'옛 질서는 변하였다.' 멘지스, 무어 그리고 브라운이 살며 일하던 원래의 집은 이제 사라졌다. 낮고 청결하지 못한 그 오두막집의 정신을 우리는 존경하지만, 그러나 지금은 그런 시험이 필요치 않았고 그것으로 인하여 우리는 기뻐하였다." (더 크로니클, 1912년 6월 1일, 4)

새집으로의 이사는 단순히 새 건물로 들어가는 것만이 아니라, 선교사들 간에 새 시대가 온 것을 상징적으로 의미하였다.

그다음 해인 1913년, 알렉산더는 일신여학교 고등과를 졸업한 첫 여학생 4명의 감사편지를 빅토리아장로교 총회 해외선교부로 보내고 있다. 이 편지 안에는 그 여학생들의 사진도 포함되어 있었는데, 문순검, 양귀암, 방순달 그리고 박덕술이었다. 그중 우등생인 양귀암(양한나)은 맥피를 돕기 위하여 마산포로 갔다고 하였다.

손가락 치료

1916년 초, 빅토리아여선교연합회 임원회는 알렉산더의 건강을 염려하며, 그녀에게 조금 일찍 휴가를 보내도록 제안하고 있다. 마침 4월 라이얼 부부가 호주로 입국을 하는데 그들과 함께 가도록 만장일치로 추천한 것이다.

알렉산더는 그동안 시골교회 성경반을 도우면서, 부산진교회 주일학교 여성반을 책임 맡았고, 데이비스가 휴가를 떠나자 일신여학교 교장직을 수행하였다. 또한, 교사들을 위한 공과준비반과 여성경학원에서도 일하였다. 한국에 입국한 지 이제 5년이 조금 지났는데, 그녀는 많은 일을 하고 있었다.

호주에 입국한 알렉산더는 먼저 건강검진을 받았다. 의사는 빅토리아여선교연합회에 그녀가 당분간 아무 일도 하지 않고 쉴 수 있도록 하라고 권고하였다. 그리고 8월 16일 3시, 총회 회관에서 알렉산더와 라이얼 부부 등을 환영하는 모임이 있었다.

빅토리아여선교연합회는 매년 연례회의와 선교대회를 주관하였는데, 1917년에는 5월 31일에 열렸다. 이 자리에 알렉산더가 연사로 등장하였다. 건강이 많이 나아졌던 것이다. 그녀의 연설 주제는

'선교사역의 기쁨'이었다.

> "그녀는(알렉산더) 순회 전도에 대하여 말하면서, 시골 풍경의 아름다움, 길가에서의 전도, 전도부인과의 상호관계, 환영하는 마을의 친구들 등이 선교사역의 기쁨이라고 하였다….
> 성경반이 마칠 무렵 학생들의 간증 시간이 있었다. 두 명의 여성은 이제는 곰방대 담배를 피우지 않는다고 간증하였다. 한 여성은 6개월 전에 아들을 잃었는데, 너무 화가 나 수개월 동안 교회를 오지 않았다고 한다. 그러나 그녀는 그것이 잘못된 것임을 알고 있었고, 이번 성경반에 나와 간증하였다. '여러분. 나는 나의 독자를 기쁘게 아버지께 드렸습니다.'" (더 크로니클, 1917년 7월 2일, 5)

그러나 알렉산더의 손가락은 계속 라듐 치료가 필요하였고, 의사는 좀 더 호주에 머물기를 제안하였다. 여선교연합회는 그녀의 휴가를 6개월 더 연장하였다. 그리고 그 후, 의사의 또 한 번의 권고대로 6개월을 더 연장하였는데, 이번에는 봉급을 받지 않는 무급휴가였다.

1918년 초, 휴가차 혹은 임시로 호주로 돌아오는 선교사가 많아짐에 따라 부산경남의 선교지에 일꾼이 부족해지고 있었다. 여선교연합회는 알렉산더에 대해 또 한 번의 의사 소견을 받았는데, 이번에는 긍정적이었다.

> "알렉산더는 새 치료법으로 손가락을 치료받았으며, 이것이 성공적이었다. 의사는 그 후에 그녀의 손가락이 다 나았다고 선언하였다." (더 크로니클, 1918년 3월 1일, 1)

알렉산더도 거의 2년 동안의 휴가를 마치고 한국으로 복귀하기로 동의하였다. 그녀는 2월 20일 기차로 시드니까지 가 그곳에서 배를 타고 한국으로 향하였다. 그녀가 돌아간다는 전보도 한국에 보내었다.

통영으로 이전하다

1918년 마산포에서 열린 호주선교사 공의회 연례회에서 알렉산더를 부산에서 통영으로 이전시키고 있다. 통영의 왓슨 부부가 휴가를 맞아 호주로 떠나자 그 책임을 대신하게 된 것이다. 당시 통영선교부에는 테일러 부부만 남아 있었다. 알렉산더는 통영선교부의 학교와 순회 전도를 책임 맡았다.

당시 통영에 유치원이 운영되고 있었는데, 스키너가 후에 쓴 보고서를 보면 알렉산더가 진명유치원을 세우는데 주요 역할을 하고 있다.

> "20여 년 전 캠벨 선교사와 알렉산더 선교사가 막 도착한 일꾼들의 '도움'을 받아 유치원을 설립하는 것이 가치 있겠다고 생각하였고, 무관심한 마음들을 인내심과 사랑의 노동으로 설득하였다…. 유치원 사역은 대단한 사역이었다." (스키너, 68)

알렉산더는 또한 통영의 원조 선교사 무어를 떠나보내는 환송예배에 참석하는 특권을 가질 수 있었다.

> "한국인들은 깊게 슬퍼하고 있지만, 웃음은 항상 눈물과 가까이 있다. 선물은 받은 무어는 감사와 사랑을 전하였고, 사람들의 얼굴에

는 다시 미소가 돌아왔다. 음료수와 일본 과자와 사탕이 앉아있는 사람들에게 제공되었고, 대화가 시작되자 곧 어린아이에서 노인들까지 웃음이 터지기 시작하였다." (더 크로니클, 1918년 9월 2일, 3)

알렉산더는 긴 휴가 끝에 한국으로 다시 돌아와야 하는지 잠깐 고민을 하였지만, 교인들의 신실한 얼굴을 보며 또 감사의 말을 들으며 생각하였다.

"한국에 다시 돌아오기를 잘하였다." (앞의 책, 3)

1919년 일제의 탄압에 맞선 만세 운동이 통영에도 일어나고 있었다. 그럼에도 불구하고 알렉산더는 통영선교부의 유치원과 학교를 정상 운영하려고 노력하고 있었다.

"우리 학교에 새 교사가 부임하였는데, 한국인 목사의 딸이고, 진주 시원여학교 졸업생이다. 진주에서는 우수한 그녀를 잃게 되어 서운해하였다. 그녀는 사표를 낸 교사의 후임인데, 이전의 교사는 '독립운동'으로 현재 일본 당국의 조사를 받고 있다.
그녀와 함께 문복세기(문복숙)로 안타깝게도 체포되었는데, 부산진에서부터 나의 심부름을 해 주었고, 명랑하고 도움이 되었던 친구이다. 그녀는 일본어에 관한 도움을 여러 선교부에 제공하기도 하였다. 이들은 둘 다 6개월을 선고를 받았다. 우리는 그녀를 대신하여 이 지역의 한 소녀를 고용하였는데, 왓슨 부인에게 훈련을 조금 받은 사람이다. 그녀는 18개월 전 유치원이 시작된 때부터 일하고 있다." (더 크로니클, 1919년 8월 1일, 3)

1919년 3월 13일 진명유치원 교사인 문복숙은 김순이와 양성숙 등과 통영 장터에서 숨겨온 태극기를 흔들며 '대한 독립 만세'를 외쳤다. 그러자 많은 사람이 함께 만세를 불렀고, 장터는 삽시간에 함성으로 들끓었다. 일본 경찰은 문복숙을 포함한 주동자들을 검거하여 부산 감옥에 가두었다. 이들은 모진 옥고를 겪었고, 6개월의 형을 받았다.

무어의 섬

무어는 통영에 있는 동안 여러 섬을 방문하고 복음의 씨앗을 뿌렸다. 그러나 그 후 아무도 그곳의 외진 섬들을 더는 방문하지 못하고 있었다. 알렉산더는 그런 곳의 신자나 신앙공동체가 목사나 장로 없이 수개월 아니 수년을 어떻게 지낼 수 있을까 반문하고 있다. 호주에는 오랜 교회의 역사가 있지만, 이들에게는 시작된 지 이제 몇십 년 정도인데 말이다. 이방인에 둘러싸여 있고, 위축된 신자들을 찾아 알렉산더는 계속 섬들을 방문하였다.

알렉산더는 통영에서 '무어의 섬'뿐만 아니라 다른 섬 지역을 순회하였다. 그녀가 다니던 섬은 욕지도, 사량도, 한산도, 노대도, 푸리섬(초도) 등이었다.

> "10월 초, 전도부인과 나는 한 섬을 방문하였다. 순풍이 불어 우리는 다섯 시간 안에 도착할 수 있었다. 우리가 그곳에 일 주간 머물면서 대부분 기독교 여성들을 만났고, 몇 명의 비기독교인도 만났다. 우리가 특별히 기뻤던 것은 지난 7월에 방문하였을 때 만난 여성이 교회에 정기적으로 참석하고 있었다."
>
> (더 크로니클, 1919년 2월 1일, 3)

그러나 섬 방문은 항상 순풍이 불고, 기쁜 일만 있는 것은 아니었다. 거친 바람으로 온종일 섬에 갇혀있기도 하였고, 묵을 곳이 없어 작고 더러운 여관방에서 자기도 하였고, 한 시간이면 갈 수 있는 뱃길을 서너 시간 바다 위에서 고생하기도 하였다.

알렉산더는 당시 김 전도부인과 함께 순회 전도를 다니면서, 어떤 섬에는 아직 기독교인이 한 명도 없다고 안타까워하고 있고, 어떤 섬에는 단 한 명의 기독교인이 용감하게 교회를 지키고 있다고 감동하고 있다.

> "마을 사람들은 모두 그 교회의 이야기를 알고 있다. 때로 불꽃이 튀어 그 기독교인을 불에 그슬리고 침묵게 하여도, 누가 놀라겠는가? 신앙을 굳건히 지키는 그 용감한 신자에게 더 큰 영광만 있을 뿐이다." (더 크로니클, 1919년 8월 1일, 3)

한편 욕지도와 관련된 한 가지 이야기가 남아 있다. 욕지교회의 장바울이란 사람이 알렉산더에게 쓴 편지인데, 당시의 상황을 엿볼 수 있는 기록이다. 다음이 그 일부분이다.

> "안부인 진주 씨는 우리 욕지교회를 이처럼 사랑하사 이전 일에 방문하신 후에 또 금번 부인사경회를 작정하시고 또 오셨다는 말씀을 교제가 들으니 참 반갑고 고마운 생각이 비할 데 없습네다... 우리 구주 예수 그리스도로 말미암아 나의 자매가 되신 안부인은 나 더러운 병신을 특별히 위하시던 은혜는 태산과 같사오나 교제는 누님께 천촌지공도 값을 수 없으니 참 부그럽습네다... 교제가 성신 전에 간구하기를 안부인계서 금번에 우리 욕지교회에 큰 성공하기를 기도합네다." (이상규, 206-207)

흥미롭게도 1916년경에 쓴 왓슨의 한 보고서에 장채한 이라는 하반신 마비의 지체장애인 청년의 이야기가 나온다. 왓슨은 그가 뭍에서 장애인이 되기 전부터 알았는데, 그가 욕지도로 이사하였을 때까지 관계를 이어갔다. 이 장채한이 알렉산더에게 위의 편지를 쓴 그 장바울과 동일인인 것이다. 왓슨 부인도 또한 먼 후에 '욕지도의 바울'이란 사람에 대한 짧은 글과 그의 사진을 남겼다.

> "여전히 그에게 어두운 날이 찾아오지만, 그는 신앙의 위로로 사람들을 만나고 있다. 욕지 섬에서 그는 가장 행복한 사람이다."
> (더 크로니클, 1931년 6월 1일, 16)

다시 부산진으로

1921년 말, 부산선교부에는 맥켄지, 라이트, 멘지스, 위더스 그리고 알렉산더가 있었다. 알렉산더는 어느새 다시 부산으로 와 시골 지역 65개 여성 성경반을 책임 맡고 있었다. 또한, 전도부인들을 감독하였고, 유치원을 설립하고 있었고, 부산진선교부의 서기였다. (더 크로니클, 1921년 11월, 1)

그녀는 부산진에 근거를 두고 다시 월천, 밀양, 기장, 울산 그리고 양산 지역을 순회하였다. 그리고 예전에 자신이 방문하였던 교회에서 친구들을 다시 만나며 연대를 확인하였다.

> "월천은 기장 읍내에서 10리 떨어져 있다. 그러나 읍내에 있는 교회보다 오랫동안 더 튼튼하였다. 수년의 기도와 노력 끝에 읍내의 교회도 성장하기 시작하였다. 월천에서 마치고 돌아오는 길에 전도부인은 그곳에서 좋은 모임을 했고, 계속 있어 달라는 긴급한 요청

을 받았다. 그러나 다른 약속이 있기에 더 머물지는 못하였지만, 그녀는 다음 주에 오겠다고 약속을 하였다."

(더 크로니클, 1921년 6월 1일, 4)

알렉산더와 같은 호주인 순회전도자는 당시 조심해야 하는 상황이 있었다. 읍 단위 마을에는 보통 교회가 있고, 전임 목사나 목회자가 사역하는 곳이 있었다. 당시 한국인 목회자들은 여성 호주선교사가 자신의 교회를 방문할 때, 다양한 태도로 그들을 맞았다.

어떤 목사는 성경반 전체를 본인이 가르치고, 전도부인이나 선교사는 자신의 권위 아래의 보조로 취급하기도 하였다. 어떤 목사는 성경반을 여선교사와 같이 공정하게 공유하기도 한다. 그런가 하면 다른 목사는 그들에게 성경반을 맡기고, 본인은 뒤에서 관심을 두고 지원하는 역할을 하였다.

양산을 방문한 알렉산더는 그곳의 목사가 자신을 어떻게 대할지 불확실한 상태에서 그곳을 방문하고 있다.

"함 목사는 마지막 유형이었는데, 하루에 한 강좌 그리고 하루 저녁 집회만 본인이 인도하였다. 그는 여성은 여성이 제일 잘 가르친다고 선언을 하였고, 우리가 알아서 성경반을 운영하도록 하였다. 그는 주일 아침 성찬식을 인도하였고, 영감적이었고 힘이 되었다."

(앞의 책, 4)

알렉산더는 부산진에서 유치원을 시작하고 있다. 지난 몇 년 동안 부산선교부에도 유치원을 설립하기 원하였지만, 일꾼의 부족과 다른 어려움이 가로막고 있었다. 그러던 중, 1921년 중순의 선교사 공의회에서 유치원교사 훈련을 받은 알렉산더에게 유치원 시작의 과제를 맡기었다.

> "데이비스가 휴가를 떠났으므로, 6월 공의회에서 일을 서로 나누었고, 두 달 안의 유치원 설립 과제가 나에게 떨어졌다. 9월은 추수시기인 11월보다 순회하기 좋은 달이므로, 개원식이 10월로 잡혔다…. 10월에 우리는 본격적으로 유치원을 시작하였고, 훈련받은 교사를 구하지 못하여서 경험이 좀 있는 수교사와 학교에서 막 졸업한 3명의 보조교사가 우리 직원 전부였다. 이달에는 세 명의 소녀를 다른 선교부에서 구하였고, 훈련을 받으며 일하였다."
>
> (더 크로니클, 1922년 1월 2일, 5)

부산진교회의 유치원은 1923년 위더스를 원장으로 시작된 것으로 알려졌지만, 사실은 알렉산더가 2년 전인 1921년에 이미 시작을 하였던 것이다.

전도부인의 연금

1923년 중순, 알렉산더는 매카그와 함께 휴가를 떠난다. 미국을 거쳐 영국을 들리기 원하였는데 빅토리아여선교연합회의 승인이 있었다. 알렉산더는 스코틀랜드에서 모친과 여동생을 만나는 기쁨을 가졌고, 이 해 말 호주 멜버른으로 돌아갔다. 그녀는 의사의 양호한 건강검진 보고서를 받았고, 곧 빅토리아 노회들을 방문하며 한국선교 홍보와 모금을 시작하였다.

그리고 1924년 8월 여선교연합회의 환송예배가 총회 회관에서 열렸다. 이 예배에는 알렉산더를 비롯하여 멘지스, 매카그, 네피어 등이 참석을 하였고, 하퍼 회장의 송별사 그리고 해외선교위원회 매튜 목사의 설교가 있었다. 알렉산더는 여성들과 나환자 중에서 일하는 경험을 말하였고, 특별히 전도부인들을 위하여 기도를 요청하였다.

다시 한국으로 돌아온 알렉산더는 부산의 빠른 발전에 대하여 놀라고 있다. '변하지 않는 동방'이 어떻게 빨리 변하는지 놀랍다며, 요새화 되고 있는 부산에 대하여 말하였다. 부산항 주변에는 여러 경고문이 주의를 끄는데 배나 비행기의 사진을 찍지 말라는 내용 등이다. 또한, 술을 만들거나 파는 것은 제약이 없는 것 같은데, 담배는 이제 면허가 있는 상점에서만 살 수 있다는 사실이었다.

그뿐만 아니라 몇 개의 새길이 건설되었고, 만약 선교부에 자동차가 있다면 80개의 선교부 교회 모임들은 차로 다닐 수 있는 거리가 되었다고 한다. 사립과 공립학교도 여러 곳에서 생겨났고, 이미 있던 학교들은 더 확장하고 있었다.

> "젊은 지식인 남성들은 일본이나 다른 지역으로 이주해 나가고 있고, 일꾼이 모자라 기계의 사용이 더 증가하고 있다. 전체적으로 우리 지역은 오래된 수작업의 방법들을 던져 버리고 단순하지만 점차로 기계화가 진행되고 있다. 그러므로 여성들에게는 방적과 직조를 더 할 수 있는 시간이 생기었다. 더 많은 곳에서 이제는 전깃불을 사용하고 있고, 전화가 있는 곳도 생기었다."
>
> (더 크로니클, 1925년 5월 1일, 5)

알렉산더는 1925년 후반기 6개월 동안에 순회 전도의 여정에서 총 456마일을 도보로 다녔다고 하였다. 그 외에도 그녀는 기차, 전차, 버스, 그리고 여러 종류의 배를 타고 다녔으니 이것까지 합하면 엄청난 거리를 소화하고 있었다. 그녀는 보통 전도부인, 짐꾼 등과 함께 다녔다.

특히 전도부인들은 빅토리아여선교연합회의 인정 하에 봉급을 받으며 활동하였는데, 그중에는 멘지스와 무어 때부터 수십 년을 활동하다가 은퇴하는 경우가 생기기 시작하였다. 1925년 말 공의회 임원회에서는 전도부인이 나이 들어 은퇴할 경우 어떻게 대접해야 하는지 안건을 통과시키고 있다.

> "우리 선교회에서 12년 이상 전도부인으로 섬기다가 은퇴하는 경우에 다음과 같은 규정을 따른다. ⑴ 각각의 경우를 소속 선교부에서 공적을 심사하여, 신청서를 공의회에 제출한다. ⑵ 통과될 경우 충분한 식대 비용을 제공하다. 그 첫 경우로 진주선교부는 전복희 부인에게 매달 12엔의 연금을 지원하는 것을 승인한다."
> (더 크로니클, 1926년 4월 1일, 7)

1926년 성탄절에 알렉산더는 나환자요양원에서 그곳 사람들과 함께 성탄예배를 드리고 있다. 그리고 호주에서 온 미션 박스 안의 여러 선물을 나환자들에게 나누며 함께 즐거워하였다.

> "모두가 호주에 온 사랑의 선물이었다. 특히 양말에 나의 것을 포함하여 한국인의 이름을 수놓은 여러분들에게 감사한다. 이들은 모두 감사하였고, 잘 사용할 것이다. 바다 건너온 목도리, 장갑, 비누, 손수건 등에는 모두 사랑의 메시지가 담겨 있다."
> (더 크로니클, 1927년 3월 1일, 8)

생명이 몰려있는 항구

1929년 말, 알렉산더는 또 한 번의 휴가를 호주에서 갖는다. 이번에 의사는 그녀가 긴 휴식이 필요하다고 하였고, 홍보나 모금 활동도 당분간 허락하지 않았다. 약 1년 동안의 충분한 휴식을 가진 그녀는 1930년 10월 다시 호주를 떠나게 된다. 당시 자신의 모친 제인이 서스데이 섬까지 배웅하였고, 11월 부산으로 돌아왔다.

1932년은 알렉산더의 한국선교 사역 21주년을 축하하는 예배가 있었다. 빅토리아여선교연합회는 3월 15일 한국에서 열리는 이 기념 예배에 축전을 보내기로 동의하였다. (더 크로니클, 1932년 4월 1일, 9)

그리고 1934년 10월 여선교연합회 한국선교사 목록에 알렉산더의 이름이 부산선교부에서 빠져있다. 그녀의 이름이 통영선교부에 다시 올라가 있던 것이다. 알렉산더는 전도부인과 함께 통영의 정다운 섬들을 방문하고 있다. 특히 푸리섬(초도)과 작은 푸리섬(소초도)을 방문한 경험을 편지로 남기고 있다.

> "이 배는 고깃배로 배 안에 물고기가 많았다. 그러나 깨끗한 새 배였다. 우리는 편안한 항해를 하였고, 두 시간 후에 작은 푸리섬에 안전하게 내렸다. 그리고 배는 떠났는데 사공의 태도에 예의가 있었다. 이곳은 작은 섬이라 우리가 어디를 간다고 하여도 길을 잃을 수가 없었다. 우리는 언덕에 올라 풍경을 감상하는데 바다 위에 많은 섬이 보였고, 아직도 주님의 말씀을 기다리는 곳이 많았다."
> (더 크로니클, 1935년 2월 1일, 8)

알렉산더는 남해안에 있는 많은 항구를 주시하였다. 항구에는 다양한 많은 사람이 왕래하는데 전도하기 좋은 지점이었다. 항구에는 생명이 몰려있다는 것이다. 그곳을 드나드는 이름난 사람뿐만 아니라 평범한 사람들에게 하나님의 복음을 들려주어야 한다고 그녀는 확신하고 있었다.

'여성운동에 헌신한 안진주'

1935년 8월 알렉산더는 또 한 번의 휴가를 계획하고 있었다. 당시 그녀는 여성경학원 강의를 마치고 있었는데, 학생들은 그녀를 기쁨으로 놀라게 하였다. 바로 그녀의 한국 사역 25주년 기념식이었다. 정확하게는 그다음 해 2월이 25주년이지만 그때는 그녀는 호주에 있을 것이므로, 학생들은 미리 축하와 기념 예배를 준비한 것이다.

모든 준비를 학생들이 하였고 기념 예배는 영감적이고 감동적이었다. 학생들과 교회 그리고 요양원에서 한국 비단, 글씨를 새긴 놋그릇, 그리고 금 브로치를 선물로 주었다. 또한, 많은 편지와 전보도 도착하였다. 그때 알렉산더는 다음과 같이 말하였다.

> "전체 성경학원을 대신하여서 한 개인에게 감사를 표하는 것으로 느껴지지만, 실은 정말 감사를 받을만한 사람들은 여러분이다."
> (더 크로니클, 1935년 8월 1일, 3)

알렉산더가 한국을 떠나기 전 그녀의 양녀 김복순의 결혼식이 있었다. 김복순은 어릴 적부터 알렉산더가 딸 삼아 오랜 기간 돌보아 왔었다. 그녀의 남편은 문치운이고, 후에 이 부부는 통영에서 알렉산더를 도와 일하게 된다.

당시 알렉산더가 한국을 떠날 때, 한국의 한 일간 신문은 '여성 운동에 진췌한 안진주 귀국'이란 제목으로 그녀의 귀국 소식을 알리고 있다.

> "지난 17일 오후 7시 반부터 대화정장로교회당에서 장로교회의 주최로 안진주 선교사의 전별회가 성대히 거행되었는데, 안진주 씨는 호주 출신의 여성으로 젊은 청춘 20세 내외의 아름다운 몸으로 조선에 건너와서 부산과 통영에 재주한지 24개년 간을 오직 기독교를 위하여 반 청춘을 조선에서 보내었다.
> 현직으로는 장로교 경남여자성경학교 교장으로서 오직 기독여성의 문화 개발운동에 24개년을 바치어, 조선 여성에게 많은 공로가 있는 선교사인데, 금번 제사회의 안식일을 당하여 호주본국으로 돌아가게 된다." (조선일보, 1935년 11월 24일)

마가렛은 1935년 12월 멜버른에 도착하였다. 빅토리아여선교연합회는 알렉산더를 다시 한번 환영하고 있다.

> "이 헌신적인 선교 사역자를 우리는 모두 기쁘게 환영한다. 영적으로 빛나며, 육신적으로 건강하다. 휴식은 필요하지만 말이다. 이후에 그녀가 할 홍보와 모금 활동도 우리의 선교사역을 집행하는데 큰 자극제가 될 것으로 우리는 확신한다."
> (더 크로니클, 1936년 2월 1일, 2)

그리고 일 년이 지난 1937년 2월 8일, 총회 회관에서 알렉산더를 다시 환송하는 모임이 열렸다. 이 예배에는 한국으로 파송 받는 리체도 있었는바, 빅토리아여선교연합회 대처 회장은 국내와 해외

선교 연합을 강조하였다. 알렉산더와 리체는 시드니와 브리즈번을 거쳐 3월 중순에 부산으로 돌아왔다.

마지막 날들

1939년 1월 동래실수학교의 에디스 커 교장이 휴가를 떠나게 되므로 호주선교사 공의회는 그 자리에 알렉산더를 임명하였다. 그녀는 즉시 동래로 부임하여 그곳의 소녀들과 함께 생활하며 일하였다.

> "지금은 동래에서 40명의 학생이 모두 농장에서 함께 살고 있다. 소녀들은 여러 불행한 경험이 있는데, 어떤 이는 고아로, 어떤 이는 좋지 않은 길로 빠진 소녀들이다. 정신적으로도 조금씩 다른 정도를 가지고 있고, 육체적인 장애가 있는 학생들도 있다. 이들은 경상도 전역에서 왔으며, 심지어 더 먼 곳에서 온 아이도 있다….
> 학생들은 자신의 실제적인 일에 따라 몇 개의 '집'으로 나누었다. 각 집은 수공예 작업을 하고, 염소, 토끼, 닭 등을 돌보며, 자신들의 텃밭도 있다." (더 크로니클, 1939년 7월 1일, 6)

그러나 알렉산더는 한국의 상황이 점점 어두워지고 있음을 알았고, 신사참배의 압박이 최고조에 있어 힘들어하였다. 동래실수학교가 신사참배를 거부하면서 생존할 수 있는 길은 학교의 위상을 포기하는 길밖에 없었다. 그 이유로 동래여자실수학교를 '동래여자실수원'으로 개명하여 복지단체로 사업변경을 하였고, 지방 당국의 승인받았다.

알렉산더는 커가 하던 대로 소녀들을 가능한 기독교 가정으로 결혼하여 보냈고, 직업을 찾아 사회로 나가게 하였고, 다른 학교로 진학을 하거나 다른 기관으로 이전을 하도록 도왔다.

커가 휴가에서 돌아오자 알렉산더는 다시 통영으로 복귀하였다. 그리고 일제에 의하여 강제 출국당하기 전, 1941년의 통영선교부 모습을 기록으로 남기고 있다.

> "올해는 통영의 여학교 일이 나의 주요 사역이 되었다. 스키너가 떠날 때 이곳에는 25명의 소녀와 3명의 교사가 있었다. 아침에는 정식 학업이 있었고, 오후에는 바느질하였고, 텃밭을 가꾸고, 그리고 토끼를 돌보았다. 남성 교사는 가을에 지역의 정부 사무실에 취업이 되어 나갔다….
> 전도부인들은 수년간의 신실한 봉사 후 5월에 모두 일을 마치었다. 2명은 교회의 전도부인으로 부임하게 되었고, 한 명은 시내의 편한 집에 정착하였고, 그리고 나머지 우리는 환자들과 다른 이들을 지난 두 달 동안 방문하고 있다." (더 크로니클, 1941년 12월 1일, 5)

1941년 당시 촬영한 한 흥미로운 흑백사진이 현재까지 남아 있다. 사진 위에는 '오늘아 가지마라 진명학원 2601. 4. 29'라고 쓰여 있고, 30여 명의 학생과 교사들이 함께 찍은 사진이다. 호주선교사 세 명의 얼굴도 보이는바, 레인 부부와 알렉산더이다. 55세의 그녀의 머리에는 이미 백발이 내려앉아 있었다.

나라가 임하옵시며

당시 호주의 빅토리아여선교연합회는 한국의 여선교사들에게 철수를 권고하고 있었다. 전운이 감도는 상황에서 더는 그들을 한국 땅에 둘 수 없었던 것이다. 그런데 염려되는 소식이 호주에 전하여 졌다. 알렉산더와 테잇이 일본 경찰에 조사를 받고 있다는 것이었다.

이 해 만국 부인기도회 즉 세계 여성 기도의 날의 주제가 '나라가 임하옵시며'이었고, 일제는 이와 같은 주제를 모독으로 여기고 감시하고 있었다. 호주 여선교사들은 한국말로 번역된 기도의 날 팸플릿을 자신의 지역 여성들에게 배부할 준비가 되어 있었다. 통영에서는 알렉산더, 마산에서는 테잇과 리체, 동래에서는 커, 거창에서는 아우만, 부산에서는 호킹, 레게크, 트루딩거 부인, 그리고 진주에서는 에드가였다.

> "알렉산더는 배를 타고 남해의 섬에 건너가 '베시 무어 교회'들에 팸플릿을 배부하였다. 그녀는 그 지역의 항구를 사용하는 일본제국 해군이 중국과 접전이 있다는 사실을 몰랐다. 한 달 후에 일본 헌병이 한국 경찰에 그녀를 체포하도록 명령하였다." (톰슨-그레이, 263)

알렉산더 자신은 당시의 상황을 좀 더 순화하여 설명하고 있다.

> "5월에 (빅토리아여선교연합회에서) 부름이 왔고, 나는 짐을 싸고 떠날 준비가 되었다. 꼭 떠나야 한다는 내적인 확신은 없었다. 송별회가 있었고, 10일 나는 부산으로 가야 하였다. 그런데 9일에 내가 떠날 수 없다는 통보를 받았다." (더 크로니클, 1941년 12월 1일, 5)

그로부터 알렉산더는 2달 동안 한국을 떠날 수 없었다. 일본 당국은 그녀에게 출국 금지의 정확한 이유도 제시하지 않은 것으로 보인다. 그녀는 그동안 자신의 일상적인 사역을 이어갔지만, 호주의 가족과 친척들은 애가 탔다.

"알렉산더와 테잇은 경찰에 의하여 출국이 지체되고 있다. 세계 여성 기도의 날에 관하여 조사를 받고 있다. 그들이 곧 집으로 돌아올 수 있기를 우리는 희망한다." (더 크로니클, 1941년 6월 2일, 3)

그리고 빅토리아여선교연합회는 홈즈 회장 명의를 통하여 모든 여선교사는 한국을 떠날 것을 재촉하고 있다. 그리고 드디어 7월에 알렉산더와 테잇은 출국 허가를 받는다. 호주로 떠날 수 있게 된 것이다. 그러나 이들은 한국을 떠나기 원치 않았다!

당시 호주 멜버른의 '더 에이지' 신문은 알렉산더와 테잇이 한국에 구류되었다가 풀려난 소식과 한국을 떠나기 원치 않는다는 그들의 요청에 대한 빅토리아여선교연합회의 토론의 내용을 소개하고 있다.

"어제 빅토리아여선교연합회의 정기 모임에서는 자신들이 지원하는 두 선교사를 한국에 그대로 남게 할지에 대한 토론을 하였다. 다른 15명의 여선교사는 호주로 모두 돌아온 상태이다. 그러나 메이지 테잇과 마가렛 알렉산더는 일본 정부에 의하여 체포되었다가 풀려났는데, 그들은 그곳에 머물기 원하고 있다. 이 안건은 여선교연합회와 해외선교위원회의 연합모임에서 결정하기로 하였다.
회장인 홈즈 여사는 타 지역 여선교연합회 지부에서 보내온 지지와 재정후원의 편지를 낭독하였고, 재정 상태는 유지되고 있음을 회계가 보고하였다." (더 에이지, 1941년 9월 17일, 4)

결국, 해외선교위원회는 그들에게 한국에서 철수하도록 명하였고, 이들은 그해 11월 호주로 귀국하게 된다.

꽃을 든 여인

그 후 알렉산더는 통영에서 함께 일하던 스키너와 함께 남호주 와이얄라라는 곳에서 유치원 사역을 시작하였다. 그녀는 뉴 헤브리디스에 가서 봉사하기도 하였고, 남호주 에나벨라 원주민 선교부 일을 돕기도 하였다. 그리고 한국이 해방된 후에 한국에 돌아온 호주 여선교사 명단에 그녀의 이름은 없었다.

선교사역에서 은퇴한 알렉산더는 '세이브 더 칠드런 펀드'의 일원으로 일을 하며, 호주에 이민 오는 이민자 자녀들과 어머니들을 돕는 친구이자 자문관이었다.

> "특히 그는 멜버른 시내에서 멀지 않은 브루클린에 있는 유치원에서 봉사했는데, 이곳에서 일하는 동안 '꽃을 가진 여인'으로 불렸다. 항상 꽃을 가지고 다니며 위로와 격려를 아끼지 않았기 때문이다. 또 그는 항상 사랑과 격려의 글을 쓴 카드를 가지고 다니면서 이민 온 아이들에게 용기를 불어넣어 주었다. 사랑과 격려가 필요한 이들에게 애정 어린 위로의 말을 카드에 담아 주었던 것이다."
> (이상규, 210)

한 가지 흥미로운 사실은 알렉산더의 이런 모습은 '라벤더 부인'으로 알려진 무어의 모습을 많이 닮아있다. 무어도 인생 후반에 멜버른에서 꽃을 가지고 다니며 병원의 환자들을 위로하였다. 통영을 공통분모로 한 이들의 삶이 이런 모습으로 호주에서도 연결되고 있다.

그리고 1967년 4월 5일, 알렉산더의 얼굴이 멜버른의 한 지역 신문에 떠올랐다. 충격적인 소식이었다. 그녀가 교통사고로 사망하였다는 기사였다. 지롱 가에서 경찰의 모터사이클에 부딪혀 '그 자리에서' 운명한 것이다. 마지막까지 일하던 현장이었다. 그녀의 나이 82세였다.

에필로그

빅토리아여선교연합회의 선교지 '더 미셔너리 더 크로니클'은 1967년 5월 호에 '마가렛 로간 알렉산더'라는 제목의 추모사를 담고 있다. 그 글의 필자로는 '동시대의 사람'이라고만 언급되어 있다. 세심하고도 감성적인 추모사를 쓴 그 필자는 누구일까. 테잇일까, 데이비스일까, 커일까... 그녀와 가까이 일하였던 동료선교사임은 분명하다.

그러나 사실 그 추모사 필자에 관한 궁금증보다는 그 글의 내용이 더 의미가 있다. 그중에 다음의 구절은 오늘날 하나님의 선교를 하고 있는 우리 모두에게 큰 과제를 던져주고 있다.

"그녀는 매우 너그러운 여성이었다. 이것은 그녀가 많은 것을 나누어 주어서가 아니라, 그녀가 가진 모든 것을 내어주었기 때문이다."

<참고도서>

「더 에이지」, 멜버른, 1941년 9월 17일.
빅토리아여선교연합회, 「더 크로니클」, 멜버른, 1911-1967.
「조선일보」, 서울, 1935년 11월 24일.
이상규 & 양명득, 『호주선교사 열전-진주와 통영』, 동연, 2019.
톰슨-그레이, 양명득 역, 『첫 호주인 선교사 헨리 데이비스와 그의 조카들』, 동연, 2020.

[6]
마가렛 알렉산더의 보고서

---
1. 무어를 만나러 가는 길

    무어는 성경공부 인도를 위하여 시골로 내려가 있었다. 여기에서 약 40리 떨어진 곳에서 그들은 지난주 성경반을 마쳤다. 마가렛 데이비스는 제안하기를 무어가 떠나기 전에 우리가 가서 그녀를 만나자고 하였다. 화요일 아침 7시 10분, 우리는 작고 좁은 용적의 기차를 타고 출발하게 되어 있었다. 우리와 동행하기로 한 여성 두실은 제시간에 도착하였다. 그러나 우리의 짐을 나르기로 한 남성은 아침에 날씨가 흐리자 자기 일을 나갔다고 한다. 그래서 그를 찾아 제시간에 역에 도착하도록 하였다.

    기차가 떠나기 전 가랑비가 내리기 시작하였다. 흐린 날씨는 보통 우리가 즐기는 바깥의 풍경을 감춘다. 두실은 우리를 믿는 가정으로 안내하여 그곳에서 환영을 받았다. 우리는 마루에 앉아 우리의 음식을 먹었고, 주인 여성은 친절하게 작은 그릇에 더운물을 내주었다. 그 집의 딸은 공부하고 있었는데, 다가오는 시험을 준비한다고 하였다.

우리는 아직 20리를 더 걸어야 하였다. 대부분 언덕 사이의 계곡을 지나는 길이었고, 매우 아름다웠다. 여기저기 아직 눈이 남아 있었고, 마을들은 대나무 숲으로 둘러싸여 있었다.

우리의 '짐꾼'은 우리보다 먼저 출발하였지만, 이제 우리가 따라잡았고, 그가 매우 필요한 구간이었다. 우리는 시냇물에 다다랐는데, 징검다리가 모두 물에 잠겨있었다. 우리는 다른 방법이 없었다. 이곳에서 하는 대로 '업혀서' 건널 수밖에 없었다. 다른 시냇물도 있었지만 건널 수 있는 편이었는데, 물속의 자갈을 잘못 밟아 넘어지기도 하였다. 두실이 우리에게 뭐라고 하였는데 데이비스가 통역해 주었다.

"이제 하나만 더 건너면 됩니다."

곧 우리는 교회당 뜰로 들어섰다. 무어와 여성들은 우리를 맞아주었다. 저녁 식사 후에 우리는 성경반에 들어갔다. 교회 밖 작은 방에서 진행되고 있었다. 우리는 성경을 읽었고, 찬송을 함께 불렀다. 다 마치자 여성들은 우리의 주변으로 모여들었고, 그들의 여러 질문에 대답하였다. 우리가 하는 모든 일에 그들은 사랑스러운 관심을 가졌고, 그들과 함께 하는 것은 기쁨이었다.

교회당의 한 부분을 커튼으로 가리고, 우리는 식사를 하였다. 그곳에서 기도회를 하고 우리는 잠자리에 들었다. 40명으로 꽉 찬 교회당 안의 여성들은 우리가 어떻게 잠자리를 준비하는지 큰 흥미를 가졌다.

다음 날 아침, 성경반을 모두 마치고, 길을 떠날 준비를 하였다. 안녕과 축복을 나누었다. 여성들은 떠나기 전 구석에 조용히 앉아 기도하였는데, 감동적인 모습이었다. 몇 명은 큰소리로 기도하였다. 호주에서도 이렇게 불편이나 허식 없이 큰 소리로 기도할 수 있을까 하는 생각이 들었다. 모두 짐을 꾸렸고, 길을 떠났다. 영적인 싸움을 하기 위한 길을 떠나면서, 과거보다는 좀 더 성공하기를 바랐다.

우리는 예전에 고아원에 있었던 한 여성의 집을 방문하였다. 그녀의 재미있는 아들은 얼마나 고개를 숙이고 인사를 하는지 머리가 땅에 닿을 정도였다. 이날은 걷기 좋은 날씨였고, 시냇물도 건널 수 있을 정도로 충분히 물이 빠져있었다. 우리는 장화와 양말을 벗고 건넜다.

이날 밤은 동래에서 머물렀는데, 깨끗한 한국인의 집이었다. 오후에는 집을 심방하였고, 저녁에는 기도회에 참석하였다. 다음 날 아침 기차를 타고 집으로 돌아왔다. 우리가 도착하자 호주에서 온 편지가 기다리고 있었다. 만세! 즐거운 여정의 유쾌한 끝마침이었다.

부산진에서.

1911년 3월.

[더 크로니클, 1911년 6월 1일, 6]

2. 공부하는 젊은 엄마들

이달에는 많은 사람이 오고 갔다. 엥겔 부부가 평양에서 돌아왔고, 하루 이틀 후에 그는 시골로 순회를 떠났다. 스콜스는 우리와 주말을 지내다가 데이비스와 함께 교육협회 참석차 떠났다. 그녀는 돌아오는 길에 우리와 하루를 더 머물렀다. 나흘 후 쉬지 않고 곧장 가기에는 너무 피곤한 여정이었다. 우리의 마지막 방문자는 진주에서 온 라이얼 부부와 매크레였다. 서울의 성경협회에 가는 길이었다.

첫 시도

엥겔 부인이 떠나있을 때, 나는 그녀의 토요일 오후반에 가서 찬송가 부르기를 도우려고 하였다. 반이 열리는 학교에 악기는 없었다. 그리고 내가 아는 찬송은 그들이 부르던 찬송이 아님을 빨리 알아챘다. 내가 모르는 찬송을 새 언어로 부른다는 것은 답답했지만, 아무도 불평하지는 않았다.

인도자가 말씀의 첫 구절을 읽었고, 방에 있던 여성들은 돌아가며 성경을 읽었다. 그리고 네 개의 그룹으로 나누었다. 세례를 준비하는 여성들은 대부분 젊었는데, 작고 진실한 한 여성이 주의 기도와 십계명을 무한한 인내심을 가지고 가르쳤다. 이 일은 금이의 일이었지만, 지금 그녀는 평양에 가 있다.

나는 무슨 말을 하는지 잘 알지 못하였지만, 그 내용을 알기에 대충 따라갈 수 있었다. 그녀는 몸짓과 얼굴 표정 변화로 매우 흥미롭게 설명하였다.

흥미로운 학습

한국인들은 매우 역동적이다. 나는 아직 가르치지도 못하고, 그렇다고 배울 수 있는 언어도 안 되었기에, 이들의 표정을 관찰할 수 있었다. 늙은 얼굴, 슬픈 얼굴, 빛나는 얼굴, 긴장된 얼굴, 둔감한 얼굴, 참으로 다양하였고, 모두 흥미로웠다!

노인 여성은 안경을 쓰고 책을 깊이 들여다보았고, 젊은 여성은 바닥에 있는 책과 등 뒤에서 칭얼거리는 아기에게 시선을 나누며 공부하였다. 때로 아기가 울면 대여섯 명의 엄마가 같이 달래거나 돌보거나 꾸짖었다. 가끔 아기들이 문 쪽으로 가 그곳에 놓여 있는 신발을 가지고 놀았다.

비가 오는 날에는 신발을 가지고 놀지 못하였는데, 떼를 쓰면 비녀를 주어 놀게 하거나 우리와는 달리 돈으로 어르기도 한다.

한 작은 아이는 작은 쥐와 같이 앉아 찬송가 페이지를 조심스레 넘기다가 그대로 엎드려 자기도 한다. 그녀의 어머니는 상냥한 작은 여성이다. 가장 감동적인 순간은 기도 시간에 아이들이 머리를 숙이는 모습이다. 엄마가 '기도해'라고 하면, 아이들의 머리는 엄마의 기도가 끝날 때까지 숙였다. 주님께서 이들 작은 아이들에게도 말씀해 주시지 않을까?

부산진에서.
1911년 6월.
[더 크로니클, 1911년 9월 1일, 12-13]

3. 호주선교사 공의회 모임

이달의 큰 행사는 6일부터 9일까지 진주에서 열린 선교사 공의회 모임이다. 모두 12명의 회원이 있는데, 투표할 수 있는 사람 가운데 니븐만이 참석하지 못하였다. 늘어나는 우리 회원들 모두가 모일 기회였다. 엥겔 부인은 부산진에 남았고, 아담슨 부인은 다른 사람들과 함께 진주로 왔다. 아이들까지 포함하여 모두 19명이 참석하였다.

진주에 이렇게 많은 외국인이 모인 것은 흔치 않은 일이다. 안건들은 흥미로운 내용이었고, 전체 사역을 잘 알게 해 주었다. 오후에는 실제적인 토론의 시간이 있었는바, 세례 문답을 위한 시험 과목, 문답공부 기간, 교회 정회원이 되는 자격, 미션 스쿨의 가치 등의 내용이었다. 매우 좋은 결과를 가져온 시간이었다.

수요일 아침, 개회 시간에 우리는 성찬식을 함께 나누며 재결단하였고, 새로운 비전을 나누었다. 이 일들을 효과적으로 실행할 수 있도록 힘과 은혜를 달라고 함께 기도해 주기 바란다.

각 선교부의 신실한 사역에 대한 보고가 있었다. 기쁨과 실망의 이야기 중에도 점진적인 발전이 있는데, 또 다른 기도와 찬양을 요청하고 있다. 목요일 저녁은 우리의 회장인 커를과 그의 부인이 자신의 집에 우리 모두를 초청하여 즐겁게 지냈다.

월요일 아침 일찍부터 나귀 소리가 들렸고, 우리는 짐을 쌌다. 그리고 9시 30분에 우리는 진주를 떠나는 행렬을 이루었다. 아홉 마리의 나귀와 각 나귀를 이끄는 마부들, 그리고 우리 선교사 가족들은 무리를 지어 함께 길을 따라갔다.

오후가 지나자 비가 오기 시작하였다. 우리는 머리부터 발끝까지 진흙을 뒤집어쓰고 전진하였다. 이때 인내심 있고, 명랑하고, 도울 준비가 되어 있는 마부들의 인성이 나타나기 시작하였는데, 피곤하지도 않는지 한 번도 불평하지 않았다.

이날 밤 우리는 일본 여관에 머물렀다. 그리고 다음 날 다시 행진을 시작하였다. 그러나 비가 다시 내리면서 물이 흐르기 시작하여 우리는 먼 거리를 가지 못하였다. 우리는 몸속까지 흠뻑 젖었다. 그러나 위안은 있었다. 언덕마다 폭포수가 쏟아져 내리는 풍경은 장관이었다. 물안개와 아름다운 초록빛 산등성이가 보였다. 마부들의 긍정적인 태도도 위로가 되었다. 우리는 점심시간에 맞추어 마산포에 도착하였다. 그리고 오후에 부산진으로 가는 기차를 탔다.

진주에 있던 시간이 즐거웠음에도, 집에 도착하여 좋았다. 그러나 슬픈 소식이 있었는바, 마가렛 데이비스가 진주로 떠난다는 소식이었다.

이제 우리는 또 다른 새 선교사들이 입국하기를 간절히 기다리고 있다. 모두에게 넉넉한 많은 일이 기다리고 있기 때문이다.

부산진에서.

1911년 9월.

[더 크로니클, 1911년 12월 1일, 3-4]

4. 첫 성탄절

성탄절이 왔고 지나갔다. 한국에서 나의 첫 성탄절에는 비가 왔다. 다른 선교사들에게 이것은 새 경험이었다. 비는 시골에 있는 사람들이 예배에 오는 것을 방해하였다. 그러나 이 지역 사람들은 많이 참석하였다. 특히 여성들과 소녀들이 많이 왔다.

그중 세 소녀는 아침 예배에서 교회의 정회원으로 받아들여졌다. 그리고 오후에 우리와 함께 성찬식에 참여하였다. 이들은 성장하는 2세대인데, 어릴 적 부모가 세례를 받을 때 받아들여진 소녀들이었다. 우리 학교의 학생들인 이 소녀들을 돕고 싶은 강한 욕망이 나의 마음속에 일어나고 있음을 여러분은 이해할 것이다.

왓슨 부인의 회복

그 조용하고 비가 오던 성탄절 아침, 또 하나의 감사한 일이 있었다. 왓슨 부인의 병에서 회복되고 있었다. 우리 학교의 학생 한 명도 아팠는데 둘 다 나아지고 있다.

점심 식사 후에 학교 학생들과 몇 부모들은 학교를 장식하였다. 색색의 종이와 깃발로 예쁘게 장식을 하였고, 그리고 한쪽 구석에 성탄 나무를 아름답게 세웠다.

찬송과 기도와 성경 암송으로 예배는 시작되었다. 오후 시간이 빨리 지나갔다. 모두 성탄 찬송을 배웠고, 전체적으로 다 잘 불렀다. 가장 주목을 받았던 찬송은 루터의 요람 찬송인데, 작은 학생 세 명이 불렀다. 서양인의 눈에는 이들이 차분하면서도 기이하게 보였는데, 분홍색 겉저고리와 발목까지 오는 파란색 치마를 입었다. 검은 머리는 부드럽게 땋아 밝은색의 리본을 매었고, 얼굴은 긴장하며 심각하게 보였다.

노래를 모두 마치자 그들은 서로 손을 잡고, 깊이 머리 숙여 인사하고 퇴장하였다. 찬양과 발표 사이에 노래와 게임이 있었고, 어린이 사이에 내재한 연기의 재질이 충분히 보였다.

나는 이들에게 공책과 연필을 나누어주는 기쁨을 가졌다. 매물이가 이 선물들은 호주의 친구들에게서 왔다고 친절하게 설명하였다.

우리는 저녁 식사를 하고 학교에서 다시 즐거운 시간을 이어갔다. 성인들과 남성들은 교회에서 자신들의 잔치를 가졌다.

한국인 교사들은 젊은 여성들인데, 경험의 부족에도 불구하고 일 년 동안 자신들의 역할을 잘하였다. 그러나 우리는 좀 더 발전된 모습을 보기 원하였고, 내년에는 그것을 성취할 수 있기를 희망하였다. 한국에서의 성탄절은 행복하였고, 우리는 모두 동의하였다.

부산진에서.

12월.

[더 크로니클, 1912년 3월 1일, 3]

5. 한 가족의 행복

한 일본인 학생과 그의 모친 그리고 '친척'이 와 학교 곳곳을 둘러보았다. 그 학생은 우리 학교에서 수업하며 영어를 배우기 원하였다. 그들은 여성들이 다림질하는 '교방'을 보았고, 매우 흥미로워하였다. 모친은 한국어나 영어를 못하였지만, 남성은 부산역에서 가이드를 하여 영어를 조금 하였다.

그는 나에게 자신은 기독교인이지만 일본인 학생은 불교도라고 하였다. 그리고 그는 자신 있게 말하였다.

"내가 그 애를 기독교인으로 만들겠습니다."

나는 그녀가 기독교인이 아니어서 아쉽다고 하였고, 곧 그렇게 되었으면 좋겠다고 하였다. 어떻게 내가 그녀에게 다가가 그녀로 하여금 빛으로 나올 수 있게 도울지, 나를 위해 기도해 주기 바란다.

즐거운 방문

목요일 아침, 나는 일상대로 학교에 가 공부를 하였다. 점심 후에 나는 니븐과 맥피와 함께 사랑스러운 갓난아기를 보러 갔다. 그 아기의 모친, 부친, 조모는 진실한 기독교인이었으나, 조부는 매우 완

310

고하였다. 그러므로 모친과 아들은 핍박을 견디어야 하였다. 그러나 지금 조부는 이제 교회에 나오겠다고 약속하였다. 아마 이 갓난아기가 그를 교회에 나오도록 한지 모르겠다.

아기의 부친인 송영기는 아기를 도마로 부르는 것을 생각하였다. 이 집은 김씨 가문이다. 모친은 다정한 여성으로, 아기를 안고 방바닥에 앉아있는 모습이 아름다웠다. 그 뒤의 남편과 할아버지도 그 모습에 모두 흡족하였다.

아기의 소매가 길어 아기를 따뜻하게 하였는데, 우리는 그 고사리 같은 손을 찾아 10전을 쥐여 주었다. 여기서는 이렇게 하는 것이 관습이다.

실망

우리에게 실망하는 소식이 있었다. 한 여성이 자신의 우상단지를 버리겠다고 하여 놓고는, 다시 귀신에게 절을 시작하였다는 것이다. 남편이 아팠는데, 분명히 이웃들이 그녀를 원망하였을 것이다. 그래서 그녀는 무당을 불러들였고, 기독교를 버리겠다고 한다는 것이다.

불쌍한 그녀를 위해서 우리는 기도할 뿐이었다. 지금 시점에 우리 외국 여성이 그 집을 방문하는 것은 사정을 더 어렵게 할 것이 분명하기 때문이다.

찬송을 사랑하다

어느 저녁 기도회에서 니븐은 한 장로에게 말하였다. 다음 주 수요일 저녁, 자신이 교인들과 찬송 연습을 하겠다고 전해 달라는 내용이었다. 모두의 얼굴에서 미소가 피어났고, 매물이는 영어로 '땡큐'라고 하였다. 다른 곳에서는 기도와 성경 읽기를 좋아하는 것처럼, 이곳 사람들은 찬송가 부르기를 매우 좋아한다.

우리 집의 계단을 수리하여 많이 좋아졌다. 예쁜 진한 갈색으로 오늘 그 나무 계단을 착색하였다.

부산진에서.

2월 5일.

〔더 크로니클, 1912년 4월 1일, 3〕

6. 새 미우라학원 개원식

이해 3월 13일 수요일은 부산진학교 소녀들에게 행복한 날이다. 언덕 위의 아름다운 새집이 완성된 것이다. 학생들은 온종일 위에 있는 새집과 아래 있던 헌 집 사이를 달리듯 오갔다. 옛 선교사 구역에는 손수레나 마차가 들어갈 수 있는 길이 없었다. 그곳에는 엥겔의 사택, 여선교사의 사택, 맥켄지와 아이들을 위한 새집이 있었다.

짐꾼들은 짐을 가득 싣고 좀 더 넓은 길로 나가기 위하여 먼 길을 돌아 나가야 하였다. 어린이들도 짐을 머리에 이거나 손으로 들어 나르는 것을 도왔다. 신성한 나무의 뿌리를 조심스레 건너고, 도랑의 작은 널빤지 다리를 건고, 좁고 경사진 길을 따라 위로 올라가 새집에 짐을 내리기를 반복하였다.

학교는 이사를 돕는 학생들에게 수업에 참석한 것으로 인정을 하였고, 그들의 기꺼운 작은 손은 적지 않은 도움이 되었다. 저녁때가 되자 모든 가치가 있거나 없는 물건들이 위로 옮겨졌고, 손으로 닿을 수 있는 위치에 놓였다. 예전 집 지붕 위에서 벌써 이엉이 옮겨졌고, 그곳의 돌들은 새집 담에 필요한 곳곳에 쓰였다.

'옛 질서는 변하였다.' 멘지스, 무어 그리고 브라운이 살며 일하던 원래의 집은 이제 사라졌다. 낮고 청결하지 못한 그 오두막집의 정신을 우리는 존경하지만, 그러나 지금은 그런 시험이 필요치 않았고 그것으로 인하여 우리는 기뻐하였다.

세심한 준비로 작은 것까지 모든 이사를 잘 마치었다. 우물가로 가는 비탈이 너무 경사지지 않아 작은 발들도 올라갈 수 있었고, 머리에 물을 한 동이 이어도 잘 내려올 수 있었다. 학교 옆에 올라와 있는 둑도 길로 나갈 수 있도록 세워졌고, 하수구도 잘 만들어졌다. 돌도 구석구석에 깔아 놓아 장마철 때 진흙탕이 되는 뜰의 징검다리가 될 수 있도록 하였다.

새 학교 개원예배

5시 30분에 학생들은 거실로 모였다. 열심히 도우려는 엥겔 부부, 맥켄지 부부, 맥켄지의 교사, 그 외 한두 명도 포함되었다. 우리는 찬송으로 개원식을 시작하였고, 엥겔이 기도를 인도하였다. 그리고 그는 이 아름다운 새집에 관하여 몇 마디 이야기하였다.

예전 집의 보통 이름은 '아랫집'이어서 보이는 것이 담벼락밖에 없었다. 그러나 이 집은 높은 곳에 자리하고 있어 부산진 마을과 주변의 언덕과 들, 그리고 부산포와 영도까지 다 포함된 아름다운 전경을 가질 수 있었다. 새집은 높은 곳에 있어 이웃들도 많지 않았고, 담을 높게 쌓을 필요도 없었다. 그러므로 마루에서 많은 것을 볼 수 있었다.

아내가 옛 고아원의 소녀였던 정 장로도 인사를 하였다. 매물이에게도 말할 기회가 주어졌지만, 목사님이 잘 말하여 더는 말할 것이 없다고 하였다. 엥겔은 실제적인 과제도 언급하였다. 창문과 찬장 등을 조심해서 다루어야 한다고 부탁하였고, 새집으로 이사하여 슬픈 사람은 손을 들어보라고 하였다. 물론 아무도 손을 들지 않았다.

우리는 찬송을 하나 더 불렀고, 축도가 있었다. 그리고 우리 외국인들은 신을 신고 새집을 나왔다. 새집의 바닥은 새 기름종이 바닥이어서 꼭 '신을 벗어야' 한다. 학생들은 저녁이 준비되어 새집에서 첫 식사를 하였다.

새집에 대한 설명

이 집은 순수하게 한국식으로 지어졌다. 학생들은 바닥에 앉고, 식사는 앉은뱅이 상에서 먹는다. 잠은 온돌 바닥에 누워 자고, 아침에는 이불을 개어 치운다. 5개의 방과 거실, 부엌, 목욕실, 그리고 광이 있다. 사치스러운 면이 있다면 신선한 공기와 풍성한 햇빛이다. 이것은 옛집에서는 없었던 것이다. 열리는 창문이 있고, 문에 유리가 있으며, 종이가 아닌 나무로 만들어졌다.

열린 집과 같은 형태로 방을 돌아가며 마루가 있어, 날씨만 좋으면 어디서나 방이나 거실로 입장이 가능하였다. 멜버른의 집에는 현관문이 없는 것이 이상한 것처럼, 한국의 집에는 마루가 없다는 것은 희귀하다.

다른 학교 기숙사생도 우리는 수용할 수 있고, 이미 지난 일 년 동안 한 명이 있었다. 우리는 믿기를 이곳에서 많은 행복한 가정을 위한 기초가 놓일 것이다. 이 집에 하나님의 사랑과 은혜가 쏟아지기를 기도해 달라.

부산지에서.
1912년 3월.
〔더 크로니클, 1912년 6월 1일, 4〕

---

7. 유아 세례식

봄 학기가 19일에 마치고, 지금은 여름의 열기 한중간에 있다. 오래 기다리던 비도 많이 왔고, 이제 풍년을 기대하고 있다. 헐벗었던 겨울의 산은 짙은 녹색이고, 그 사이로 흰 안개가 스며들어 있다. 옷과 음식과 가구에도 초록색이 많이 등장하고 있어, 그 색의 아름다움을 놓쳐버리는 경향이 있다.

세례식

성찬식의 계절이 돌아왔다. 아침에 세 명의 성인이 세례를 받았고, 오후에는 가장 은혜로운 성찬 예배가 있었다. 그러나 나에게는 그 전날 있었던 유아 6명의 세례식이 가장 인상 깊었다. 이 아기들은 과거의 신실한 씨 뿌림과 수확의 증거이고, 미래의 유산이다.

내가 그들의 이름을 언급하여도 여러분은 잘 모를 것이다. 내가 아는 몇은 여러분의 관심을 끌 수 있을 것이다. 활동적인 작은 도마에 대하여는 전에 '더 크로니클'에 소개가 되었다. 기도와 찬송을 할 동안 나는 그 아기를 안고 있는 특권을 가졌는데, 평범치 않은 소리에 그는 몸을 뒤척였다. 그 아기의 얼굴만큼이나 그가 입고 있던 옷도 흥미로웠다.

도마는 연한 파란색과 핑크빛 소매의 보통 한국인 웃옷을 입었고, 빨간색과 노란색 줄이 있는 검은색 일본인 목욕 바지를 입었다. 거의 오몬드 색이었다! 예배 시작 전에는 칭얼거리고 노는 그 아이였는데, 예배가 시작되자 6개월밖에 안 된 아기치고는 몸과 마음이 조용하였다.

'한국방문기'에 표지에 실렸던 우리의 박 장로(박신연 장로 – 역자 주)는 평소보다 더 인자하게 웃고 있었는데, 세례받는 아이가 그의 손자였다.

우리의 학교 학생 한 명도 심각한 얼굴을 하며, 자신의 아기를 안고 달래고 있었는데, 그녀도 오늘 자신의 딸 세례식이 있었다.

젊은 3명의 아버지는 모두 행복해 보였지만, 사색적이고 진지하였다. 네 번째 소년은 아름답고 순수한 한복을 입고 있었고, 그 위에는 멋있는 한문이 수놓아 있었다.

다음은 학교 관리원의 작은 딸이었고, 그리고 6번째 세례받는 아이는 그녀의 조카인데 이 아이는 조금 아팠다. 순서가 되어 아빠가 안으려고 하자 안 가려고 그 아이는 버텼고, 그래서 엥겔은 가능한 손을 길게 뻗어 엄마 품에 있는 그 아이에게 세례를 주었다.

이 아이만 제외하곤 다른 아이의 칭얼거리는 소리도 일절 없었고, 모두가 증인인 가운데 신앙공동체에 이 아이들은 받아들여졌다. 이 귀한 생명을 위한 조용한 기도가 여기저기서 들렸고, 그들은 이 아이들을 잘 키울 큰 힘을 가진 부모들이다.

도마와 그 아이만 제외하고는 모두 깨끗하고 흰색인 새 옷을 입었다. 이 옷과 같이 이 아이들이 희고 순수하게 성장하며, 이 먼 나라

316

의 죄와 슬픔을 알지 못하도록 기도하지 않겠는가? 이들이 평생 아
버지의 집에 거하도록 기도드린다.

부산진에서.
1912년 7월.
〔더 크로니클, 1912년 10월 1일, 3〕

---

8. 바쁜 부산진선교부

이달은 한국에서 매우 바쁜 시기다. 추수와 탈곡이 있고, 가을보
리를 심는다. 지붕은 새 볏단으로 바꾸고, 수북이 떨어지는 나뭇잎을
부지런히 쓸어야 한다. 집 안에서는 겨울옷을 채비하는데 빨고, 다리
고, 물감들이고, 이 모든 것이 준비되어야 한다. 그리고 옷 속을 충전
재로 채워야 하고, 이불 안에도 넣어야 하는데, 올해가 어려운 것은
솜 등 충전재가 비싸기 때문이다.

우리 학교 아이들은 하얀색 웃옷과 검은색 치마에서 빨간색이나
분홍색 웃옷과 남색 치마로 갈아입는다. 지금은 미루나무의 잎이 다
떨어졌고, 내 뒤에 있는 엥겔의 집 문을 닫으면, 아이들이 노는 것이
다 보인다.

시간이 지남에 따라 다가오는 크리스마스 시 있을 다양한 비밀
스러운 행사가 준비되고 있다. 그러나 다가오는 시험 준비가 많은
시간을 빼앗으므로, 비밀스러운 성탄 준비가 학생들에게 영원히 비
밀이 될까 봐 염려스럽다. 시간만이 말해줄 것이다.

바쁜 나날들

우리 선교부 인원들에게 바쁜 달이었다. 달 초에 새로 온 선교사들을 환영하였다. 같은 날 엥겔은 일본에서 돌아왔고, 니븐은 순회전도에서 돌아왔다. 우리는 어린 노만 엥겔을 잃었지만, 프랭크가 우리 모두에게 힘이 되려고 하였다. 며칠 동안 우리는 큰 단체였는데, 짐이 세관에 도착하자 짐을 찾아 각자 자신의 선교부로 떠나갔다.

마산포로 가는 선교사는 토요일에 떠났고, 진주팀은 월요일 떠났다. 마산포에서는 맥피가 와 네피어를 데리고 갔다. 혼자 있다가 이들을 만나 즐거웠고, 캠벨도 있었다. 이들이 떠나기 전에 니븐이 돌아올 수 있어서 무엇보다 좋았다. 그녀가 돌아오기 전에 이들이 떠날까 봐 염려하였던 것이다.

새 선교사들이 돌아가자 엥겔과 맥켄지는 시골교회 방문차 떠났다. 그리고 이 편지를 내가 쓰는 동안에 니븐은 내일 또 떠날 준비를 하고 있다.

맥켄지 부인의 나환자 친구 수연이에 대하여 들은 사람은 아마 위로받을 것이다. 오랜 고통 끝에 아버지의 부름을 받았다. 니븐은 슬프게도 요양원 성경반에서 그녀를 더는 볼 수 없지만, 그녀를 위하여 잘된 것이라 하였다. 그녀는 주님께 돌아가기를 오랫동안 기도해 왔었다.

부산진에서.
1912년 11월.
[더 크로니클, 1913년 2월 1일, 3]

9. 동래읍에서의 여성성경반

2월은 짧은 달이지만 한국인에게는 일하는 달이다. 올해 이 지역 여성성경반은 동래읍에서 열린다. 그러나 좁은 철길이 망가져서 성경반을 인도하는 엥겔 부인과 니븐은 매일 이곳에서 출퇴근하고 있다. 새벽에 집을 떠나 저녁 6시 45분이나 8시 50분에 도착한다. 부산진 사람들도 겪어보지 못한 2월의 추위였다. 그런데도 여성과 소녀들 80명이 참석하여 좋았다. 교사와 학생들은 공부 시간과 상호 소통을 즐기었다.

남성경반은 동시에 부산진에서 열리고 있었다. 그곳에도 많은 격려와 영감이 있었다. 맥켄지 부인의 금요일 저녁 반은 일 때문에 낮 반에 참석할 수 없는 학생들을 위해 진행되었다. 40~50명이 성경 읽기를 배우고 있다. 이 중 몇 명은 이제 주일학교에도 나오고 있고, 저녁기도회에도 나오고 있다. 무어도 이 일을 돕고 있다.

구정

첫 주에 있던 구정으로 인하여 학교의 학생들이 결석을 많이 하였다. 구정은 중국 새해로 많은 잔치와 이방 제사가 있다. 우리는 휴일로 하지 않았는데, 열심인 몇 학생들은 학교에 나오기를 원하였다. 아마 구정에 입는 예쁜 옷들을 자랑하고 싶었는지도 모른다. 우리는 모두 즐거워하였다. 매물이의 안내로 오랜만에 온 학생들도 있었다.

다음 달, 우리의 학기가 모두 마쳐진다. 그리고 두 주 동안의 봄방학 후에, 홍보와 함께 우리의 새 일이 시작될 것이다. 새 학생들을 등록시키는 즐거운 날이며, 학생들에게 별명을 붙여주는 날이다.

작년에 한 작은 학생은 자신을 스스로 '티 코지'라고 하였는데,

그것이 애완견 이름인 것을 나중에 알았다. 다른 학생들은 이 학생이 이 이름에 대답하는 것을 보며 웃었다. 그녀의 진짜 이름은 복순이이다.

이달의 행사

그러나 우리 외국인들이나 이곳 한국인들이 이달에 가장 기다린 것은 새 선교사들의 도착이다. 무어 부인이 건강하게 보여 모두 기뻐하였고, 여성들과 학생들이 곰과 같이 그녀를 포옹하는 모습이 그것을 증명하였다. 다른 이들은 아직 우리와 함께 있으며, 짐이 도착하기를 기다리고 있다. 그들도 즐거운 시간을 보냈다. 들려주어야 할 이곳의 사역과 호주의 교회 이야기가 많았고, 우리의 생각은 다른 때보다 더 자주 호주로 날아가고 있었다.

부산진에서.

2월 28일.

[더 크로니클, 1913년 5월 1일, 3]

10. 부산진 초등학교 첫 졸업생들

<알렉산더는 부산진의 우리 학교 상급반 초등과정을 마친 네 학생의 편지를 해외선교위원회 총무를 통하여 빅토리아여선교연합회에 보내 감사를 전하였다. 이 편지는 학생들 스스로 작성하였으며,

사진과 함께 그들이 만든 수공예품 표본도 보내었다. 알렉산더는 말하기를 '우등생인' 귀암이는 마산포의 맥피를 도울 것이고, 다른 두 명은 부산진의 자신의 학교를 돕는 것을 제안받았다.>

번역

  하나님의 크신 사랑과 주 예수의 은혜가 여러분과 함께하시기를 기도합니다. 우리의 후원자이신 여러분께 사랑과 함께 우리의 인사를 전합니다. 여러분의 영광스런 모습이 하늘의 아버지 은혜 속에 영원히 지켜질 것과 그곳 교회의 모든 일을 위하여 우리는 주님께 기도드립니다.

  이곳 우리의 교회와 학교에는 많은 즐거움과 기쁨이 있는바, 주님의 도움과 호주 여러분의 많은 사랑으로 인하여 진실된 감사를 우리는 주님께 돌려드립니다.

  우리의 선생님인 여러분은 위대한 사랑과 주님의 사역 안에 여러분의 힘을 보여주셨습니다. 한국을 특별히 사랑하시고, 부산진에 일신학교를 세우는 도움을 주셔서 얼마나 기쁜지 모릅니다. 우리를 모아 배움도 없고 주님도 몰랐던 우리를 여러분들이 가르쳤고, 예수님을 믿도록 우리를 인도하셨고, 의의 길로 인도하셨고, 그리고 세상의 학문도 가르쳐 주셨습니다. 그리고 올해 처음으로 우리는 상급반 초등과정을 마칠 수 있었습니다.

  우리는 먼저 이것이 하나님의 은혜임을 깨닫고, 두 번째로는 우리 학교를 도운 여러분이 있었기 때문임을 감사하며 하나님께 영광을 돌립니다.

  '졸업생들'의 이 사진이 잘 나오지 않아 창피하지만 용서하시고 보아주시기 바랍니다. 이 아이들의 이름은 다음과 같습니다.

문순기미(문순검)　　양귀아미(양귀암)

방달수니(방달순)　　박덕수리(박덕술)

　　우리가 받은 사랑을 우리는 영원히 감사하며, 우리는 어디든 가서 주님의 일을 하기를 강렬하게 희망합니다.

　　여러분들이 주님의 일을 위하여 오래 살아 많은 일을 할 수 있기를 우리는 믿으며 희망합니다. 그리고 주님 앞에서 영광된 금 면류관을 받아 주님을 찬양하기 기도합니다.

　　또한, 그곳 교회의 사랑스러운 어머니와 아버지, 형제자매들에게 안부 전해주시기 바랍니다. 비록 우리는 다른 나라 사람이고 서로 볼 수는 없지만, 하나님이 우리를 한 가족으로 만들어 주셨고, 성령 안에서 교제할 수 있습니다. 아멘.

주후 1913년 3월 27일.

〔더 크로니클, 1913년 7월 1일, 12〕

11. 평양에서의 한국어 공부

　　이번 달의 한국어 공부는 평양에서 열렸다. 그래서 부산진에서는 맥켄지와 내가 그 언어를 좀 더 잘 배우려는 목적으로 평양에 갔다. 우리는 둘 다 이 언어 반에서 공부하는 특권을 가지고 즐기고 있다. 지혜로운 교사들은 한국말을 할 때 우리의 혀를 어떻게 해야 하는지 보여주었다. 우리는 또한 한국 각 지역에서 온 선교사들과 교제를 하였다. 이 기독교인의 모임은 이곳에 온 누구에게나 영감을 주었다.

이곳의 교회에 참석하는 수많은 교인을 보는 것은 감동이었고, 시험이 연단되어 금이 된 모습이었다.

오랜 친구

이곳에는 친구들의 모임도 있다. 우리의 현재 교사 두 명은 집이 여기에 있고, 예전 교사의 친구도 이곳에서 만났고, 페이튼의 책에 등장하는 우물 옆에 서 있는 예전의 전도부인도 만났다. 김화순을 다시 만난 것은 큰 기쁨이었다. 그녀는 한국에서 나의 첫 번째 학생이었다. 학교의 선생인데 내가 그녀에게 영어를 가르쳤고, 그녀는 내가 처음 배울 때 나에게 한국말을 가르쳤다. 그녀는 막 의학 공부를 시작하였다.

마산포와 진주에서도 한국어 반에 대표를 보내었다. 호주선교회가 유익을 얻는 것은 이곳 평양 사람들의 친절함 때문이다.

부산진학교

부산진에서 이달에 특별한 일은 엥겔이 평양신학교에서 일을 마치고 돌아온 것, 낮 반과 야간반 방학, 그리고 학교 건물 운영의 시작이었다. 나는 한 학교 교사에게 편지를 받았는데, 새 학교가 시작되어 모두 기뻐한다는 것이었다. 우리는 방학을 좀 일찍 할 수밖에 없었지만, 학생들이 수업을 많이 놓치지는 않았다. 7월은 너무 더워 수업을 진행하기 어렵다.

성경학원에서 진행되는 일은 모두에게 만족을 주고 있다. 참석하는 수도 많아졌고, 여성들은 매우 부지런하고 주의하였고, 가르치는 자나 배우는 자나 상호 간에 모두 즐거워하였다. 꼭 필요한 전도부인 훈련이 시작된 것 같아서 기쁘다. 이 특별한 일을 위하여 우리와 같이 기도해 온 사람들은 하나님이 능력과 사랑으로 함께 하심으로 인하여 감사할 것이다.

평양에서.

[더 크로니클. 1913년 9월 1일. 4]

12. 따뜻한 동전

한국에 오는 새 선교사들을 나는 몇 번에 걸쳐 더 크로니클 선교지에 소개하여 왔다. 이번 달도 예외는 아니다. 10월 6일 작은 넬리 맥켄지가 왔고, 9일 후에는 엘시 엥겔을 환영하였다. 둘 다 우리와 이곳 한국인들에게 큰 기쁨을 주고 있다. 이들은 아직 한국어 공부를 시작하고 있지는 않다. 작은 프랭크는 동생이 도착한 지 두 주 후에 2번째 생일 축하 모임을 했고, 동생을 자랑스럽게 생각하였다. 자신의 아버지 생일도 같은 달에 있기에, 한국인들은 매우 축복을 받았다고 나에게 말하였다.

맥켄지는 순회 전도를 하였고, 니븐은 시골에서 두 개의 성경반을 인도하였다. 그녀가 떠난 직후, 태풍이 시작되어 성경반이 열리는 곳에 이틀 늦게 도착하였다. 그러나 추수가 다가오고 있으므로 그 시간을 보충하지는 못하였다.

지금은 매우 바쁜 시기이다. 벼와 콩을 추수하여 탈곡해야 하고,

콩이 있던 밭은 갈아엎어 그곳에 보리를 심어야 하였다. 작은 땅뙈기이라도 이곳에서는 낭비하지 않는다. 올해 벼농사는 좋지 않고, 밭농사는 좀 나았다.

추수 감사

10월 30일은 한국교회의 추수감사절이다. 교인들은 교회당을 알곡이 있는 볏단으로 장식을 하였고, 자신들이 생산한 수확물, 공산품, 혹은 돈을 감사예물로 바치었다. 올해 나는 젓가락과 밥숟가락을 살 수 있었는데, 이것도 헌금의 일종이다.

학교에서는 매일 아침 경건회가 있는데, 올해 헌금은 총 7파운드 6실링이다. 많은 돈이다. 한 달 교사의 봉급이 1파운드 8실링 정도이다. 이 헌금은 한국교회의 해외 선교 기금으로 제공되는데, 자신들의 헌금이 어떤 목적으로 사용되는지 듣는 학생들의 표정은 참 흥미롭다.

동전은 작은 가치이지만, 문자 그대로 따뜻한 돈이다. 학생들은 동전을 꼭 쥐고 있다가 시간이 되면 두 손으로 조심스레 바구니에 넣는다. 이곳에서 한 손으로 드리는 것은 예의 없는 일이다. 희망하기는 중국인 형제들에게 이 학생들의 신실한 마음이 전달되기를 바라며, 그들을 위한 이들의 기도가 상달 되기를 희망한다.

천황의 생일

오늘 천황의 생일 축하가 있었다. 그래서 학교는 휴일이다. 각 마을에는 깃발이 휘날렸다. 미우라학원에도 깃발이 올라갔는데, 새 호주 국기이다. 최근에 하퍼 여사가 선물로 주었다. 한 학생이 나에게 말하였다.

"우리 깃발이 참 멋있습니다."

공의회 모임이 있은 지 벌써 한 달이 지났다는 것이 믿어지지 않는다. 우리는 당시 결정한 것들을 시행하고 있으며, 벌써 이번 성탄절에 관한 내용이 드러나고 있다. 학교에서는 어머니들을 위한 선물을 준비하고 있고, 잘 보관하고 있다. 안 믿는 가정에서 온 아이들이 성탄의 참 의미를 배울 수 있도록 특별히 기도해 달라. 상급반의 학생들은 자신들의 인생의 방향과 기회에 대하여 더 깊이 성찰할 수 있도록 말이다.

모든 더 크로니클 독자들이 기쁜 성탄과 1914년의 밝은 새해를 맞기를 소망한다. 우리의 여학생들도 같은 인사를 드리기 원할 것이다. 지금 너무 늦어 그들에게 물어보지는 못하겠다.

1913년 10월.

[더 크로니클, 1914년 2월, 3]

13. 남녀 성경학원

2월은 순회하기 좋은 달이다. 보리는 자라고 있고, 모를 심기에는 이른 시기이기 때문이다. 김을 매는 일도 흔치 않다. 집 안에서도 겨울 채비는 지나갔고, 봄을 준비하기에도 이르다. 거기에다 이 해의 수확은 좋았기에, 우리는 오랫동안 앉아서 편하고 즐겁게 공부를 할 수 있다.

니븐은 이달에 세 개의 성경반이 있었다. 교사와 준비에 따라 각 반의 규모는 달랐지만, 참석한 여성들은 교사와 강의에 만족하였다.

동래지역의 성경반은 올해 부산진에서 열린다. 특히 이번에는 교사를 많이 확보할 수 있었는바, 엥겔 부인, 니븐, 멘지스, 맥켄지 부인 그리고 나이다. 모두 강의에 참여하였고, 전도부인들도 가르쳤다. 평균 참석률도 높았다.

이 시골 여성들과 소녀들은 수요일부터 그다음 수요일까지 운영되는 성경반에 우리와 함께 참가하였다. 시골에서의 모임과는 다른 조직이 되어 확대된 이 반이 잘 운영되고 도움이 되어 시골의 같은 성경반도 나아지기를 바란다.

남성경학원

여성반을 마치자마자 남성 성경반이 열리었다. 지금도 진행 중이다. 엥겔, 맥켄지 그리고 심 목사가 교사이다. 성경반은 기독교 사역자를 훈련하는 학교이다. 5년 과정의 코스이다. 이제 시작된 지 3년 되었으므로 3개의 반이 있다.

여학교는 3월이 학년 말인데 빠르게 다가오고 있다. 추위에도 불구하고 평균 참석률은 만족스럽다. 벌써 입학을 원하는 학생들과 그들의 부모들은 언제 새 학기가 시작되는지 문의하고 있다. 자신들의 자녀가 올바른 시간에 등록할 수 있도록 기다리고 있다.

유용한 선물

테일러 부인을 통하여 트위드 옷감을 보내준 무명의 친구에게 감사한다. 성탄절 선물로 만들기에는 너무 늦게 도착을 하였다. 그러나 이번 겨울에 사용을 안 하기에는 너무 아까워, 우리의 5학년과 6학년 학생들이 재봉시간에 한국식 상의로 만들려고 하고 있다. 그 결과는 대만족이었다. 옷 안감을 댄 옥양목, 그 사이를 솜으로 채우고, 따뜻한 옷감을 몇 겹 덧대어 만든 옷을 입고 추워하는 부산진의 소녀들은 좋아하였다.

옷이 참 잘 만들어져 나는 5명의 학생에게 100점을 주었다. 보내준 트위드 옷감으로 학생들은 훌륭한 실습과 이론 공부를 할 수 있었다. 친절한 후원자에게 감사한다.

여러분이 궁금해하는 작년에 졸업한 4명의 학생은 모두 교사로 한해를 잘 봉사하였다. 두 명은 마산포에서 그리고 두 명은 이곳 부산진에서 말이다.

부산진에서.

1914년 2월.

[더 크로니클, 1914년 5월 1일, 3]

14. 생명책에 기록된 이름

지난 몇 년 동안 학교에 불문율처럼 된 것이 있다. 5월의 어느 햇볕 좋은 토요일 아침, 부산진여학교의 학생들은 야외의 한 장소를 택하여 그곳에서 즐겁게 노는 것이다. 그러나 올해는 왕후의 죽음으로 할 수 없었다. 그녀의 장례식이 화요일에 끝났기에, 우리는 5월 30일 소풍을 나갈 수 있을 것으로 생각하였다.

그러나 오늘 비가 세차게 그리고 꾸준히 내리고 있어 그날까지 구름이 물러갈 수 있을까에 대해 의심이 들었다. 그래서 우리는 한국인들처럼 그날 좋은 날씨를 달라고 기도하고 희망할 수밖에 없다.

봄철의 주식인 보리가 익어 밭을 메우고 있어 아름다운 풍경을 연출하고 있다. 물안개는 소나무 산을 덮고 있고, 반대편에는 작은 배들이 기묘한 모습으로 오고 가고 있다.

우리는 특별한 기념 예배를 금요일에 드렸고, 그리고 방학이 뒤를 이었다.

'숨겨진 여성'

화요일, 이곳 부산진에는 큰 장례식이 있었다. 이 지역 비기독교 학교인 두 개의 학교 남녀학생들이 행진하였고, 많은 사람이 몰렸다. 그러나 이 장례식은 기독교식 장례였다. 그녀의 남자는 고집스러운 불신자지만, 온화하던 이 여성은 자신의 소원대로 장례식을 받게 되었다. 그녀는 숨겨진 그리스도인이었다.

몇 년 전에 그녀의 남편은 서울에 가 예배에 참석하였다. 그때 누군가 그의 아내에게 기독교인이 되면 좋겠다는 말을 전하였다. 그는 고집스럽고 잔인한 남자였는데, 때로 아내를 모욕하였다. 그녀는 그 제안을 기쁘게 받아들였다.

그녀는 기독교인 친구들이 있었고, 그녀가 신자가 되도록 돕겠다고 약속하였다. 그녀는 교회에 참석하였다. 그러나 곧 변화가 있었다. 그녀의 남편이 돌아온 것이다. 그는 더 높은 지위로 승진을 못 하여 실망하고 있었는데, 그 분노를 집에 있는 자신의 온화한 아내에게 쏟아부었다. 더는 교회를 못 가게 하였다. 그러나 그녀는 남편이 주일 외출을 할 때면 교회에 살며시 나오곤 하였다. 남편이 그 사실을 알 때 또 한 번의 매질이 연약한 그녀의 몸에 가하여졌다. 그러나 그녀는 굽히지 않았다.

우리는 그녀가 교회를 올 때마다 얼마나 반가운지 그녀에게 말하였다. 내가 그녀를 처음 보았을 때 그녀는 다른 어떤 여성보다도 마돈나와 같다는 생각이 들었다. 그녀는 보통 비단으로 된 하얀 두건을 썼다. 그것이 그녀의 얼굴 모습을 더 부드럽게 보이게 하였다. 그녀는 동그랗고 깊은 눈을 가지고 있는데, 그 눈으로 세상을 안타까운 눈빛으로 바라보고 있었다.

그리고 한동안 우리는 그녀를 보지 못하였다. 그녀가 아프다는 소식이 들려왔다. 폐병에 걸렸다는 것이다. 그녀의 남편은 기독교인 친구가 방문하는 것을 허락하였고, 그녀의 마지막 날에 기쁨을 주었다.

"만약 내가 완쾌되면, 좀 더 용감해질 것입니다."

그녀는 계속 말하였다.

"그가 나를 때리거나 불에 던져도 굴하지 않을 거예요. 교회를 계속 나갈 겁니다."

그러나 하나님은 그녀를 더 시험하지 않으셨다. 그녀는 나아지지 않았다. 그녀가 죽기 전에 엥겔 부인이 방문하였다. 그녀는 자신이 세례를 받지 않았다며 염려하였다. 엥겔 부인은 말하기를 그녀가 신실하게 예수 그리스도를 믿는다면 그분 품으로 갈 수 있을 것이라 하였다. 그 여성은 다시 말하였다.

"그러나 세례를 받으면 새 이름도 받아요. (만약 예전 이름이 불신자의 특징을 가지고 있다면 새 이름을 받았다) 내가 천당에 갔을 때 내 이름을 알아주지 못하면 어떻게 하죠?"

엥겔 부인은 그녀의 두려움을 다독였다.

"당신은 그곳에 알려져 있어요. 당신의 이름은 이미 생명책에 기록되어 있어요."

한국인 심 목사가 방문할 수 있도록 허락되었다. 그러나 그녀는 세례문답에 대답할 수 없는 상태였다. 결국, 그녀는 세례를 받지 못하고 사망하였다. 그녀는 자신의 딸에게 신자의 길을 따르라고 하였다. 그녀는 양지바른 언덕에 묻혔다. 관원들과 사람들은 그녀에게 경의를 표하였다. 기독교인이나 이방인이나 한국인이나 일본인이나 외국인이나 말이다. 우리는 그녀의 '천사 같은 얼굴'을 꼭 다시 볼 것이다.

부산진에서.

5월 30일.

[더 크로니클, 1914년 7월 1일, 3]

15. 달라진 공의회 모임

우리는 또다시 새 선교사들을 환영하였다. 9월 9일 1시 에버리와 스키너가 힘든 항해 후에 안전하게 도착을 하였다. 우리는 그들이 언제 도착할지 불확실하였는데, 이렇게 맞이하게 되어 기쁘다. 부산은 이날 멜버른의 기후와 같았다. 구름 속의 먼지가 바람으로 불어오는 것은 흔치 않은 일인데, 한여름의 노곤함이 여전히 남아 있었다.

다음 주는 공의회 모임으로 인하여 모두 진주로 모일 것이다. 그러면 부산은 외국인의 공백이 있을 것이다.

달라진 진주

3년 전의 진주와 대비되는 모습에 모임은 매우 좋았고, 흥미로

왔다. 같은 선교부지에 우리가 모였다는 것을 믿을 수 없을 정도였다. 그때는 3명의 외국인 거주자가 있었고, 다른 건물은 없었다. 지금은 10명이나 있고, 아름답고 큰 배돈기념병원이 있다. 이곳에서 공의회가 열렸던 것이다.

우리 회원 중에도 큰 변화가 있었다. 당시의 공의회는 나의 첫 공의회였고, 나는 가장 막내 선교사였다. 3년이 지난 지금은 선배보다 후배가 더 많아진 것이다.

거창은 가장 나중에 생긴 선교부인데, 그곳에서 온 신사 매크레가 회장이다. 각 위원회에서 안건을 준비하는 방법도 그 전보다 더 세심하고 성공적으로 준비되었다.

우리가 도착하고 떠날 때, 또 하나의 변화는 나귀 대신 자동차가 우리를 실어 나른다는 것이다. 다음번의 모임은 비행기로 올 수 있을까 하는 생각을 하였다!

지금 우리는 모두 제자리로 돌아와 각자의 일을 하고 있다. 부산 진의 학교는 데이비스를 다시 따뜻하게 환영하였다. 우리는 라이트가 곧 우리 중에 다시 바쁘게 일하기를 바라고, 엥겔 부부와 프랭크와 엘시를 우리는 아주 그리워할 것이다. 그들이 곧 필요한 좋은 휴식의 시간을 갖기를 희망한다.

우리의 부산 미국인 친구들은 짐을 쌓고 있고, 곧 자신들을 좋아하는 사람들에게 안녕을 고할 것이다. 우리도 그들을 그리워할 것이고, 새로운 선교지에서 기쁨과 축복이 있기를 간절히 바란다.

부산진에서.
1914년 9월.
[더 크로니클, 1914년 12월 1일, 4-5]

16. 초읍으로 가는 길

올해 1월은 온화하고 평화롭게 다가왔다. 세상의 신속한 평화를 위하여 기도하자. 우리는 여러분을 많이 생각하고 있고, 새해에 바다와 산을 건너 여러분들의 축복을 빈다.

맥켄지와 라이트는 그들의 시골교회를 방문하고 있다. 데이비스와 멘지스는 학교에서, 맥켄지 부인은 야간반에서 모두 바쁜 하루를 보내고 있다. 니븐과 나는 봄에 시골에서 있을 여러 가지 활동을 준비하고 있다. 우리는 모두 주일학교도 더 잘 운영되도록 노력하고 있다.

주일학교 소녀반은 아침 9시 30분에 학교 이 층에서 열렸다. 소녀반이 끝나기 전에 여성반은 아래층에서 모인다. 내가 집으로 갈 때는 항상 몇 명의 친구와 인사를 나눌 기회가 있다. 그리고 새로 와 부끄러워하는 여성들을 위에 있는 학교로 안내해줄 때도 있다.

대부분 우리의 학생들은 올해 누가복음을 공부한다. 그러나 맥켄지 부인의 반은 상급반으로 구약을 공부한다. 그리고 조용한 시간이 찾아온다. 주중에 가장 조용한 시간이다.

초읍으로 가는 길

여기에서 3마일 정도 떨어진 곳에 초읍이라는 마을이 있다. 한 달에 한 번씩 나는 이곳에 간다. 지난번은 달의 첫 주에 있었다. 초읍으로 가는 날에는 점심을 일찍 먹고, 학생들과 함께 길을 떠난다. 지난 주일은 구정 전에 있는 큰 장날이었다. 가난하고 신앙이 약한 기독교인들에게는 유혹적인 날이다. 우리의 걸음은 빠르지 못하였다. 무서운 개를 피해야 하였고, 상인들을 뿌리쳐야 하였다.

언덕으로 올라가 계곡을 지나 초읍으로 향하는 길에 들어서도, 마을과 마을을 다니는 많은 상인과 마주쳐야 하였다. 우리는 시냇물을 거슬러 올라갔다. 우리는 계속 길을 갔고, 비어있는 논의 구부러진 좁은 길을 가로지르기도 하였다. 그리고 곧 아름다운 초읍에 우리가 와 있는 것을 깨달았다.

마을은 언덕 아래에 있고, 중앙에는 작은 연못이 있고, 대나무가 그 지경의 울타리를 만들고 있었다. 그 뒤에는 소나무들이 서 있는 큰 산들이 배경으로 있었다. 조금 전까지의 황량한 논과 밭의 모습과는 대조적이었다. 빨간색의 성 조지의 깃발이 있는 그곳이 교회임을 알았고, 우리는 그 방향으로 가는 휘어진 길을 따라 걸어 들어갔다.

오후의 사역

이 교회에는 적은 교인들이 모인다. 그러나 이들은 진실하고 열정적이다. 그리고 우리를 항상 따뜻한 마음으로 맞이하여 준다.

우리는 먼저 한 시간 정도의 예배를 드린다. 교인 중 한 남성이 예배를 인도한다. 그 남성이 떠나면, 우리 여성들은 한자리에 모여 공부를 시작한다. 지난번에는 한 다정한 얼굴의 여성이 불출석하였었는데, 그녀가 장에 가지 않은 것을 교인들은 알고 있었다.

사람들은 그녀를 '절뚝이 할머니'라 부른다. 몇 년 전에는 거의 걷지 못하였다고 한다. 그때 멘지스 부인이 이 마을에 와 예수를 가르쳤고, '할머니는 교회당에 걸어올 수 있을 만큼의 은혜를 받았다'라고 이곳 사람들은 말한다. 그 후 몇 년 동안 그녀는 교회를 나오고 있다.

내가 처음 이 마을을 방문하였을 때 그녀는 나에게 말하였다. 부산진의 멘지스를 걸어 방문할 정도의 은혜를 받기를 소망한다는 것이었다. 그러나 후에 멘지스가 초읍을 다시 방문하였고, 그녀는 갑자기 자신의 소망이 이루어졌다는 것을 깨달았다.

공부 후에 우리는 봉남이의 집에 들러 그녀의 어린아이를 보았다. 그 아이는 작은 아기였는데 깨끗한 요 위에 눕혀져 있었다. 봉남이는 미우라학원 출신으로 마지막으로 결혼한 소녀이다. 그리고 그 아이는 그녀의 첫 번째 아기였다. 봉남이가 자신의 집을 잘 관리하는 것을 보면 기쁘다. 그녀는 좋은 아내였다.

여러분이 기도할 때 초읍과 그곳의 친구들을 위해 기도해 달라.

부산진에서.

2월 9일.

〔더 크로니클, 1915년 5월 1일, 3-4〕

17. 은혜로운 성찬식

우리는 지금 여름 한가운데 있다. 모든 학생이 방학을 보내고 있다. 여성경학원은 6월 말에 방학하였고, 7월 1일부터 여성들은 여러 곳으로 흩어졌다.

데이비스는 이미 우리를 떠났고, 멘지스는 통영을 방문하고 있고, 맥켄지와 니븐은 일본으로 떠났다. 부산진선교부는 텅 비어있다.

여학교는 20일에 방학을 하였다. 그리고 얼마 후에 요양원의 성경반과 동래의 주일학교도 임시로 문을 닫았다. 전도부인으로 훈련을 받는 나병 환자 이분이가 많이 아프다는 소식에 더 크로니클 독자들은 염려될 것이다. 두렵기는 아마 요양원에서 더는 일을 못 할 수 있다.

호주의 오랜 친구 스윈톤 양을 이곳에서 환영할 수 있어 즐거웠다. 부산진에 현재 여선교사가 없어 그녀의 동행자도 특히 환영하였다. 그녀는 자기 일이 있는 상해로 다시 돌아갔고, 작은 신복이를 포함하여 고아원의 모든 소녀가 사랑의 환송을 하였다.

휴가철

다른 선교부의 인원들이 휴가를 마치고 돌아갈 때 이곳을 들렸다. 오늘 나는 스콜스와 캠벨과 같이 북쪽으로 가기를 희망한다. 이들은 중국을 가는데 나는 선천에 있는 내 친구들을 만나기 원하기 때문이다. 그곳에서 그들이 하는 일을 보고 싶다. 그곳에는 한국의 어느 지역보다 평균적으로 기독교인이 많다고 한다.

우리의 한국인들은 전쟁이 일어나고 있는 국가들을 위하여 매일 기도하는 것을 잊지 않는다. 그리고 그들은 전쟁이 끝나 가는지 묻는다. 여러분과 함께 곧 대답하기 희망한다. '예. 전쟁이 끝났습니다.'

지난주일, 부산진교회 예배에 참석한 선교사 목사가 없었다. 그래서 성찬식 전부를 우리의 한국인 심 목사와 새로 장립된 김 장로, 그리고 나이 많은 동료 김 씨와 집례 하였는바, 신성하고 은혜로운 성찬식이었다. 가장 영감적인 예배였고, 감사와 격려를 받았다.

부산진에서.

7월 28일.

[더 크로니클, 1915년 10월 1일, 3]

18. 김해의 교회

다시 한번 12월이 왔다가 지나갔다. 온화한 달이었다. 춥지 않은 겨울은 쌀과 불이 없는 가난한 사람들에게 도움이 된다. 그러나 불행하게도 질병이 돌고 있다.

이달 두 번째 주에 멘지스, 라이트 부인, 그리고 나는 김해에서 흥미로운 성경반을 인도하였다. 온화한 날씨와 비로 인하여 추수가 지연되어 우리가 기대한 만큼 여성들이 참석은 못 하였다. 참석한 여성들은 전체적으로 공부를 잘하였다.

김해는 성으로 둘러싸인 아름다운 마을이고, 이 지역에서 가장 큰 이 교회는 좋은 목에 서 있다. 남녀초등학교도 같이 있다. 우리는 전에 있던 한국인 목사의 사택을 사용하였다. 그는 현재 또 다른 교회의 사택에 거주하고 있다.

김해에서 돌아와 이삼일 학교에서 바쁜 시간을 보냈다. 그리고 짧은 성경반을 위하여 산성으로 향하였다. 언덕이 많이 있는 참 흥미로운 마을이었다. 이곳은 성곽으로 둘러싸여 있는 큰 지역의 한 부분인데, 외부의 공격을 대비하여 70개의 마을이 피난처로 세운 곳이다.

이 활동적인 교회에는 젊은 남성과 여성, 그리고 어린이들이 있고, 노인들은 많지 않다. 돌아오는 길의 모든 시냇물은 얼어붙었지만, 겨울의 햇살과 친절한 환송의 기억이 우리의 마음을 따뜻하게 해 주었다.

부산진에서는 학교의 모든 학생과 부모, 그리고 교인들이 성탄절 준비로 바빴다. 성탄절 당일은 놀랍도록 밝고 따뜻한 날이었고, 모든 프로그램이 순탄히 진행되었다. 아침 예배는 성탄의 사랑 인사로 시작되었다. 오후에 학생들은 학교로 모여 성탄 찬송을 불렀고,

성탄절 말씀을 읽었다. 그리고 아이들은 자신들이 만든 조그만 선물을 부모에게 선물하였다. 일본 과자를 나누어 먹은 후, 아이들은 모두 마당에 나가 재미있게 장난치며 놀았다.

동시에 맥켄지와 그의 조력자들은 나환자들에게 즐거운 시간을 제공하고 있었고, 라이트는 저녁에 동래 읍내의 교회에 가서 그들과 함께 성탄 저녁을 즐기었다.

이 주에는 여성들이 매일 저녁 기도회를 했다. 그리고 성탄절과 새해 사이의 주간에는 자신들의 불신자 친구들을 낮에 방문하였고, 밤에 교회에 나오도록 전도하였다. 이 기간에 매일 저녁 교회에서 부흥회가 있었던 것이다. 많은 사람이 매일같이 나오지는 않았지만, 집회를 가치 있게 하는 충분한 성과가 있었다. 수명의 사람들이 주님을 믿기로 하였고, 인내와 정진을 위하여 힘을 간구하였다.

이 주는 세계의 기도주간이고, 저녁의 기도 모임 외에도 교인들은 새벽에 3번 모여 새해의 축복을 기원하였다. 한겨울 새벽 5시에 교회에 가 새해의 축복을 빌기는 쉽지 않은 일인데, 신앙의 시험이다.

부산진교회.
1916년 1월 3일.
[더 크로니클, 1916년 3월 1일, 3]

19. 무어를 떠나보내며

석 달도 안 되어 세 번씩이나 통영에는 환송회가 있었다. 매번

이들은 감사를 담은 관대한 선물과 더불어 찬송과 사랑의 인사를 하였다.

먼저는 캠벨이었는데, 그녀는 이곳의 학교를 수개월 맡아 일하였고, 이제는 다른 역할에 임명되어 떠나게 되었다. 그녀가 사랑의 봉사를 한 작은 소녀들은 자신들의 동전을 모아 통영의 놋 제품을 선물하였다. 갈색의 빛나는 소녀들의 눈은 차올랐고, 작별의 찬송을 부를 때에는 눈물이 차고 넘치었다.

그러나 바닷가로 내려가 배에 탄 그녀를 떠나보낼 때 학생들은 기분이 나아있었다. '사랑하고 존경하는 교장'은 잊히지 않을 것이고, 그녀의 소식을 손꼽아 기다릴 것이다.

다음으로는 학교 교사 양성숙이었다. 갑자기 고향으로 가게 된 것이다. 그녀는 부산진학교 출신으로, 지난 3년간 이곳에서 신실하고 훌륭하게 일하였다. 그녀도 학생들에게 사랑을 받았고, 그녀의 가르침과 훈계에 감사하며 환송식을 했다. 학생들은 그녀에게 그릇과 특별한 젓가락과 숟가락을 선물로 주며, 자신들을 생각하며 매일 사용하기를 부탁하였다.

그녀의 배는 새벽녘에 떠나는데, 어떤 학생들은 아시아의 문화처럼 밤 10시부터 머무르며 울며 슬퍼하였다. 그러나 잠시 서양 문화가 이기고 있었다. 대부분의 졸린 학생들이 집으로 갔다. 아마 양 선생은 행복한 신부로 우리에게 다시 돌아올 것 같다.

무어의 환송식

어제 오후는 무어의 환송식을 위하여 비워두었었다. 한국인들은 학교를 빨간색과 파란색 끈으로 장식하였고, 선교부는 꽃을 제공하였다. 학생들은 자신들의 옷을 무지개색으로 장식하였다. 그들은 노래하였고, 교회의 여성들도 그들의 슬픔과 사랑을 담은 찬송을 불렀다. 그 노래 속에는 파도와 바람의 리듬이 섞여 있었다. 무어가 거친 낚싯배를 타고 섬을 돌아다니는 모습을 보는 것 같았다.

무어에게는 그녀의 이름이 새겨진 진주로 장식된 장식장을 주었다. 진주 세공은 이곳에서 유명한데, 항상 좋은 선물로 제안되었다. 아직 어둠에 있었던 이들이, 하나님의 사랑의 빛으로 나오기를 얼마나 고대했던가. 이들에게 숨겨진 아름다운 성심이 드러나기를 말이다. 이것은 마치 깊은 바다에서 진주를 찾아 아름답게 세공하여 헌신 된 곳에 드러내는 것과 같다.

한국인들은 깊게 슬퍼하고 있지만, 웃음은 항상 눈물과 가까이 있다. 선물은 받은 무어는 감사와 사랑을 전하였고, 사람들의 얼굴에는 다시 미소가 돌아왔다. 음료수와 일본 과자와 사탕이 앉아있는 사람들에게 제공되었고, 대화가 시작되자 곧 어린아이에서 노인들까지 웃음이 터지기 시작하였다.

그러나 6월은 바쁜 달이다. 보리는 추수되고, 콩은 심고, 벼도 자라고 있다. 시골에서 온 여성들은 곧 안녕을 고하였다. 몇 여성들은 이 여름에 너무 먼 거리를 달려왔다. 왓슨 부부의 기쁘고 슬픈 이야기를 함께 들은 후, 몇 여성은 무어에게 인사를 하였고, 그녀의 안전한 여행과 행복을 빌었다.

이들의 신실한 얼굴을 보며 감사의 말을 들을 때, 한국에 다시 돌아오기를 잘하였다는 생각을 하였다. 안녕이라고 말하기는 정말 어려운 것 같다.

통영에서.
6월 22일.
[더 크로니클, 1918년 9월 2일, 3]

20. 섬에서의 만남

지난 9월의 공의회 모임에서 다시 돌아와 사역이 조용히 진행되고 있다. 이곳에는 지난 몇 주 동안 독감이 유행하고 있다. 우리의 작은 인원으로는 돼야 하는 모든 일을 할 수 없다. 그래서 가장 중요한 일들만 선택하여서 하고 있다.

테일러 박사는 자신의 구역과 왓슨의 지역을 홀로 할 수 있는 만큼의 순회를 다니고 있다. 그가 선교부에서 자리를 비우면, 테일러 부인은 시약소에서 더 긴 시간 일을 한다. 제니는 잘 있으며, 한국인이나 우리 모두에게 기쁨이 되고 있다.

10월 초, 전도부인과 나는 한 섬을 방문하였다. 순풍이 불어 우리는 다섯 시간 안에 도착할 수 있었다. 우리가 그곳에 일 주간 머물면서 대부분 기독교 여성들을 만났고, 몇 명의 비기독교인도 만났다. 우리가 특별히 기뻤던 것은 지난 7월에 방문하였을 때 만난 여성이 교회에 정기적으로 참석하고 있었다.

거리가 멀고 길이 위험하였으므로 우리는 희망하는 만큼 성경반을 매일 진행할 수 없었다. 그러나 몇 명은 매일 왔으며, 다른 여성들도 참석하는 만큼의 유익한 시간을 가졌다.

6월에 시작한 작은 초등학교는 점차 나아지고 있다. 인원은 많지 않으나 한 엄마가 가정을 돌보면서 일할 수 있는 만큼은 되었다. 교사들이 필요하다는 것을 이 지역의 모든 사람이 느끼고 있었다.

이달 말 방문한 또 다른 섬에서 우리가 훈련하고자 하는 종류의 소녀를 보았다. 그러면 그녀는 자기의 마을에서 1~2년 동안 가르칠 수 있을 것이다. 그녀는 한국 나이로 16살이었는데, 우리 식으로는 14살 정도였다. 그녀는 읽고 쓸 수 있으며, 더 배우기를 희망하였다.

그러나 그녀의 부모가 그녀를 우리에게 보낼지 불확실한데, 그들은 이미 그녀에게 중매를 서고 있었다. 그 남자는 유학차 일본에 가 있는데, 떠나기 전 그는 결혼하지 않겠다고 하였고, 만약 결혼하게 되면 교육받은 여성과 하겠다고 하였다고 한다.

여러분이 알다시피 이곳에도 여러 문제가 있다. 한국도 부모가 원한다고 다 되는 것은 아니다! 우리 선교사들도 이곳에 작은 학교 하나 세우는 것도 마음먹은 대로 안 되고 있다!

환영

거친 바람으로 인하여 우리는 온종일 그 섬에 갇혀있었다. 교회에서 멀리 떨어져 있었기에 우리는 작고 더러운 여관방에서 묵어야 할 판이었다. 배를 타려고 하였던 작은 만에 있는 곳이었다. 그 여관 바로 옆에 노인 부부가 아이 없이 방이 하나인 작은 집에서 살고 있었다. 노인은 우리에게 자신들은 2년 전 전라 지방에서 왔다고 하였다.

"나는 5명의 아들이 있었습니다. 그러나 나의 죄로 인하여 그들 모두 잃었습니다."

그녀는 말하면서 무엇인가 희망을 찾고 있었다. 전도부인은 그녀에게 부드럽게 말하였고, 그의 반응은 적극적이었다. 나는 그녀처럼 천국에 가까이 가 있는 사람을 전에 보지 못하였다.

그녀는 우리를 집 안으로 초청하여 하루를 묵게 하였다. 남편은 다른 곳에서 자기 위하여 나갔다. 방이 매우 작았으나, 우리는 사양하지 않았다. 그러나 우리의 장비는 펼 수 없었고, 바닥이 너무 추워 옷을 입은 상태로 있어야 하였다. 그러나 환영하는 마음은 진심이었고, 그리스도 안에서 즐거웠다. 전도부인과 나는 거친 바람이 오히려 우리를 이곳으로 데리고 와 감사하였다.

다음 날 아침 바람은 잦아들었고, 우리가 가고자 하는 방향으로 배가 떠날 수 있었다. 우리는 아쉬운 안녕을 고하였고, 다시 만날 수 있기를 희망하였다.

전염병

거기에서 나는 진주와 거창을 거쳐 대구로 갔다. 바흐만 모임에 참석하기 위함이었다. 전염병이 창궐하고 있었지만, 이 모임은 영감적이었고 즐거웠다. 돌아올 때는 마산포를 통하여 왔는데, 독감이 나를 공격하였다. 다행히도 심하지는 않았다.

통영에 와 보니 학교 선생 모두가 독감으로 누워있었다. 한 명은 막 회복하였다. 우리는 학교를 며칠 닫을 수밖에 없었고, 교사들이 다시 일을 시작하여도 학생들은 여전히 많이 나오지 못하였다. 분교인 세변에서는 한 명의 학생도 나올 수 없었다.

간호사, 식모, 그리고 젊은 전도부인까지 대부분 심하게 앓았다. 그러나 이제 많이 회복되고 있다. 비기독교인 중에는 전염병으로 많은 죽음이 있었는데, 교회 안에는 그나마 나은 편이었다.

마지막으로 '더 크로니클' 독자들에게 평화의 축복과 기쁨의 성탄과 새해 인사를 드린다.

통영에서.
11월 28일.
〔더 크로니클, 1919년 2월 1일, 3-4〕

21. 독립운동으로 인하여

이곳의 4월은 새 학기의 시작 달이다. 병아리 같은 새 아이들이 유치원에 입학하였고, 재학생들도 대부분 돌아왔다. 몇 명은 홍역으로 나오지 못하고 있다. 우리는 일반 초등학교로 11명을 올렸고, 그들에 대한 좋은 보고서를 받았다. 그리고 교회와 주일학교에서 그들을 볼 수 있어 좋았다.

우리 학교에 새 교사가 부임하였는데, 한국인 목사의 딸이고, 진주 시원여학교 졸업생이다. 진주에서는 우수한 그녀를 잃게 되어 서운해하였다. 그녀는 사표를 낸 교사의 후임인데, 전에 교사는 '독립운동'으로 현재 일본 당국의 조사를 받고 있다.

그녀와 함께 문복세기(문복숙-역자 주)도 안타깝게도 체포되었는데, 부산진에서부터 나의 심부름을 해 주었고, 명랑하고 도움이 되었던 친구이다. 그녀는 일본어에 관한 도움을 여러 선교부에 제공하기도 하였다. 이들은 둘 다 6개월을 선고를 받았다. 우리는 그녀를 대신하여 이 지역의 한 소녀를 고용하였는데, 왓슨 부인에게 훈련을 조금 받은 사람이다. 그녀는 18개월 전 유치원이 시작된 때부터 일하고 있다.

3월의 봄방학 때, 김 전도부인과 나는 거제의 큰 섬들을 방문하였다. 그곳의 마을에 아직 기독교인 한 명도 없는 곳이 많이 있지만, 기쁨을 주는 일도 있었다. 어떤 마을에서는 단 한 명의 기독교인이 용감하게 교회를 지키고 있다! 마을 사람들은 모두 그 교회의 이야기를 알고 있다. 때로 불꽃이 튀어 그 기독교인을 불에 그슬리고 침묵게 하여도, 누가 놀라겠는가? 신앙을 굳건히 지키는 그 용감한 신자에게 더 큰 영광만 있을 뿐이다.

왓슨 부부를 다시 환영할 수 있어 기뻤다. 여성들은 소식을 듣고 달려 나왔고, 배가 도착하는 항구로 모였다. 모두 손에 등불을 들고 승리자를 맞는 것 같이 두 줄을 서 있는 모습이 아름다웠다. 선교사들은 그 가운데를 지나 걸어 나왔다.

테일러 박사는 현재 진주에서 도움을 주고 있고, 테일러 부인과 제니도 그와 함께 있다. 통영에도 의료인이 꼭 필요하다. 특히 지금 한국인 간호사도 없는 상황에서는 더욱 그러하다.

통영에서.
1919년 4월 28일.
(더 크로니클, 1919년 8월 1일, 3)

22. 통영 선교부의 일상

통영은 현재 매우 작은 선교부이다. 왓슨 부인과 데이비드는 진주에 있고, 테일러도 이번 주 그곳으로 갔다. 왓슨 부인은 현재 아프고, 우유 제품을 좀 더 쉽게 취할 수 있는 진주로 갔는데, 통영에는 그런 준비가 안 되어 있다. 그곳에 한국인 의사를 확보할 수 없어 테일러도 그곳으로 갔는바, 만족스러운 진료가 진행되려면 서양인 의사가 꼭 필요한 상황이기 때문이다.

통영은 현재 평화로운 상태이다. 지난달에는 교회의 교인 두 명이 더 구속되었다. 소문에는 그들이 풀려났다고 하지만, 아직 확실한 것은 아니다.

학교 사역

유치원에서 우리는 적은 인원으로 일을 하고 있는데, 학생 수는 점차로 늘어나고 있다. 우리는 상급 초등학교가 없기에 훈련을 시킬 만한 적절한 소녀를 구하기가 어렵다.

매일의 가르침에 더하여 일주일에 나흘 밤의 수업이 추가되었고, 하룻밤은 준비 모임, 그리고 기도회까지 교사들에게 일이 너무 많다. 그래서 저녁에는 나흘 밤 대신 이틀 밤만 수업하고 있다. 몇 명의 학생들은 수업이 줄어드는 것을 싫어하지만, 전체적으로 참여도는 증가하였다.

생일

하루는 우리가 근처의 섬까지 배를 타고 건너갔다. 한 노인 신도의 며느리가 환갑잔치를 하고 있었다. 친척들과 친구들, 신자와 불신자들 모두 모여 축하하며 흥겨운 날을 보내었다. 많은 음식이 공궤되었는데 먼저 고구마 떡과 상추, 밥 그리고 생선이 나왔다. 나를 위해서는 달걀 3개를 삶았고, 내가 다 먹지 못한 것에 그들은 실망하는 듯하였다!

식사 후에 집사 한 명이 복음을 훌륭하게 전하였다. 그리고 중간마다 전도부인과 신자들은 안 믿는 자들 사이에서 바쁘게 전도를 하였다.

매카그

우리 중에 매카그를 동역자로 맞게 되어 크게 기쁘다. 그녀의 존재는 최근 떠오르는 여러 어려움에 도움이 되고 있다. 여러분 모두에게 성탄과 새해 인사를 전한다.

통영에서.
1919년 11월 1일.
[더 크로니클, 1920년 2월 2일, 4]

23. 외로운 교회 지도자

  힘든 한 주의 토요일 저녁이다. 전도부인과 두 명의 사공, 그리고 나는 아름다운 진달래가 피어있는 산길을 올랐다. 그리고 산으로 둘러싸여 있는 보리밭과 그곳에 있는 상남을 보았다. 우리의 새 모터보트로는 한 시간 안에 도착할 것을 역 바람으로 인하여 우리는 걸어서 8시간을 온 것이다.

  그곳의 지도자 딸은 우리를 보자마자 손을 벌려 우리를 환영하였다. 월요일 아침 우리가 그곳을 떠날 때까지 그녀의 부친은 우리가 온 것을 감사해하였다. 그는 자신들이 잊히고 있다고 생각하고 있었던 것이다.

  이곳에는 작은 신자 모임이 있다. 이 마을의 두 가정과 3마일을 걸어서 오는 2명의 여성이 전부이다. 주님의 눈에는 이들이 귀하게 보일 것이다. 전도부인의 설교가 이들에게 기쁨과 위안을 주어 좋았다. 그들은 그녀가 찬 바닥에 어떻게 누워 잤는지 잊지 않을 것인데, 그녀를 위한 방이 없었기 때문이다.

상남은 문자 그대로 '집 안의 교회'이다. 거실 옆에 있던 창고를 치워 예배실로 꾸민 것이다. 바닥에는 4개의 가마니가 깔렸고, 성경을 두고 읽을 수 있는 거치대와 등이 가구 전부였다. 그러나 주일에 주님은 이곳에 현존하셨고, 외롭고 잊혔다고 생각하였던 지도자는 마음의 깊은 곳까지 열어 보였다.

무어가 이곳을 한번 방문한 적이 있다. 그 후 우리는 여유가 없어 수개월을, 내가 생각하기에는 수년을 방문하지 못하였을 것이다. 집배원도 이곳에는 오지 않는다고 그들은 말하였다. 그리스도의 모습을 본 이들을 위해 기도하지 않겠는가. 이방인에 둘러싸여 있고, 위축된 이들이 그 모습을 잊어버리지 않도록 말이다.

다른 시골 마을의 교회들은 목사 없이 혹은 장로 없이 수개월 아니 수년을 어떻게 지낼 수 있을까? 우리에게는 오랜 교회의 역사가 있지만, 이들에게는 기독교가 시작된 지 이제 몇십 년 정도인데 말이다.

유치원은 학교와 마찬가지로 4월에 새 학기가 시작되었다. 새로 온 원생들은 아직 자신의 신발을 어디에 두어야 하는지, 자신의 교사를 어떻게 찾아야 하는지 배우고 있다. 대부분 졸업생은 정부 학교로 진학을 하였는데, 듣기로는 학생들로 차고 넘친다고 한다.

매카그는 다시 회복하였고, 공부하느라 매우 바쁘다. 그리고 두 주에 한 번 주말에 거창에 가는데, 그녀의 반이 점점 커지고 있다고 한다.

통영에서.
1920년 4월 30일.
(더 크로니클, 1920년 9월 1일, 5)

수확의 계절 가을이 왔다. 시골길은 우리가 떠나도록 부르고 있지만, 한국인들은 추수하고 겨울을 준비하느라 공부할 여유가 없다. 그래서 순회전도자는 시골교회나 인근 마을 방문을 하루로 제한하여 다니고 있다. 부산진에서는 10마일 반경에 있는 요양원이나 교회에서 주로 일을 하고 있다.

지난 9월 중순에 멘지스는 휴가차 일본과 상해로 갔고, 나는 얼마 안 있어 몇 개의 교회를 방문하는 길에 올랐다. 전체적으로 격려가 되는 시간이었다. 몇 교회는 내가 수년간 방문하지 못하였는데, 많이 성장하여 있었다. 그곳의 오랜 친구 중에 다른 마을로 이사를 하였거나, '안전한 집(천당)'으로 떠나가 못 보아 서운하였지만, 참석한 새 친구들을 만날 수 있었다. 그 외의 여성들은 신앙이 많이 성숙하여 큰 기쁨이었다.

두세 가지가 눈에 띄었다. 사람들은 더 배우기를 욕망하고 있었고, 몇 개의 교회 안에 좋은 학교가 그들에 의하여 운영되고 있었다. 한 무리의 소년 소녀들은 읽고 쓸 수 있을 뿐 아니라, 찬송가도 음정에 맞게 부르고, 우리의 질문에 대답할 준비가 되어 있었다. 예전과는 전혀 다른 이런 모습을 보노라면, 말로서는 그 감사를 다 표현할 수 없다.

대부분 교회에서 낮에 참석할 수 없는 소녀와 여성들을 위한 야학도 운영하고 있다. 이 모든 교육이 교회의 감독하에, 그리고 기독교의 영향 속에 진행되고 있었다. 이것은 미래의 희망뿐 아니라 현재에도 관심을 주고 있다. 남녀학생들 사이를 구분하는 커튼도 빠르게 사라지고 있는데, 교육이 같이 진행되고 있다. 특별한 돌봄이 필요하다는 인상을 받았다. 비신자들이 아직 말하는 것은, 여자가 남자가 모이는 곳에 가면 안 좋은 의도가 있다고 비난하는 것이다.

나환자요양원에서 눈에 띄는 것은 기름 주사가 효과를 내고 있다는 것이다. 이들을 가르치는 것은 결코 쉬운 일이 아니다. 그러나 예전과는 많이 달라져 있고, 그들의 정신적이고 육체적인 에너지가 많이 증가하였다. 오랜 친구 중에 영적인 생활이 깊어진 것과 육체적으로도 전보다 많이 나아진 것을 보는 것은 기쁜 일이다.

세계주일학교 대회 참석차 동경을 가는 길에 부산을 들른 커닝햄 부인, 클러크 그리고 레잉을 만난 것은 즐거운 일이었다. 데이비스도 함께 가므로 그녀가 없는 동안 나는 그녀를 대신하여 학생들과의 관계를 새롭게 더 할 수 있었다.

그들이 돌아올 때, 우리는 즉시 마산에서 열린 공의회에 참석하였다. 우리는 회의 시간에 적극적으로 참석하였다. 지역교회에 우리는 많은 것을 기대한다. 그리고 큰 기회가 와 있고, 다른 방법으로는 할 수 없다. 우리 한명 한명이 각자의 몫을 잘 감당하도록 주님의 인도하심을 기원한다.

더 크로니클 독자들에게 새해 인사를 전한다.

부산진에서.
1920년 11월.
[더 크로니클, 1921년 2월 1일, 4-5]

25. 월전, 밀양, 기장, 울산 그리고 양산

3월의 가장 큰 행사는 3월 2일 도착한 3번째 남자선교사 제임스 아서 고든 맥켄지(맥켄지의 독자, 2살 때 병으로 사망함 – 역자 주)이다. 그러나 그는 언어공부를 아직 시작하지 못하고 있는데, 새 교사가 곧 나타나기를 바란다. 그의 출생은 모두에게 큰 기쁨이었는데, 특히 한국인들은 그 아들을 열렬히 환영하고 있다.

학교에서는 모두 시험 준비를 잘하고 있다. 지금은 학년 말이고 21일 마치게 된다. '음악의 친구' 성가대는 연습과 공연으로 바쁘고, 많은 이들의 관심을 받고 있다. 마지막 주 3일은 부산진교회 목사와 함께 남성 회원들이 산속 마을로 들어가 특별 사경회를 열었다. 새벽 예배는 코넷의 음악 소리를 시작으로 모였고, 낮에는 성경공부 그리고 밤에는 집회가 열렸다.

순회전도자에게는 구정에 잠깐의 쉼이 있었고, 곧 여성성경반이 재개되었다. 해안가의 바위에서 먼바다를 볼 수 있는 월천, 교회와 학교와 교사의 집이 있는 밀양의 춘기, 그리고 자신들의 목사와 젊은 전도부인이 있는 양산 읍내에서 성경반을 가졌다.

월천은 기장 읍내에서 10리 떨어져 있다. 그러나 읍내에 있는 교회보다 오랫동안 더 탄탄하였다. 수년의 기도와 노력 끝에 읍내의 교회도 성장하기 시작하였다. 월천에서 마치고 돌아오는 길에 전도부인은 또 한곳에서 모임을 가졌고, 계속 있어 달라는 긴급한 요청을 받았다. 그러나 다른 약속이 있기에 더 머물지는 못하였지만, 그녀는 다음 주에 오겠다고 약속을 하였다.

나와 다른 전도부인이 울산에서 성경반을 인도할 동안, 그녀는 기장에서 모임을 가질 수 있다. 울산에서는 올해 성경반을 개최하지 못하였다. 더 크로니클 독자들은 기장 읍내의 연약한 교회를 위하여 기도해 달라.

우리가 춘기에 있을 때 한 전도자가 감옥에 짧게 있다가 나왔다. 모두에게 큰 기쁨이었다. 그는 사람들에게 말하기를 세 가지를 위하여 그곳에서 특별히 기도하였다고 하였다. 교회가 고난을 받지 않을 것과 학교의 성장과 그리고 여성성경반이 성공적으로 마칠 것 등이다. 그리고 그는 자신의 기도가 응답되었다고 하였다.

나는 조금 불확실한 상태에서 양산에 갔다. 노회가 그곳에서 조직적으로 성경반을 운영하고 있기에, 그곳에서의 초청이 없는 한 우리는 가지 않는다. 동시에 초청을 받는다고 하여도, 우리에 대한 교회의 목사 태도는 다양하다. 어떤 목사는 성경반 전체를 본인이 가르치고, 전도부인이나 선교사는 자신의 권위 아래의 보조로 취급하기도 한다. 어떤 목사는 성경반을 우리와 같이 공정하게 공유하기도 한다. 그런가 하면 다른 목사는 우리에게 성경반을 맡기고, 본인은 뒤에서 관심을 두고 돕는다.

함 목사는 마지막 유형이었는데, 하루에 한 강좌 그리고 하루 저녁 집회만 본인이 인도하였다. 그는 여성은 여성이 제일 잘 가르친다고 선언을 하였고, 우리가 알아서 성경반을 운영하도록 하였다. 그는 주일 아침 성찬식을 인도하였고, 영감적이고 힘이 되었다.

이 교회가 성장하는 것을 보는 것은 큰 기쁨이고, 자급, 자전, 자치하는 모습이 사랑스럽다. 이 일에 지혜를 더 해달라고 기도해 주기 바란다. '생명의 부름'에 아직 단 한 명도 응답하지 못하고 있는 마을이 많이 있다.

부산진에서.

3월 12일.

[더 크로니클, 1921년 6월 1일, 4]

26. 데이비스를 송별하며

지난달의 중점은 호주 총회의 결정을 상세히 듣는 것이었다. '해외선교사 감원은 없다.' 우리는 지금 여러분과 동역자들과 함께 기도하기를 선교사의 감원이 없을 뿐만 아니라, 그 결정을 공고히 하기 위한 새 선교사들이 적재적소에 파송되기를 말이다. 이곳에는 큰 일들이 이루어지기를 기다리고 있고, 우리를 이곳으로 부른 그분이 어떻게 진행되어야 할지도 보여주실 것이다.

그 이후, 우리 선교부의 중요한 사건은 휴가를 떠나는 데이비스의 송별을 준비하는 것이었다. 그녀는 많은 일을 하고 있었기에 그 일을 이어받기란 쉽지 않다. 공의회의 결정에 따라 위더스가 그녀를 대신하여 학교를 책임 맡게 되었다. 그로 인하여 마산포는 여선교사 한 명을 잃게 되었고, 대신에 호킹이 그곳으로 갔다. 그러므로 부산진에는 순회선교사 한 명을 잃게 되었다.

데이비스를 위한 송별회가 몇 번 열렸다. 학교는 여름방학으로 문을 닫고 있었지만, 특별히 모일 수 있는 만큼 모였는데, 방 하나에 학생들이 다 들어갈 수 없을 정도였다. 학생들은 자신들을 위하여 데이비스가 한 일에 감사하였고, 안전한 귀국을 바랐다. 행사는 모두 한국인 교사들에 의하여 진행되었는데, 잘하였다.

행사의 중심은 선물 증정이었다. 교사와 학생들은 한국인 기술자에 의뢰하여 펜던트가 달린 한국산 금 브로치를 세공하게 하였다. 그러나 그 기술자가 갑자기 아파 누워 약속한 날에 준비되지 못하였다. 행사 날 선물 증정 시간에 두 소녀는 쟁반 위에 작은 상자를 들고 나와 엄숙하게 데이비스에게 선물을 전달하였다. 그리고 행사가 마치자마자 그들은 데이비스에게 무슨 일이 있었는지 급히 설명하였다! 진짜 선물은 후에 전달되었다.

〔6〕 마가렛 알렉산더의 보고서　　353

또 다른 흥미로운 선물은 청년성가대의 선물이다. 비단 위에 아름다운 색으로 수놓아진 두 개의 벽걸이였다. 학교의 한 교사가 원래 예술가였는데, 그는 지난 몇 달 동안 이 선물을 위하여 정성을 쏟았었다. 젊은이들 사이에 이 일은 매우 어렵지만, 현재 가장 필요한 기술이다.

과도기는 항상 위험한 시기이다. 국가의 오랜 이상과 관습에서 새로운 것으로 바뀔 때, 젊은 남녀들의 자연적인 깨달음이 동반된다. 그러나 어려움도 더 증가한다. 그러므로 이들이 봉사한 것에 대하여 따뜻한 감사를 하는 것은 격려되는 일이다.

동래 읍내의 사람들도 감사의 말과 선물로 데이비스에게 사랑을 보였다. 한국 사람들은 자신의 애정과 자부심을 이런 식으로 명백하게 증명하기를 원하는 것 같다.

마침내 모든 짐을 꾸렸고, 항구로 트렁크들을 옮기었다. 배는 출발을 준비하고 있었다. 많은 사람이 모여 사랑의 송별을 하였고, 꼭 돌아오라는 희망을 속삭였다! 여학생들은 흐느꼈고, 엄마들도 마찬가지였다. 빨리 승선하라는 부름이 없었다면, 이 이별의 시간을 마치기 어려웠을 것이다. 이들은 이별의 찬송을 불렀고, 배가 움직이기 시작하였다.

"안녕히 가세요. 선생님."

"잘 가세요. 그리고 꼭 돌아오세요."

"안전한 여행이 되세요."

배가 멀어지면서 인사의 목소리는 더 커졌다.

데이비스는 떠났다. 그러나 우리는 그녀의 귀환을 손꼽아 기다릴 것이다. 전차를 타기 위하여 뛰어갔다. 우리의 영을 다시 회복하는 데 도움이 될 것이다.

부산진에서.

7월.

〔더 크로니클, 1921년 9월 1일, 3-4〕

27. 유치원 개원식

지난 몇 년 동안 부산선교부는 유치원을 설립하기 원하였다. 그러나 일꾼의 부족과 다른 어려움이 가로막고 있었다. 지난 4월 많은 학생이 학교에 입학하기를 원하였지만, 대부분 입학을 할 수 없었다. 우리는 이번 가을에 꼭 유치원을 개원하기 희망하였다.

데이비스가 휴가를 떠났으므로, 6월 공의회에서 일을 서로 나누었고, 두 달 안의 유치원 설립 과제가 나에게 떨어졌다. 9월은 추수 시기인 11월보다 순회하기 좋은 달이므로, 개원식이 10월로 잡혔다.

9월에 나는 몇 교회를 방문하였고, 성경반 하나를 지도하였다. 다른 곳에서의 요청을 거절하기는 쉽지 않았다. 어느 마을은 요청도 하지 않는데, 자신들의 필요가 무엇인지 모르는 교회 방문을 미루는 것은 더 어려운 일이었다.

10월에 우리는 본격적으로 유치원을 시작하였고, 훈련받은 교사를 구하지 못하여서 경험이 좀 있는 교사와 학교에서 막 졸업한 3명의 보조교사가 우리 직원 전부였다. 이달에는 세 명의 소녀를 다른 선교부에서 구하였고, 훈련을 받으며 일하였다.

이 여학생들이 어린 원생들 사이에서 일하는 것을 보는 것은 큰 기쁨이다. 이들은 전체적으로 잘하고 있고, 방을 꾸미거나 노동을 해야 할 때도 적극적으로 참여하였다. 영이 살아있다는 증거이다. 이것이 동양인의 모습이고, 우리는 매우 감사하다.

우리의 원아들은 한 달에 3다임을 원비로 내고 있다. 이 아이들은 손에 동전을 꼭 쥐고 와 우리에게 전달하는 것을 자랑스럽게 여긴다. 한 아이는 자기 동전을 '먹었다'고 하였는데, 무슨 뜻인지 설명하지 않아도 다 알 것이다.

첫날부터 원생으로 유치원은 꽉 찼다. 사실 차고 넘쳤다. 우리는 50명으로 방들이 충분하다고 생각하였는데, 10월에 평균 52명이 참석하였다!

부산진에서.

1921년 11월.

[더 크로니클, 1922년 1월 2일, 4-5]

28. 피가 아니다 꽃이다

여덟 번째 연례 여성경학원이 현재 진행 중이다. 이번에도 전에 없는 많은 인원이 참석하고 있는바, 한국에서의 교육열을 말해주고 있다. 학생들로 방은 꽉 찼고, 온돌이 안 되는 마루 위에까지 학생들이 잠을 잤다. 지난해에 비하면 학생들은 좀 더 성장해 있었고, 더 열정적이었다.

다행스러운 것은 학생들이 서로를 배려하였고, 이타적으로 섬기기 원하였기에 기숙사가 순조롭게 운영되었다. 한 여성은 이번이 3번째인데, 전에는 그녀의 성질로 인하여 문제가 생기곤 하였다. 그러나 이번에 그녀는 겸손하였고, 도움이 되었다.

나이든 한 여성은 자신이 좀 더 따뜻한 바닥에서 자야 한다고 전에 주장하였는데, 이번에는 스스로 찬 곳에 자리를 잡고 누웠다. 자신의 담요를 이불을 가지고 오지 못한 가난한 소녀와 함께 사용하기 위함이었다. 방이 춥지 않은지 물어보면 그녀는 괜찮다고 이야기를 하였는데, 그 진짜 이유를 나중에 알게 된 것이다.

어떤 여성들에게는 시험지에 답을 쓰는 것은 매우 어려운 과제이고, 읽는 것조차도 교사의 많은 인내가 있어야 하는데, 올해는 모두 잘 썼다. 준비반을 위하여 여러분이 기도를 해 주어, 그 기도가 응답하였다고 우리는 생각한다.

올해 한 가지 실험이 있었는데, 우리의 미국인 친구들은 그것을 '대학원 과정'이라고 부른다. 5년 동안의 과정을 모두 마친 여성들을 두 번째 달에 초청하여 '서신서와 메시야 예언서와 그리고 교회 역사'를 공부하도록 하였다. 8명의 여성이 등록하였고, 성실하게 참여하고 있다.

성경학원에 참석하는 여성들은 이 기간만큼은 집안의 의무에서 떠나왔고, 순회전도자들에게 자신을 온전히 내어주어 공부에만 집중하였다. 시골 반에서는 아기들도 함께 참석하여 집중하기가 어려웠던 것이다. 그러므로 교사들도 학생들과 함께 배울 수 있었다.

금요일 오후, 교회 역사 시간이었다. 개신교 선교가 한국에 들어오기 오래전의 이야기가 있었다. 그 이야기는 다음과 같이 소개되었다.

"순교자의 피는 교회의 씨앗이었다."

소영이라는 마을에 지금은 튼튼한 신앙공동체가 있는데, 로만 가톨릭이 오래전부터 그곳에 있었다. 그 마을에서 순교자가 나왔다. 한 여성이 이야기는 다음과 같다.

"수년 전에 아버지는 '정 씨'에 대한 이야기를 해 주었다. 그의 아내의 조카가 그리스도인이 되었는데, 가족 모두가 기독교인이 되었다. 그들은 곧 붙잡혔고, 재판을 받아 사형이 선고되었다. 사형이 집행되기 전날 밤, 관원이었던 정 씨의 부친은 심부름꾼을 시켜 독약을 감옥으로 보낼 수 있었다. 공개적으로 참수당하여 가족의 명예를 더럽히느니 감옥에서 죽는 것이 낫다는 것이었다. 그러나 정 씨는 다음과 같이 말하였다.

'하늘의 아버지가 나의 생명을 주셨다. 만약 그가 나의 생명을 다시 가져가신다면 잘하시지 않겠는가? 나는 스스로 죽을 수 없다. 나를 위한다면 그 독약을 다시 가져가라.'

심부름꾼은 그것을 다시 가지고 돌아가 그 말을 전하였다.

다음 날, 그들은 모두 밧줄에 묶여 장터로 끌려 나왔다. 가족이 모두 그리스도인이 된 것은 그의 전도 때문이었으므로, 그가 보는 앞에서 가족들이 먼저 참수당하였다.

"저 피를 봐라."

관원이 그에게 소리를 쳤다.

"피가 아니다. 꽃이다."

그는 대답하였다. 그리고 마지막으로 그의 목도 잘렸다. 또 한 명의 한국인이 순교자의 관을 얻은 것이다.

부산진에서.
1922년 5월.
[더 크로니클, 1922년 8월 1일, 4]

358

29. 추 부인 이야기

"추 마리아가 세상을 떠났다."

우리는 우리 친구의 죽음을 소식으로 들었다. 오 부인과 나는 시골 마을의 한 집에 앉아서 마을 사람들의 근황에 대하여 듣고 있었다. 일 년 전에 우리는 이곳을 방문하였었다. 추 부인은 이곳에서 몇 마일 떨어져 살고 있었지만, 한국인 목사가 그녀의 마을 사람들을 만나 그 소식을 전한 것이다.

약 18년 전 즈음, 추 부인이 주막집 주인이었을 때 그녀는 복음을 들었다. 원래는 동래 읍내 사람이었는데, 그녀의 친척이 먼저 기독교인이 된 것이다. 그 친척은 그 '좋은 소식'을 능동적이고 재치 있는 추 부인에게 전하였다.

추 부인은 술을 팔았지만, 그녀의 무딘 외관 뒤에는 금과 같은 진실과 그 속에 날카로운 말이 있었다. 그녀에게 가족은 없었다. 그러나 16명의 소년 소녀들을 돌보고 있었고, 집에서 가사 훈련을 시켰다. 그리고 그들이 장성하면 결혼을 시켜 분가해 주었다. 일 년 전 그녀는 모든 것이 잘 되고 있다며 미소를 띠며 이야기를 하였었다.

이런 여성에게 기독교 신앙은 가벼운 것이 아니었다. 그녀는 진실한 구도자였고, 진리를 확신하였고, 정직한 기독교인이었다. 후에 그녀는 교회에서 남편을 만나는 기쁨이 있었고, 교회 직분도 맡았다. 그러나 대가는 있었다.

강한 불교도인 그의 어머니는 그녀를 보는 것조차도 거부하였다. 그렇지만 나중에는 마음이 누그러져 그녀의 딸이 방문하는 것을 허락하였다. 그러나 그것은 추 부인의 마음을 돌려보려는 것이었고, 말을 듣지 않으면 딸에게 돈을 주지 않겠다고 하였다.

추 부인은 친구들에게 도움을 청하였고, 응답을 받았다. 주막을 포기한 것이다. 당분간 그녀는 옷감을 팔면서 마을을 다녔고, '그리스도의 복음'을 전하였다. 오늘날 이 마을의 깨끗한 그 교회는 대부분 그녀의 노력 결과였다. 주님의 집은 가치 있어야 한다는 것이었다.

우리가 그들과 모임을 했을 때, 그녀와 그녀의 친구 최 씨는 곰방대를 끊겠다고 하였는데, 쉽게 잊힐 순간이 아니다. 그들은 즐겁게 희생을 하였다. 이 두 명의 여성은 자신들의 사업을 열심히 한 것처럼 주님의 일도 열정적으로 하는 좋은 신앙인일 뿐만 아니라, 모방의 능력도 갖췄다.

이 유쾌하고 열정적인 두 여성이 참석하지 않고는, 이 지역의 성경반은 완전할 수 없었다. 이들은 한국인들의 생활 이야기를 드러내었는바, 집안의 할머니는 남편에게 일하라고 밖으로 내몰고, 양반은 그의 종을 꾸짖고, 시어머니는 자신의 며느리를 갈구는 이야기들이다. 우리는 눈물이 날 때까지 이야기를 들으며 웃었다.

작년에 추 부인이 쓰러졌을 때 한국인들처럼 감정적이지는 않았지만, 우리도 큰 충격을 받았다. 우리가 떠날 때 그녀는 우리에게 너무 늦게 돌아오지 말라고 간청하였다. 남편이 세상을 떠난 후, 그녀는 외로워하였고, 자신도 떠날 때가 되었다고 생각하는 것 같았다. 아직 젊은 편인데 말이다.

나는 우리가 여기서는 모르는 놀라운 모습으로 다시 기쁘게 만날 것을 확신한다. 그녀에 대한 기억은 실망 속에서도 우리에게 힘이 될 것이고, 유쾌하고 열정적인 그녀의 사역은 우리에게 영감을 줄 것이다. 오 주님 그녀와 같은 사역자를 더 많이 주옵시고, 주님의 나라를 이루옵소서.

(더 크로니클, 1923년 6월 1일, 16)

30. 부산의 발전과 교회의 역할

'변하지 않는 동방'이 요즈음 어떻게 빨리 변하는지 놀랍다. 몇 개월의 부재 동안 여러 변화가 있었다. 부산은 요새화되었고, 부산항 주변에는 여러 경고문이 주의를 끄는데 배나 비행기나 사진을 찍지 말라는 내용이다. 술을 만들거나 파는 것은 제약이 없는 것 같은데, 이제 담배는 면허가 있는 상점에서만 구입할 수 있다.

몇 개의 새길이 건설되었고, 만약 선교부에 자동차가 있다면 80개의 우리 그룹들은 차로 다닐 수 있는 거리가 되었다. 사립과 공립 학교도 여러 곳에서 생겨났고, 이미 있던 학교들은 더 확장하고 있다.

젊은 지식인 남성들은 일본이나 다른 지역으로 이주하고 있고, 일꾼이 모자라 기계의 사용이 더 증가하고 있다. 전체적으로 우리 지역은 오래된 수작업의 방법들은 던져 버리고 단순하지만 점차로 기계화가 진행되고 있다. 그러므로 여성들에게는 방적과 직조를 더 할 수 있는 시간이 생기었다. 더 많은 곳에서 이제는 전깃불을 사용하고 있고, 전화가 있는 곳도 생기었다.

전반적으로 이런 변화는 긍정적으로 받아들여지고 있다. 그러나 교회에는 모든 변화가 도전이다. 한국에서는 교회가 참된 개혁의 선구자이었는데, 앞으로도 계속하여 교회가 그것을 이끌 수 있을까? 우리의 한국 기독교인들은 이 기회를 어떻게 사용하고 있는가?

슬프게도 대답은 아니다. 호주에서 우리 기독교인이 더는 못하는 것처럼, 이곳에서도 기독교인들이 앞장서지 못하고 있다. 한국교회가 자신의 장점을 잘 알고 더 온전해질 수 있도록 기도해 달라. 모든 목사와 기독교인들이 그들 중에 있는 비기독교인들을 부르는 노력을 할 수 있도록 기도해 달라.

1924년 12월.

부산진에서.

(더 크로니클, 1925년 5월 1일, 5)

31. 한산도에서의 수련회

여성경학원에서 공부를 마치고 일을 하는 전도부인들은 규정에 따라 부산진으로 돌아와 성경학원 두 번째 달에 연장학습을 하여야 한다. 그런데 올해는 여러 가지 어려움이 있어, 이달의 공부를 취소하기로 하였다. 그로 인하여 전도부인들이 힘을 잃는 것 같아, 우리는 '수련회'를 가지기로 하였다.

8월 20일, 전도부인들은 짐을 모두 싸 저녁에 통영의 항구로 모이기로 하였다. 해가 질 무렵 우리는 선교부의 배인 '데이 스프링' 호를 타고 만을 가로질러 떠났다. 우리는 한산도로 향하였다. 우리 중 몇 명은 배에서 오래 기다렸기에 멀리 어둠 속에서 불빛이 보이자 기뻐하였다. 우리는 곧 도착하여 우리의 짐을 내렸다. 그리고 나무를 따라 우리의 수련회 장소로 갔다.

오래전에 한국의 한 장군이 통영을 침략자들로부터 구하였는데, 아름다운 나무로 덮여있고, 해변이 맑고 조용한 물로 둘러 쌓여있는 이 섬에 그의 기념관이 서 있다. 튼튼한 나무 기둥으로 받혀져 있고, 무거운 기와로 된 지붕과 처마가 매달려 있는 기념관은 시원하였고, 비를 피할 수 있는 곳이었다.

세 방향으로 벽이 열려 있어 신선한 공기가 들어오고, 다른 한 방향은 세 개의 방으로 나뉘어 있었다. 가운데 방에 장군의 초상화가 있고, 거의 우상과 같이 숭배받고 있었다. 이 방은 잠겨있지 않아 우리 방문객이 초상화를 보고 존경을 표할 수 있게 하였다. 그리고는 커튼을 드리웠고, 자물쇠로 잠갔다.

그 방에 너무 가까이 앉아 찬송을 부르지 말라는 주의를 우리는 들었다. 아마 그가 그 당시 음악 비평가였는지도 모르겠다. 관리인의 집은 그 건물 뒤편에 있었고, 섬에는 몇 개의 마을이 있었다.

12일 동안의 행복한 날에 우리는 공부도 하고, 쉬기도 하였다. 수영도 하였고, 명상도 하였고, 물고기나 조개도 잡았다. 서로의 어려움을 나누기도 하였고, 산책도 하였고, 예배도 드렸고, 먹고 마셨다. 몇 명은 방에서 자기도 하였지만, 우리는 시원한 바람을 맞을 수 있는 밖이 좋았다. 만약 빵이 떨어지면, 갓 지은 밥이 좋은 음식이 아닌가. 구경꾼들이 와 위대한 주제에 대하여 듣기도 하였는데, 어떤 사람들은 귀담아들었다.

우리는 화요일 아침 섬에서 나왔다. 얼굴은 그을리고 발그스레 하였지만 마치 우리의 어려움을 모두 정복한 것 같은 기분이었다. 관리소의 여성은 우리에게 내년에 다시 오라고 하였다. 그녀의 어린 딸도 손을 흔들며 안녕을 고하였는데, 그 아이는 수시로 우리 모임에 와 밥을 같이 먹었다.

이번의 실험은 다시 반복해도 좋을 만큼 가치가 있었다. 우리는 이제 우리의 일로 다시 돌아왔다. 부산진의 선교사들도 여름휴가 후에 모두 자신의 자리로 돌아왔다. 학교도 개학 되었다. 넬리(헬렌을 말함-역자 주)와 캐시 맥켄지는 월요일에 평양의 학교로 돌아갈 것이다. 데이비스는 동래에서 자신의 학교 일로 바쁘고, 위더스는 학교의 하급반에서 일하고 있는데, 아직 이전하지 않고 있다. 라이트는 자신의 가을 순회를 이미 시작하였다. 우리는 현재 호주에서 오는 새 일꾼과 방문객을 손꼽아 기다리고 있다.

[더 크로니클, 1925년 11월 2일, 4]

32. 여성경학원 교사들

경애하는 친구 여러분.

한국은 지금 봄이다. 사방에서 새 생명의 기쁨과 새 기회와 새 의무를 말하고 있다. 시골의 교회들이 순회전도자를 부르고 있지만, 우리가 다 응답하지는 못한다. 왜냐하면, 여성경학원이 진행되고 있고, 우리도 매일 강의를 해야 하기 때문이다.

올해는 라이트가 사는 집도 사용하고 있는데, 소문에는 새길이 이 집을 관통하여 난다는 것이다. 동시에 우리는 작은 책상이 있는 좋은 교실을 사용하고 있는데, 매우 편안하다.

진주에서는 레잉, 거창에서는 스코트, 마산포에서는 테잇이 강의를 맡아 내려와 있다. 올해는 또한 두 명의 젊은 전도부인도 임명하였는바, 거창의 이 부인, 최근 마산포에 합류한 차 부인이 있다. 둘 다 일을 잘하고 있고, 이들은 우리와 수년을 함께한 양 부인과 학생들의 기숙사에 머물며 공동생활을 하고 있다. 5학년에 우리는 40명의 학생이 있고, 대부분 숙식을 같이하는데, 지금까지 가장 큰 그룹이다.

여성경학원의 교사들이 함께하므로 우리 선교부는 빈 것 같은 느낌이 없다. 데이비스는 이른 휴가차 3월 말에 떠났고, 항해를 끝내고 그곳에서의 변화된 환경 속에 유익한 시간을 갖기를 희망한다. 그녀는 힘든 수술에도 불구하고 최선을 다하는 능력에 우리는 매우 감사하게 생각한다.

　목사 선교사 두 명도 모두 지금 순회전도 중에 있고, 여러 가지 이유로 이달은 맥켄지 부인과 그녀의 딸들, 위더스 그리고 나도 선교부를 길게 혹은 짧게 비우고 있다. 그러므로 어떤 때는 이곳이 거의 비다시피 한다.

　한국인들은 왕궁의 한 왕자의 죽음을 애도하고 있고, 우리 성경학원 학생들도 슬퍼하고 있다. 그리고 하나님께 매달려 위로를 받는다. 우리와 이들을 여러분의 기도 속에 기억해 주기 바란다.

1926년 4월.

〔더 크로니클, 1926년 7월 1일, 6-7〕

---

33. 요양원의 성탄절

　나환자요양원의 성탄절은 즐거웠다. 올해는 두 부분으로 나뉘어 축하가 진행되었다. 선물이 담겨 있는 미션 박스가 목요일 밤에 부산진에 도착하였기에, 토요일까지 500개의 선물을 분류하는 것은 불가능하였다. 성탄절에는 예배가 있었고, 특별한 만찬이 있었다. 일본 천황이 사망하였다는 소식이 알려졌고, 그 결과 보통 때보다 조금 조용하였다. 성탄 장식도 절제하여 만들어졌는데 그러나 소나무와 솜으로 장식한 성탄 트리는 매우 효과적이었다. 1926년의 성탄절은 추운 날로 기억될 것이다. 밖의 모든 물이 꽁꽁 얼어붙었고, 살을 에는 듯한 바람이 불었다.

그러나 화요일에는 햇볕이 났고, 바람도 적었고, 얼음도 많이 사라졌다. 이날 우리는 미션 박스의 아름다운 선물을 나누었다. 열기가 없는 교회당에 앉아 진행되었지만 큰 어려움은 없었다. 우리는 성탄 찬송과 말씀, 그리고 기도와 찬양을 하였다. 어떤 남녀학생들은 매우 부드러운 목소리를 가지고 있었다. 그들의 찬양과 모습은 감상하고 볼 가치가 있다. 심지어 나환자 여학생들이 율동까지 하면서 찬양하는 모습은 감동적이었다. 밖에 버려진 나환자들을 기억하면 이들의 웃고, 깨끗하고, 행복한 모습을 보는 것은 기쁜 일이다. 이들이야말로 그리스도가 오셨고, 지금도 다스린다는 증거이다.

예배 후에 선물 나누기가 있었다! 모든 바쁜 남녀, 친절한 장로들과 아름다운 노인들이 이 자리에 함께 있었으면 얼마나 좋을까. 먼저 받은 사람은 다른 사람들 것과 비교하며 즐거워하였고, 이름이 호명되지 않은 사람들은 자신의 이름을 초조히 기다렸고, 이름이 호명되면 손을 내밀어 자신의 이름이 붙어진 선물을 이리저리 보았다.

모두가 호주에 온 사랑의 선물이다. 특히 양말 위에 나의 것을 포함하여 한국인의 이름을 수놓은 여러분들에게 감사한다. 이들은 모두 감사하였고, 잘 사용할 것이다. 바다 건너온 목도리, 장갑, 비누, 손수건 등에는 모두 사랑의 메시지가 담겨 있다.

한 소녀는 자신의 후원자에게 치마와 목도리를 받았는데, 그 후원자가 무명이라 누구에게 감사해야 하는지 물었다. 그래서 내가 대신 감사를 전한다. 모든 소녀는 특히 그 소녀가 받은 선물로 인하여 기뻐하고 있다.

부산진에서.
[더 크로니클, 1927년 3월 1일, 7-8]

34. 여성성경학원 수료식

지난 두 달 동안 여성성경학원이 부산진선교부에서 즐겁게 진행되었다. 레잉, 스코트, 그리고 테잇도 왔다. 이번이 14년째 되는 해이고, 학생들이 17번째로 5년 과정을 수료하였다. 수료한 학생은 6명인데, 4명은 진주에서 왔고, 2명은 부산진의 학생이다.

작년에는 각 선교부 대표들이 5학년에 있었는데, 올해는 대부분 너무 바빠 마지막 실습 때에 부산진을 떠나야 하였다. 현재 '졸업생'들을 둘러보면, 대부분 7년 공부를 하였고, 어떤 학생은 먼 곳에서 왔고, 어떤 학생은 더 높은 사역으로 승진되었다.

일주일 동안의 바쁜 수업과 친교의 시간이 지났다. 두 시에 대표교회에 모여 수료예배를 드리며, 그들이 인생의 또 다른 단계에 도달한 것을 기뻐해 주었다. 진주에서 온 목사가 졸업생들에게 권면하였고, 그의 아내와 아이들도 축하해 주었다.

졸업생들을 축하는 축사가 있었는데, 초량에서 온 주 목사(주기철 목사 - 역자 주)가 일어났다. 그는 자신의 아내가 성경학원에서 공부할 수 있어 기쁘고, 또 성경학원 출신이 자신의 교회에서 일하고 있어 두 배로 기쁘다고 하였다. 자신의 아내가 이곳 학생인 또 다른 목사는 축하 전보를 보내왔다. 그는 다른 일로 인하여 오지 못하였다.

한 전도부인은 전에 만주에서 캐나다선교사를 위하여 일하였는데, 지금은 이웃 교회에서 일하고 있다. 강 부인은 우리 선교부에서 수년 동안 일하다가, 마산포교회로 갔다. 후에 그녀는 그 지방의 여전도회 조직 총무가 되었다.

이 성경학원을 시작하고 능력 있게 운영해 왔던 라이트 부인이 우리와 함께하지 못하여 아쉬웠다. 맥켄지와 앤더슨 부인은 우리와 함께 참석하였고, 최근에 아팠던 전도부인 양 씨는 좀 나아져 성경 봉독을 하였다.

수료예배가 끝나자마자 졸업생들은 친구들에 둘러싸여 축하를 받았고, 여러 가지 선물을 받았다. 선교부 총무는 기차표를 벌써 구입하여 이름을 불렀고, 5개의 서로 다른 기차를 타야 하였다. 내년에 다시 만나자는 반복되는 인사 속에 학생들은 삼삼오오 선교부를 떠났다. 성령의 인도하심이 아니면 45명의 여성이 여러 지방에서 그리고 여러 고을에서 이렇게 올 수 있었겠는가?

[더 크로니클, 1927년 8월 1일, 7]

35. 한여름의 종소리

월요일 아침, 부산진교회의 종이 울렸다. 이날은 8월 1일로 여름의 한중간이다. 동래읍의 교회 종도 같은 날 오후에 울렸다. 밤에는 초량교회의 종이 울렸다. 어떤 이유로 이들은 종을 치는가?

존 녹스 시절이나 그 이전부터 교회는 교육을 중시하지 않았던가? 한국교회는 그 영광스러운 전통을 이어받고 있다. 모든 교회가 주중에 낮 반을 열지는 않지만, 많은 교회는 주중에도 교육한다. 대부분 유치원을 운영하고 있고, 한국의 많은 교회가 여름방학 동안에는 특별한 단기 과정을 개설하고 있다. 이 반에서 고등학교의 남녀 학생들은 자신들이 배운 것을 어린 학생들에게 가르칠 수 있다. '방학 때는 고향으로, 고향에서 섬기자'가 이상적인 방법인 것 같다.

토요일 오후에는 소경 전도부인인 하영애(기화)가 밀양에 가 그 곳의 젊은 전도부인들과 성경반에서 가르쳤다. 성경이 주요 과목인데, 영애는 훌륭하게 가르쳤다.

　　작년 7월의 한 무더운 날, 나는 기차를 타고 구포리에 갔다. 그리고 그곳에서 강을 건너 강 하구의 작은 마을을 방문하였는데, 교회당이 깨끗하였다. 이곳에는 통영에서 온 한 똑똑한 일꾼이 훈련 중이었는데 바빴다. 통영에서 그녀는 스키너와 함께 마을 학교 교사를 훈련하였다. 크고 작은 학생들이 찬송을 부르며, 성경을 암송하며, 함께 놀기도 하고 있었는데 보기 좋았다. 어떤 연습에는 바이올린까지 등장하였다.

　　나는 이 학생들처럼 집중하여 성경 이야기를 듣는 어린 학생들을 본 적이 없는데, 대부분 안 믿는 가정에서 왔다. 올해 이 일꾼은 거창에서도 같은 반을 연다고 하였다.

　　부산진의 사역자들은 대부분 돌아오는 계절의 사역을 위하여 이여름에는 힘을 비축하려고 떠났다. 그러나 종은 울리고, 학생들은 모이고, 좋은 씨앗이 심어졌다.

　　"용맹스러운 자에게 종을 울리고 자유케 하라,

　　더 큰마음과 더 친절한 손,

　　이 땅의 어둠 속에 종을 울려라,

　　다시 오실 그리스도의 종을 울려라."

(더 크로니클, 1927년 10월 1일, 4)

36. 기쁨의 선물상자들

장갑, 양말, 목도리 그리고 목도리, 양말, 장갑 등 좋은 물건들이 상자 안에 줄지어 들어있다. 따뜻한 모자, 소녀들이 좋아할 가방, 손수건, 실내 슬리퍼 등 모두 들뜬 마음으로 선물을 기대하고 있다. 한국 솜만 넣으면 되는 잘 만들어진 담요는 이들을 편안하고 따뜻하게 할 것이다.

올해 친절한 마음과 능숙한 손을 가진 여러분 모두에게 감사한다. 나환자요양원의 500명에게 선물을 모두 나누어 줄 수 있었을 뿐 아니라, 마을을 피난처로 삼는 남녀노소 255명에게 기쁨과 위로를 주었다. 여성과 소녀들에게 양말을 주었고, 남성 대부분도 하나씩 받았다.

미션 박스는 12월 23일 금요일 저녁까지 도착하지 않아 토요일까지 분류를 하였지만, 그날에도 끝나지 않았다. 특히 여성경반이 화요일 시작되기에 우리는 다 준비할 수 없었다. 그래서 12월 30일이 선물 주는 날이 되었고, 이날은 몹시 추운 날이었다. 우리는 이날 행사를 서둘러 진행하였다. 그러나 사랑스러운 감사, 선물을 뜯는 모습, 행복한 얼굴 등은 성탄절의 그 모습 그대로였다.

기쁨을 제공한 여러분 개개인 모두에게 심심한 감사를 드린다. 주님도 분명히 이 일을 기뻐하시고 함께 하셨을 것이다. "우리는 주님의 동역자들이다." 이후에 나는 여선교연합회 각 지부에 감사의 편지를 쓸 것이지만, 혹시 빼먹더라도 양해를 부탁드린다. 가끔 주소가 목록에서 빠질 때가 있다. 그러나 우리의 감사는 진심이다.

나는 시골 마을에도 선물을 나누어주려고 갔었다. 그런데 나에게 주어진 어른들의 명단 외에도 8명의 어린이가 더 있었는데 몇 개월부터 5살까지였다. 그래서 어제 나는 산타클로스가 되어 선물 자루에 작은 양말, 모자, 장갑 그리고 다른 것들을 챙겨 그 마을에 갔다. 그곳의 작은 교회당에 도착하니 한 여성이 기다리고 있었는데, 나를 보자마자 곧 종을 쳤다. 그리고 그녀는 언덕을 향하여 소리를 질렀다. 곧 어머니들이 아기를 업은 채 잰걸음으로 언덕을 내려왔다.

우리는 함께 예배당 안으로 들어가 어린이 찬송을 불렀다. "예수 사랑하심을 성경에서 배웠네." 그리고 어린 예수를 위해 기도를 한 다음, 즐거운 시간이 시작되었다. 선물 보따리를 풀어 선물을 꺼내기 시작하였는데, 작은 발을 위한 신발과 양말, 모든 머리에 씌울 모자, 각자에게 돌아갈 공이나 손수건, 그리고 장갑이나 옷 등이 나왔다.

한 장난꾸러기 소년이 선물로 준 옷을 입고 뛰어다니는 모습이 꼭 서양 아이 같았다. 교회에서 흔히 볼 수 있는 풍경은 아니지만, 주님께서 기뻐하셨으리라 믿는다. 선물을 받아 든 모친이나 어린이들이 여러분들에게 감사의 말을 전하였다. 그리고 기도 후에 우리는 헤어졌다. 이곳의 감사하는 사람들이 여러분에게 1928년의 축복 된 새해 인사를 드린다.

부산진에서.
1928년 1월.
〔더 크로니클, 1928년 3월 1일, 5〕

---

37. 남숙이 이야기

수백 년 전에 산중에 있는 70여 개의 마을이 자신을 스스로 성곽으로 두르고, 4개의 문을 내어 하나의 커다란 지역을 만들었다. 그들은 그곳을 피난처로 삼았던 것이다. 얼마나 성곽을 잘 만들었던지 아래의 강에서는 그 모습을 거의 알아차릴 수 없을 정도였다. 또한, 4개의 성문에는 파수대가 있어 적의 침략을 곧 알아볼 수 있도록 하였다.

동래 쪽으로 나 있는 성문에는 아직 훌륭한 반원형 돌문이 남아 있지만, 매해 그 원형이 조금씩 무너지고 있다. 어느 계절에라도 성곽에 오르면 멋진 풍경을 볼 수 있는데, 멀리 바다가 보이고 가깝게는 작은 동래읍에 집이 옹기종기 모여 있고, 부산으로 가는 전찻길이 산 넘어 사라지고 있다. 다른 방향으로는 많은 언덕과 바위로 덮인 높은 산이 보인다.

20여 년 전에 이곳의 한 가정이 기독교를 받아들였다. 그리고 자신의 집에서 예배를 드리기 시작하였다. 이 모임은 점차로 성장하였고, 이 집은 조금씩 개조되어 예배당이 되었다. 후에 이들은 작고 훌륭한 교회당을 세웠는데, 지붕은 동양 스타일의 넉넉한 기와지붕이었다.

원래 예배하던 집은 주간 학교가 되었고, 주일에 도착하는 젊은 전도자가 주중에 가르쳤다. 후에 그들은 전임 전도자를 가지지 못하였고, 상급반 아이들은 3~4마일을 걸어 학교에 가면, 나머지 한글을 읽지 못하는 아이들은 주일학교에 참석하였다.

수년 동안은 예배를 시작하였던 그 가정의 하나뿐인 딸이 '마을 학교'를 운영하였다. 나는 얼마 전에 그 산성 마을을 올라가 남숙이가 가르치는 교회 마을에 도착하였다. 그녀는 자신의 집에서 두 달을 가르치고 있었고, 학생들은 잘 배우고 있었다. 그녀는 성경 이야기와 찬송, 한글 그리고 간단한 산수를 가르쳤다.

나중에 우리는 그녀의 오빠들에 관하여 이야기를 나누었다. 한 명은 진주의 남성경학원에 가 있고, 막내는 산 아래 강변에 있는 정부 학교의 반장이었다. 그도 공부를 계속하기 위하여 진주로 갈 것이었다. 교회의 12명 정도가 성경을 통신으로 공부하고 있었다. 그러나 많은 가정이 아직 '믿는 가정'으로 분류되지는 못하였다. 어떤 경우에는 소녀들이 주일학교에 다니다가 믿는 자에게 시집을 가 기독교 가정을 이루었다.

이러한 '마을 학교' 교사는 좋은 결과를 가져올 수 있지만, 항상 학생들이 응답하거나 부모들이 도움이 되지는 않는다. 한 여성은 나에게 자신의 아이들에게 미친 좋은 결과에 대하여 감사를 표하였다. 남숙이 모친이 마을에서 유일하게 한글을 읽을 수 있는 사람이었는데, 얼마나 선한 영향을 끼쳤는가. 우리 도에 신자가 한 명도 없는 마을이 아직 많이 있다. 남숙이와 같이 용감한 사람들이 그 마을에서도 나올 수 있도록 기도를 요청한다.

[더 크로니클, 1929년 7월 1일, 4-5]

38. 전도부인 훈련 과정

17년 전, 훈련받은 전도부인이 필요하다는 것을 깨닫고, 여성경학원을 시작하였다. 고 라이트 부인과 엥겔 부인, 그리고 맥켄지 부인이 첫 교사들이었다. 성경학원에 5년의 과정이 마련되었고, 매년 2달씩 공부하는 방법이었다. 선교회에 의하여 고용되는 전도부인은 이 학원에 참석해야 한다. 그리고 자신의 성경 지식과 주일학교에서 더 잘 가르치기 위하여 참석하기 원하는 여성들도 참석할 수 있었다. 그리고 예수 그리스도를 더 잘 전도하기 원하는 여성들에게도 문이 열려 있고, 수십 명이 공부하고 있다.

현재 교사진은 해외선교사 수만큼 한국인도 있으며, 매해 휴가와 다른 행사에 따라 교사들이 바뀌고 있다. 처음에 부산진교회에서 성경학원이 개원되었다. 학생들은 알아서 숙식을 해결해야 하였다. 그러나 좀 더 나은 장소와 설비가 필요하게 되었고, 환경은 점차로 나아지기 시작하였다.

초창기에는 글을 잘 쓸 수 없는 나이 든 좋은 신자들에게는 말로 시험을 볼 수 있게 하였는데, 지금은 의자와 책상에 앉아 모두 필기로 시험을 보아야 한다. 몇 명의 학생은 고등학교 학생들이다.

입학 조건은 최소한 1년 이상 교회의 정회원이어야 하고, 21살이 넘어야 하고, 나이가 너무 많지 않아야 한다. 그러한 조건으로 자신이 속한 선교부 선교사나 목회자가 추천 편지를 받도록 하고 있다. 그러나 이 규정이 항상 지켜지지는 않았다. 그래서 몇 번의 시행착오를 거쳐 새 규정이 시행되고 있고, 남성들도 이 규정을 모범 삼아 남성경학원에 적용하고 있다.

각 선교부에서 신청자들을 위하여 먼저 한 달 정도의 예비과정을 거치게 하는 것이었다. 이 과정에서 학생들은 주님의 일생과 창세기를 공부한다. 한 달 후에 필기시험을 보고, 최소 여자성경학원위원회 두 명 회원의 채점을 받는다. 누구나 이 예비과정에는 참석할 수 있지만, 세례를 받아야 하고 등등의 조건 외에 이 시험을 꼭 통과하여야 성경학원 정규과정에 입학할 수 있다.

가정이 있음에도 많은 숫자가 이 예비과정에 도전하는데, 정규과정을 위하여 두 달을 떠나있어야 한다는 대목에서 포기한다. 또한, 합격하였지만 학교까지 오거나 숙박할 돈이 없어 정규과정에 오지 못하는 학생들도 있다. 지금은 그들을 위해서 장학금 제도가 운영되고 있다. 만약 엄마에게 어린 자녀가 있다면 데리고 올 수 있는데, 기숙사에서는 있지 못하고 안전한 방을 찾아 그곳에서 지내며 공부에 참석하여야 하였다.

한 젊은 똑똑한 엄마는 10살 된 딸이 있었다. 그녀는 과정을 시작하였고, 공부를 잘하였다. 그녀가 3학년이 될 때 우리는 그녀에게 매우 주의하라고 당부하였다. 그리고 과목을 마치고 집으로 돌아가 그녀는 아기를 낳았는데, 잘생긴 남아였다. 모두가 그 아이의 건강과 아름다움과 총기를 말하였다. 그다음 해부터 그녀는 더 올 수 없었지만, 후에 계속 공부할 수 있기를 우리는 희망한다.

학기가 개강이 되면 오전 오후 공부가 진행된다. 때로 저녁에도 모임이 있다. 주일에 학생들은 주일학교에서 가르치고, 여러 가지 개인적인 일을 한다. 가장 중요한 공부는 아마 이들이 기숙사에 함께 거하면서, 돌아가며 요리나 청소를 하며 서로 섬기는 훈련일 것이다. 함께 먹고, 일하고, 놀고, 예배를 드린다.

어려운 문제가 생길 때 어떻게 해결을 해야 하는지 서로 배우고, 성공적인 배움으로부터 영감을 얻는다. 학생들은 여러 배경의 가정과 교회에서 오는바, 매우 진실한 친교 속에 함께 생활한다. 교사 중에도 몇은 그들과 함께 살며 도움을 준다.

올해는 5개의 반에 모두 44명의 학생이 공부하였고, 그중 26명이 기숙사에 있다. 과정을 다 마친 학생 중에 몇 명은 선교부의 전도부인 되었고, 다른 학생들은 한국교회에 고용이 되었다. 몇 명은 교사가 되었고, 몇 명은 해외로 나갔고, 몇 명은 주님의 부름을 받고 본향으로 갔다.

좀 더 높은 수준의 훈련반도 있는바, 우리 전도부인 몇 명이 참석하였고, 미래에 좀 더 나은 수준의 사역을 감당하기를 희망한다.

동시에 우리는 우리 학교를 수료한 '졸업생'들을 위한 성경 고등반을 한 달씩 운영하기도 한다. 교사나 학생들에게 이 반이 아마도 가장 도전적인 반일 것이다. 이 반에 시험은 없고, 수년간의 목회 경험을 가지고 좀 더 효과적인 사역을 감당하기 위한 목적인 것이다. 우리도 이들과 함께 주님의 발아래 앉아 함께 배운다.

여러분도 매우 중요한 이 사역을 위하여 우리와 함께 기도의 동반자가 되어 주기를 호소한다.

[더 크로니클, 1930년 8월 1일, 8-9]

39. 1931년 부산의 모습

부산선교부는 지난 몇 달 동안 만화경과 같은 모습이다. 계속하여 오가는 사람들로 인하여 이곳 생활의 모습이 다변하고 있다. 순회전도자인 라이트, 앤더슨, 레게트 그리고 나는 시골의 교회를 방문하며 많은 시간을 할애하였다. 교육전도자인 마가렛 데이비스와 위더스는 다른 지역에 있는 미국인 치과의사 방문차 떠나 현재 자리에 없다. 데이비스 부부는 진주에 있고, 앤더슨 부인과 로이는 통영에 있다.

여러 가지 일 중에 트루딩거 부인과 앤더슨 부인은 한국인들 사이에서 유아보건소 운영을 생각하고 있다. 앤더슨 부인은 간호사 전도부인 이 양과 함께 부산진교회, 그 주변의 교회들, 그리고 심지어 밀양까지 방문하며 바쁜 시간을 보내고 돌아왔다. 그녀도 순회전도자 대열에 합류하였다고 말을 들을 정도이다.

　이곳에는 참 시간과 돈을 들여서 할 일이 많다. 최근 한 지역 지부는 일 년 동안의 활동을 축하하였는바, 아기들을 초청하여 무게를 재고, 검사를 하여 기록을 세웠다. 선교사들이 그동안 가르쳐 온 아기 돌봄과 기본 위생 활동이 이제 조금씩 열매를 맺고 있다. 과거에는 거의 없던 것이었는데, 이제는 아기가 있는 7~8개의 가정이 모여 보건과 위생모임을 갖는다고 자주 듣고 있다. 아직 많은 과제가 기다리고 있지만 말이다.

　이곳에서의 활동이 우리에게 무엇을 가르치고 있는가? 지금은 상쾌한 가을철인데 형형색색의 풍경은 말로 다 할 수 없이 아름답다. 올해 수확은 작년의 기록에 비해 좀 모자라지만 여전히 좋다. 쌀, 콩, 무 등 매우 성공적이다. 그러나 세상의 다른 곳과 마찬가지로 이곳에도 돈이 없는 것이 문제이다. 낮은 가격, 가난함, 그리고 이윤도 거의 없다.

　섬에 있는 한 교회에 집사 아내가 있는데 20명의 남성을 먹이고 있다. 그 집사는 고깃배를 가지고 고기를 잡는데 아무리 잡아도 일꾼들의 봉급을 맞출 수 없어 걱정하고 있다. 한국 비단도 지금보다 싼 적이 없다. 사는 사람이 없기 때문이다.

　정치적으로는 어두운 구름이 잔뜩 덮여있는 상황이다. 어린이들은 군인을 태우고 지나가는 기차에 깃발을 흔들며 즐거워하고 있지만, 나이 든 사람들은 아픈 가슴과 긴장 속에 그 모습을 지켜보고 있다.

　거의 모든 교회가 지금 긴장하고 있는 이유가 이것일까? 다 그렇지는 않다. 우리는 이 지역에 예전보다 더 많은 성경반이 생기고 있다고 듣고 있다. 사람들이 몰리는 이유가 무엇이든지 수년 동안 거부하던 사람들도 관심을 보인다. 그들 모두를 받아주지 못하여 미안하지만 말이다. 때로 열정 있는 젊은 사람들이 왜 거절당하는지 알지 못하지만, 그 속에 역동성이 있고, 하나님 아버지께서 남성과 여성, 그리고 어린이 중에 역사하고 계심을 안다.

한 작은 항구의 교회는 나무 망대 위에 큰 종을 걸고 있는데 위태해 보였다. 교회당 안은 정갈하고, 등은 밝게 빛났고, 깨끗한 돗자리 위에 앉게 되어 있었다. 그 지역의 비신자에게 교회에 나오라고 우리가 권면하였는데, 한 밝은 얼굴을 가진 젊은 여성이 말하였다.

"교회의 저 종이 울릴 때, 마치 '오라. 오라.'라는 소리로 들립니다."

"네. 저 종이 부르는 대로 와 보세요."

우리는 그녀를 초청하였다. 그리고 그녀는 주일 저녁에 왔다. 희망하기는 한 번만 되지 않기를 바란다. 그 큰 종은 자신의 몫을 한다. 교회도 그 종의 크기만큼 성장하기를 바란다.

한번은 기차 안에서 전도부인이 한 흥미로운 대화를 엿들었다. 외국 여성이 기독교에 대하여 말을 시작하자, 한 남성이 다른 남성에게 들려준 이야기였다. 한 불쌍한 소녀가 있었는데 기차로 항구까지 옮겨져 일본으로 팔려 그곳에서 하인보다 더 비참한 생활을 하기 직전이었다. 소녀는 울고 있었고, 그곳에 있던 한 기독교인의 주의를 끌려고 하였다. 소녀는 5파운드에 팔린 것이다. 그 기독교인은 그 돈을 지급하였고, 그 소녀는 구출되었다는 이야기다.

"기독교인은 좋은 사람들이야."

그 남성의 결론이었다. 그의 말이 상대적으로 사실이기를 우리는 바랄 뿐이다.

나환자들에게 선물을 보낸 여러분 모두에게 감사를 전한다. 아직 다 풀어보지는 못하였지만 미션 박스는 안전하게 도착하였다. 이번에는 시간에 맞추어 잘 도착하였고, 곧 개개인들에게 감사의 편지를 쓸 것이다. 1932년 새해에 여러분 모두의 축복을 빈다.

부산진에서.

1931년 11월.

[더 크로니클, 1932년 2월 1일, 4-5]

40. 열린 창문에서

부산항에서 노숙인들을 막자 집이 없는 그들은 수년간 언덕을 힘들게 오르내리고 있다. 부산항 근처 산언덕에 자리를 잡은 그들은 땅을 파거나 작은 판잣집을 만들어 살고 있다. 길은 없고 좁고 구부러진 발자국을 따라 올라가면 그 집들이 보인다. 우리는 종종 이들을 보았고, 가능한 시간을 내어 방문하였으면 좋겠다고 생각하였다. 초량교회가 그 일을 한다는 소식을 듣고 반가웠다. 그들은 지금 그 언덕 위에 작지만 깨끗한 교회 강당을 세우고, 그 주변으로 집을 짓는다고 하였다.

멋진 풍경

초량교회 전도부인과 나는 큰 관심을 가지고 그 산언덕을 방문하였다. 그 교회당은 남향이었고, 활짝 열리는 창문이 있었고 출입문은 서쪽에 있었다. 뒤쪽은 동쪽 편인데, 관리자를 위한 방 한 개와 밥을 할 수 있는 아궁이가 있었다. 그 아궁이의 불은 방안의 온돌에까지 온기가 전해지는 구조이다.

그 관리자의 방에는 남향으로 열리는 좋은 창문이 있었는데, 교회 강당을 지나는 길 10피트 위에 있다. 그리고 여기에서 멋진 풍광을 볼 수 있다. 바로 아래에는 많은 집이 있고, 더 아래에는 큰 길이 보이고, 그 길 위에 전차, 자동차, 마차 등이 오가고 있다. 많은 사람이 걸어가는 모습도 보인다. 그 너머에는 기찻길이 있는데 우리를 유럽 시베리아까지 연결하는 길이다.

그리고 바다에는 큰 증기선과 작은 고깃배들이 보이고, 섬과 만과 곶이 보인다. 높은 이곳에서 아래쪽의 언덕들과 바다 저 먼 곳까지 볼 수 있는 것이다.

이 창문에서 밖을 보며 기도하는 것은 어떤가! 아마 이기적인 기도는 못 할 것이다. 저기 건너에는 나환자들의 교각이 있고, 그 길 위를 따라가면 그들의 집이 있다. 그리고 우리는 그들의 교회도 여기에서 어렴풋이 볼 수 있다. 그곳에서 우리는 종종 이쪽 편을 건너다보면서, 이곳 사람들을 위하여 기도하기도 하였다. 지금은 이곳 사람들이 그곳을 보며 나환자들의 고침을 위하여 주님의 자비를 빈다.

나환자들과의 5일

지난주에 우리 세 명은 50개의 집과 작은 교회 그리고 시약소가 있는 나환자 마을을 방문하였다. 우리는 매일 5일 동안 그곳의 여성들과 말씀을 공부하였다. 반 정도는 이미 정회원이었고, 성경을 배우는데 열심이었다. 세례준비반도 있었다. 그러나 새로 온 20명의 학생이 제일 희망적이었고 우리를 즐겁게 하였다. 이들을 가르칠 수 있다는 것은 특권이었고, 그들의 얼굴에서 빛이 나는 모습을 보았다.

50개의 가정 중에서 어떤 집은 그리스도를 좀 더 가까이서 따르고 있고, 이들은 모두 그리스도의 편이다. 이 마을의 어떤 집도 귀신을 숭배하지는 않는다. 한국의 다른 마을은 그렇지 못한 현실이다.

나눔과 공부

얼마 전에는 우리의 요양원에서 성경반을 했었다. 이곳에는 물론 신자들이 더 많다. 120명이 하루도 빠지지 않거나, 거의 모든 시간에 출석하여 개근상을 받았다. 78명은 개근상을 받지 못하였으나 매일 오는 것은 문제가 없었다. 여기에도 새로 온 적지 않은 사람들이 있었고, 생명의 빵에 굶주려 있었다.

우리의 한 젊은 전도부인이 처음으로 이들을 가르쳤다. 개학식 날 그녀는 좀 두려워하였지만, 한 주가 지나기 전 그녀는 일에 몰두할 수 있었다. 상처가 있는 이곳의 사람들과 예배와 공부를 함께 할 수 있어 좋았다.

방문자들

보통 때와는 달리 더 많은 방문자가 있었다. 한번은 중국에 있는 선교사의 딸인 젊은 미국인이 중국 가는 길에 우리를 방문하였다. 그녀는 나에게 이곳을 방문하여 행복한 얼굴들을 보아 매우 좋았다고 하였다. 또 다른 날은 영국의 나환자를 위한 선교회의 총무인 앤더슨 씨가 방문하였다. 그는 6년 전에 우리를 방문하였었는데, 또 온 것이다. 그는 캐나다의 콘클 목사 부부와 함께 왔는데 그는 그곳에서 자원봉사단 총무이다. 이들은 맥켄지가 호주에서 돌아오자 주중에 요양원의 성경반을 참관하였다.

여성들은 하루의 공부 끝에 찬송을 배우고 있었는데, 남성들이 그 뒤에 모였다. 그들 중에는 다리를 절거나 앞을 못 보는 사람들도 있었지만 모두 행복한 표정이었다. 손님들과 함께 예배가 있었고, 그들은 앤더슨에게 자신들이 만든 호주머니 나침반을 선물하였다. 그는 잘 사용하겠다고 하면서 그 선물을 받았다. 앤더슨은 금보다 더 귀한 그리스도를 끝까지 따를 것을 통역을 통하여 설교하였다.

문밖의 200명

문밖에는 200명 이상의 나환자들이 요양원 입원이 허락되기를 기다리고 있다. 앤더슨은 말하였다.

"이분들을 다 수용하지는 못하여도 이들을 위하여 무언가 할 수 있어야 한다. 이들은 우리가 무엇을 위해 노력하는지 모르기 때문이다."

그는 이들이 일주일간 먹을 수 있는 양식을 사도록 돈을 기부하였다. 그리고 그대로 집행되었다.

우리는 그 열린 창문에서 이 일과 그리고 다른 이야기들을 생각하였다. 우리가 모두 이렇게 큰 지평을 열어주는 창문이 없다고 해도, 구하는 자에게 아버지는 그 비전을 주실 것이다.

[더 크로니클, 1933년 1월 2일, 8-9]

41. 나환자의 성탄절

누가 몇 달에 거쳐 뜨개질하고 재봉질을 하였나? 누가 미션 박스를 계획하고 아름답게 포장을 하였나? 여러분 개개인들에게 감사한다! 여러분이 아는 대로 맥켄지 부인은 지난해 몇 개월 동안 아팠다. 그래서 그녀를 대신하여 여러분께 이 편지를 쓴다. 그녀가 조금씩 나아지고 있어 반갑지만, 아직 일은 시작하지 못하고 있다. 각 연합회 지부에 곧 이 편지가 도착하기를 바란다.

선물상자는 제시간에 피해 없이 잘 도착을 하였다. 상자들이 도착하여 쌓여있는 모습은 얼마나 보기 좋은가! 붕대는 일주일 만에 다 소진되었지만, 훌륭한 침대보와 붕대, 우리는 올리버 트위스트와 같이 더 원하고 있다. 차곡차곡 개어있는 담요는 이 겨울의 추운 밤 따뜻함과 편안함을 말한다.

양말, 목도리, 장갑, 러닝셔츠, 속옷, 비누, 행주, 옥양목, 붕소 등 매우 유용한 물건들이고, 안전한 핀도 명찰을 다는 데 쓰이고 있다. 이곳에서도 이제는 핀을 살 수 있지만, 이것들은 '다르고' 더 좋다.

나환자요양원에는 그 어느 때보다 더 많은 사람이 가족을 이루고 살고 있다. 나병이 옮지 않은 아이들의 집에도 비슷한 숫자의 인원이 살고 있다. 1,200명 모두에게 줄 수 있는 선물을 상자에서 얻는다는 것은, 바다 건너 여러 친구의 사랑과 희생하는 헌신을 알게 한다.

또한, 훌륭한 선물을 나눈다는 것은 큰 특권이다. 요양원에서는 12월 24일 토요일 선물 나눔이 있었다. 흐리다가 비가 온 날이었다. 그러나 교회당 안에는 색색의 종이 깃발과 소나무 장식이 있었고, 못 보는 자, 다리를 저는 자, 거의 나은 자, 건강한 자 등으로 꼭 찼다. 모두 밝고 행복했으며, 어두운 날씨를 변화시켰다.

먼저 우리는 예배를 드렸는데, 맥켄지가 오래된 이야기지만 새 희망을 주는 성탄이야기를 하였다. 그리고 25명의 소년이 밝은색의 옷을 입고 나와 인사를 하고, 인내를 시험하듯 머뭇거리다가 찬양을 하였고, 성탄 성경 구절을 틀리지 않고 암송하였다. 그리고 다시 찬양하였고, 밝은 얼굴로 자기 자리로 돌아갔다.

소녀들이 그 뒤를 이었는데, 옷의 색이 더 화려하였다. 그들도 두 줄로 정렬해 짧은 찬송을 불렀고, 성경을 암송하였다.

그리고 선물 나누어 주기 시간이었다. 모두 흥분하였고, 다른 사람이 받은 선물을 쳐다보며 선망하였다. 그리고 멀리 있는 자신들의 친구들에게 감사하였다. 정말 행복한 순간이다! 이들과 함께 여러분의 즐거운 성탄과 희망찬 새해를 기원한다.

나환자요양원에서.

[더 크로니클, 1933년 4월 1일, 6]

42. 어느 연합예배

아마도 한국교회는 단체를 이루는 것과 정치와 무슨 일을 맡는 것을 좋아해서 그런지 절차를 매우 중요시한다. 아니면 형식과 의식에 대한 자연적인 사랑인지도 모른다. 어떤 이유에서든지 한국인들은 안건을 발의하는 것과 단상에 나와 발언하는 것을 즐겨한다.

지난 저녁 나는 우리 지역의 5개 교회가 연합하여 드리는 예배에 참석하였다. 20개월 전에 이들은 한 달에 한 번씩 함께하기로 동의하였었다. 그러나 그저 만나는 것에 만족지 않았고, 교회들은 예배위원회를 만들어 순서와 진행을 담당하였다. 한 교회의 장로가 위원장이 되었고, 총무와 서기 그리고 회계가 임명되었다. 그뿐만 아니라 다른 부서들도 있는 것으로 나는 안다.

총무는 현재 남자성경학원에 다니므로, 그의 자리에 대리가 임명되었다. 그 위원회는 또한 그에게 성경학원을 졸업하는 축하 선물을 보내었다. 졸업은 사실 아직 일주일 남았지만, 그들은 믿음 속에서 그가 훌륭히 졸업할 것이라고 믿는 것이다!

교회에서 성경 주간이 열리는데 몇 명은 이미 토요일에 교회에 와있었다. 아주 작은 교회라 안 믿는 사람들이 우리의 초청에 응하여 성경공부에 참석하기를 희망하고 있다. 다른 사람들은 주일 아침 주일학교가 열리고 있을 때 왔다. 어린이 주일학교는 오랫동안 이 교회의 가장 활발한 부서이다.

어린이반이 마치자 성인 주일학교가 시작되었는데 방문자들을 포함해서 좋은 규모였다. 복습반을 한 교회의 지도자와 국내선교회의 한 장로가 인도하였다. 이 반이 우리를 12시 30분까지 바쁘게 하였다. 공부를 마치자 공동 식사가 있었다. 교회당 밖의 가마니에 앉아 식사하기에 어려움이 없는 쾌적한 봄날이었다.

오후 2시에 우리는 교회당 안으로 들어갔다. 더 많은 사람이 모였다. 좋은 예배였는데, 한 목사의 '하나님의 능력으로 승리하는' 내용의 설교가 도움이 되었다. 그가 이 모임을 몇 번 인도하고 있다.

저녁에 밥을 먹고 우리는 다시 모였다. 아침에 예배드린 사람 중에 집으로 간 사람들도 있지만, 각 교회 대표로 참석한 사람들이 여전히 많았고, 이 근방에서도 적지 않게 참석하였다. 어른들이 도착하는 동안 어린이들이 먼저 찬송을 열정적으로 불렀다.

예배의 긴 순서가 칠판 위에 적혀있었다. 8시 바로 전에 우리의 예배가 시작이 되었다. 순서대로 잘 진행되고 있었지만, 그 속도는 더디었다. 9시 후에야 예배가 마치었고, 대부분 일어나 집으로 돌아갔다.

그러나 그때 나는 나의 실수를 인지하였다. 큰 행사인 이 연합모임은 끝난 것이 아니라 이제 시작된 것이다. 위원장인 장로는 좋은 사회자였다. 여러 형식에도 불구하고 그는 바로 회의를 진행하였다. 찬송, 기도, 성경봉독, 짧은 설교, 모두 적당하게 그러나 열정적으로 진행되었다. 그리고 회원 점명이 시작되었다. 전 회의록도 상세하게 보고되었다. 새 회원 환영이 있었고, 안건토론이 있었고, 지난 한 달 동안의 활동상황에 관한 다섯 교회의 보고 시간이 있었다.

모든 교회가 새벽예배 시 중심 교회에서 열리는 부흥사경회를 위하여 기도하였다고 하였다. 어떤 새벽예배에는 적은 인원이 참석하기도 하였다. 한 남성은 자신의 교회 인원에 대하여 구체적으로 보고하였다. 두 번이나 두 명만 참석하였는데, 자신과 주님이라 하였다. 그는 말하였다.

"그러나 우리는 예배 순서를 다 진행하였습니다."

대부분의 보고서는 남성들에 의하여 보고되었고, 한 작은 그룹에서는 여성이 일어나 자신들도 새벽예배를 드렸으며 지난 한 달 평화롭게 지나갔다고 보고하였다. 그 여성은 보고를 잘 요약하여 적절하게 하였고, 보고서에 대한 감사와 그 용기에 대한 감사가 있었다. 한국 여성은 확실히 빠른 속도로 배우고 있다.

이 연합예배는 영감과 도움의 좋은 방편이다. 특별히 약한 교회에 더 그렇다. 소녀들은 그들끼리 그리고 소년들은 또 그들끼리 행복한 얼굴로 "주일에 연합예배에 오실 거지요?'라고 묻는 것을 보면 더 그러하다. 이들은 이 연합예배를 사모하고 있다.

[더 크로니클, 1934년 7월 2일, 7]

43. 초도 방문기

욕지도는 통영에서 통통선으로 3시간 떨어져 있다. 지난 몇 년 동안 이곳은 주요 어항으로 발전하였고, 교회에도 자신들의 목사, 장로, 전도부인이 있다. 욕지에는 좋은 항구가 있고, 산으로 이어지는 땅이 있어 고구마 농사가 잘되는 곳이다. 그물을 펼칠 수 있는 바위가 있는 해변도 있고, 만이 나무로 덮여있어 아름다운 정원 섬이다.

교회에는 수요일과 주일 저녁에 예배가 있는데, 교회에서 먼 거리에 있는 사람들도 함께 모여 예배를 드리고 있다. 우리는 항구와 가까운 한 가정에서 묵었다. 월요일 아침은 흐렸지만 바람은 잔잔하였다.

나와 그 지역 전도부인 그리고 한 명의 동행자, 이렇게 세 명이 아침을 먹고 그 가정과 함께 예배를 드렸다. 그리고 우리는 그 뒤에 있는 산으로 길을 떠났다. 곧 우리는 산 위에서 배들이 점점이 떠 있는 바다와 바로 아래의 마을에서 수많은 멸치를 가마솥에 삶거나 말리는 모습을 볼 수 있었다. 고기잡이를 위한 그물, 게를 잡기 위한 단지 등 도구들이 많이 보였다. 밭에서 일하던 사람 중에 우리를 격하게 환영하였고, 돌담 안에서는 고구마가 다 익었다는 외침도 있었다.

아래 항구의 장로 부인은 우리를 위한 배가 곧 준비될 것이라고 확신하였다. 장로는 고기잡이 사업으로 여념이 없었지만, 한 건장한 남성이 배 한 척을 끌고 우리 앞에 와 올라타게 도왔다. 16피트 정도의 배였는데, 돛대도 있었지만, 그는 준엄한 얼굴로 노를 저어 일정한 속도로 항해를 하였다.

우리는 가마니 위에 앉아 갔는데, 물결이 치기 시작하자 한 여성은 어지러운지 누웠다. 15분 정도 후 우리는 또 다른 섬의 후미에 도착하였다. 큰 푸리섬 이었다. 이곳에는 더 많은 멸치를 말리고 있었고, 2인치밖에 안 되는 새끼 문어도 많았다. 이것은 생으로도 먹는데, 배고플 때 먹으면 맛이 있다.

여기에는 욕지에서 온 집사가 사업을 하고 있는데, 그가 엊그제 예배를 인도하였다고 한다. 그는 우리를 포구에 있는 한 여성에게 소개하였다. 그녀와 함께 우리는 섬 반대편으로 갔다. 그곳에서 우리는 가파른 땅이 파헤쳐진 것을 보았는데, 이곳은 너무 가팔라 경작이 어려운 곳이었다. 섬에는 10가정 정도가 있는데, 바람으로 인하여 집을 세우기도 위험한 곳이었다.

우리는 이곳에서 욕지에도 기독교인이 없을 때 처음으로 기독교인 된 남성을 만났다. 그는 열심 있는 며느리도 있었는데, 불신자의 집에서 온 아이들에게 교회당 밖으로 나가라고 하는 것을 보고 이 교회가 왜 성장하고 있지 않은지 알 것 같았다.

우리는 아이들에게 찬송을 가르쳤고, 성경이야기를 들려주었다. 동시에 어른들도 모였고, 그들은 예배가 끝날 때까지 참석하며 흥미를 보였다. 15~20피트나 되는 큰 동백나무들이 있었고, 여기에서 좋은 머릿기름을 만들 수 있다고 들었다. 이 나무에서는 빨간색 꽃이 피는데, 다른 꽃이 없을 때 개화되어 가치가 있다고 하였다. 소년들이 나를 위하여 꽃을 꺾어 주었다.

우리는 지그재그의 길을 따라 또 다른 포구로 갔다. 그리고 돛단배를 큰 소리로 불러오게 하였다. 노인이 배에서 내려 우리를 타게 하였다. 두 명의 소년이 우리를 따라서 와 인사를 하였고, 바구니를 들고 언덕으로 올라갔다. 여성들도 우리를 환송하였는데, 15살의 소녀는 나뭇가지를 흔들었고, 두 명의 아이는 배가 가는 방향으로 같이 뛰었다.

이 배는 고깃배로 배 안에 물고기가 많았다. 그러나 깨끗한 새 배였다. 우리는 편안한 항해를 하였고, 두 시간 후에 작은 푸리섬(풀

섬 혹은 소초도-역자 주)에 안전하게 내렸다. 그리고 배는 떠났는데 사공의 태도에 예의가 있었다. 이곳은 작은 섬이라 우리가 어디를 간다고 하여도 길을 잃을 수가 없었다. 우리는 언덕에 올라 풍경을 감상하는바, 바다 위에 많은 섬이 보였고, 아직도 주님의 말씀을 기다리는 곳이 많았다.

이 섬에는 5가정이 살고 있었고, 2가정이 기독교 가정이었다. 가족 구성원은 할아버지와 할머니, 결혼한 아들, 과부 며느리 그리고 8명의 손주가 있었는데, 그중 7명이 남아였다. 이들도 고구마를 농사지었다.

곧 두 명의 남성, 세 명의 여성, 그리고 8명의 아이가 모였다. 여기에도 며느리가 힘이 있었다. 그녀가 읽었고, 그녀가 가정의 목회자로 보였지만 그렇게 말하지는 않았다. 마당과 마루에 돗자리를 펼쳤고, 우리는 함께 기뻐하며 예배를 드렸다. 항상 선생님이 있는 것도 아니고, 항상 날씨가 좋은 것도 아니기에 우리는 이 시간을 즐겼다.

우리는 이날 밤을 그곳에 머무를 수 없다고 설명을 하였다. 우리는 욕지로 돌아가 또 다른 곳의 환자를 방문한다고 말하였다. 우리를 위하여 다시 배가 준비되었는데 3번째 배이다. 그곳의 아버지가 13살 난 아들에게 이웃집의 배를 빌려오게 하여 우리가 내린 곳까지 데려다주겠다고 하였다.

동시에 어머니도 바빴다. 곧 작은 상이 등장을 하였는데, 그 위에는 삶은 고구마가 담긴 세 그릇과 잘 구워진 생선과 양념이 놓여 있었다. 우리는 섬의 식사를 즐겼다. 뭍에 있는 친구들에 대한 안부와 인사를 전해달라는 부탁을 받았다. 곧 우리는 '안녕히 계세요' 인사를 고하였고, 곧 다시 오겠다고 하였다.

모두 우리를 따라 작은 길로 내려오는데, 9살 난 아이는 고구마 바구니를 들고 바로 우리 곁에 따라왔다. 그리고 그의 형이 배를 가지고 도착을 하였다. 이번에는 12피트의 노를 젓는 배로, 사공이 쉴 때 잠깐 앉을 수 있는 자리 외에는 앉을 공간도 없어 보였다. 배를 밀어 나아가게 하는 대나무 노와 물이 들어올 때 퍼내는 조롱박 하나가 있었다. 우리는 조심스레 배 위에 올랐다. 나는 빠지지 않도록 내 긴 다리를 배 위에 올리는 데 최선을 다하였다.

우리는 배 위에 앉았고, 배는 순항하기 시작하였다. 뱃사공도 자리에 앉아 자신의 동생이 가져온 고구마를 먹기 시작하였다. 작은 섬은 멀어지고, 곧 큰 푸리섬(풀섬 혹은 초도-역자 주)이 먼 거리에 보였다. 한 시간 정도 되어 우리는 섬에 다가서는데 그곳의 소년들은 무엇을 해야 할지 알고 있었다. 아버지가 올 때까지 그들은 인내심을 가지고 기다리고 있었고, 이름을 부르자 얼굴이 밝아졌다.

이번에도 배를 대고 내리기가 쉽지 않았다. 안녕을 고하지 말자 '또 오세요' 하며 배는 멀어져 갔다. 우리는 한 집을 향하여 걸어갔는데, 그곳에 사는 가난한 남성은 술 취한 사람에게 맞아 척추를 다쳐 9년이나 누워있었다. 그녀의 아내는 우리를 환영하였고, 다음과 같이 말하였다.

"우리 아이들은 모두 두 명씩입니다. 딸 둘, 아들 둘, 그리고 딸 쌍둥이도 있습니다."

남편도 자리에 누운 채로 우리에게 웃어 보였다. 좋다는 한약을 수년간 다 써본 그가 6년 전에 자신을 돌보아주는 좋은 친구를 찾았다. 그의 옆에 놓여 있는 손때 묻은 성경이 그 이야기를 간증하는 듯하였다. 나는 그에게 기도에 관한 짧은 가르침을 주었고 그것에 관한 소책자를 주었는데, 다 읽은 후 다른 사람에게 전도하기를 바랐다.

사람들이 마루에 모이자 우리는 그의 방문을 열어둔 채로 예배를 드리기 시작하였다. 그리고 마침 기도가 있었는데, 그가 말하였다.

"아직 가지 마세요."

그리고 그의 방에서 목소리에 힘이 없는 기도 소리가 들려오기 시작하였는데, 가슴에서 나오는 진실한 기도였다. 하나님이 귀를 기울이실만한 기도였다.

그 집의 큰딸이 우리를 장로의 집으로 다시 안내하였다. 우리는 가는 길에 또 씨를 뿌렸다. 저녁이 되니 불빛으로 모든 것이 아름답게 보였다. 우리는 그 장로에게 하루 동안 된 일을 모두 이야기하였고, 다시 인사를 나눈 다음 우리의 임시 거처로 돌아왔다.

저녁 식사 후, 예배를 위하여 몇 명이 모였다. 등 주위로 우리는 둥그렇게 앉았고, 한 사람이 푸리섬의 사람들에 관하여 이야기하였다. 그곳에서 그들이 어떻게 기독교인으로 사는지에 대한 이야기도 있었다. 또한, 아까 만난 자리에 누워있는 남성에 관한 이야기도 있었다. 그를 다치게 한 사람은 아직 잡히지 않았다고 한다. 당시 그는 매우 분하게 생각하였지만, 지금도 그럴까? 혹시 지금은 그 범죄자를 위하여 기도하지 않을까? 그러리라고 나는 생각한다.

우리는 '안녕히 주무세요' 인사를 하고 떠났다. 좋은 날씨와 안전한 여행과 새로 찾은 생명으로 인하여 우리는 감사를 하였다. 멀리서 작은 배가 다가오는 것이 눈에 들어왔다. 안정적으로 다가오는 배를 보면서, 아버지의 눈에는 아들이 우리를 다음 목적지까지 안전하게 데려다줄 것이라는 확신이 있었다. 작은 푸리섬 아들들이 다른 섬에도 복된 소식을 전할 수 있을까?

[더 크로니클, 1935년 2월 1일, 8-9]

44. 일본에서

순회전도자가 휴가차 현장을 떠나는 것은 참 어려운 일이다. 그녀(알렉산더 자신을 가리킴-역자 주)는 건강이 양호하였고, 그녀가 없는 동안 아무도 그녀를 대신해 줄 수 없었다. 그리고 그녀의 동역자 몇 명도 독감으로 인하여 앓고 있었다. 그녀는 일의 현장에서 도망가는 것처럼 보였다. '탄다' 호가 월요일 출항하기에, 토요일 낮 배를 타고 음산하게 파도가 일렁이는 바다를 건너 일본으로 건너갔다.

그곳에는 한국어나 영어를 하는 사람이 없었고, 그녀는 식사하고 쉬다가 잠이 들었다. 시모노세키에서는 외국인이나 한국인을 볼 수 없었다. 외로움을 느끼는 중 선박회사에도 전화가 안 되었다. 그러나 편지는 쓸 수 있었다. 써야 할 편지는 항상 있었다. 그래서 나머지 시간에는 편지를 썼다.

주일 아침, 호텔의 일본인에게 한국인 교회 위치를 문의하였고, 한 직원이 그 방향을 알려 주었다. 그녀는 알려준 방향으로 걸어가면서 얼마나 가야 교회가 나올까 생각하던 차에 오고 가는 일본인 중에 한 한국 여성을 보았다.

"그녀가 기독교인일까?"

아니었다. 그러나 그녀 근처에 있던 친구가 신자였다. 그래서 그녀에게 복된 소식을 전하는 기회는 짧았다. 우리는 곧 한 일본인 집에 다다랐고, 그 안에는 전라도에서 온 한국인들이 살고 있었다.

그녀가 설명하자 그들은 그녀를 환영하였고, 그녀는 다다미에 앉았다. 집주인은 단장하고 있었다. 그리고 그들은 곧 교회로 출발하였다. 가는 길에 서로 알고 있는 남장로교 선교사에 관해 이야기하였다.

교회당은 높은 곳에 잘 위치하고 있었다. 작은 정원이 앞에 있었고, 교회당과 접해 있는 사택은 이 층이었다. 그날은 추수감사주일이었고, 교회당은 그렇게 장식되어 있었다. 예배 전에 보통 있는 어른 주일학교는 노래하는 어린이 행사로 대체되어 있었다.

방문객은 목사에게 소개되었고, 그는 그녀를 공부방으로 인도하였다. 후에 자신의 작은 아내를 소개하였는데, 그녀가 예배의 반주자였다.

캐나다장로교회가 일본의 한국인 사이에서 일하고 있었는데, 영 씨가 지난주 이 지역을 순회하였다고 한다. 우리는 공통의 한국인과 외국인 친구를 알고 있었다.

예배가 시작되었다. 한 200명 정도가 모였다. 소녀들보다는 소년이 더 많았고, 남성보다는 여성이 더 많았고, 노인은 별로 없었으나, 열정 넘치는 청년 그룹이 있었다. 이방의 땅에서 자신의 모국어로 하나님을 찬양하였다. 특별헌금은 한국교회의 해외선교를 위함이라 하였다. 가치 있는 일이었다. 한국인 목사는 대표로 일본교회 연합대회 참석차 동경에 간다고 광고하였다. 활동적인 목사에다 활동적인 교회이다. 그는 한국어로 '월간 교회'를 출판한다고 한다.

예배가 마치자 많은 사람이 방문자를 만나기 위하여 다가왔다. 여전도사는 그녀가 아는 사람들 몇 명을 알고 있었고, 그녀는 한 젊은 여성 집사를 만났는데 어릴 적 보았던 사람이었다.

그들은 그녀와 음식도 함께 나누었다. 추수 감사 음식이었다. 사택 안은 방문객으로 넘치었다. 더 놀다가 가라는 것을 사양하고 그녀는 호텔로 돌아왔다. 그녀는 더 이상 외롭지 않았다.

"예수 그리스도 안에서 우리는 하나다"

[더 크로니클, 1936년 4월 1일, 3-4]

45. 생명이 몰려있는 항구

우리 선교부 중 3개 선교부에는 부산진, 마산, 그리고 통영의 항구가 있다. 매일 매시간 크고 작은 여객선과 고깃배가 바쁘게 다니고 있고, 목재를 가득 실은 배, 빠른 속도의 배, 노 젓는 작은 배, 그리고 세일 보트 등 많은 종류가 오가고 있다. 장날 아침 통영으로 들어오면 짐을 실은 하얀 날개의 배들이 보이는데 그 모습이 장관이다.

부산은 세계에서 가장 훌륭한 항구 중의 하나이다. 주요 항만에는 세계적으로 잘 알려진 남녀들이 입항하거나, 출항한다. 조선의 모습을 보기 위해 그들은 먼 항해도 마다치 않고 이곳에 발을 들인다. 마산에서는 영국 함대가 들어오기도 하였고, 통영은 폭풍이 몰아칠 때 잠깐 쉬어갈 수 있는 좋은 항구로 알려져 있다.

섬에서 통영으로 항해를 하면, 배 위에는 항상 복음을 들어보지 못한 사람들이 있다. 그들에게 복음을 전하고 소책자를 주어 읽어보게 할 기회이다. 어떤 이들은 큰 소리를 내며 읽어 다른 사람들도 그 내용을 듣는다. 이렇게 뿌려진 씨가 어떻게 되는지 우리는 알지 못하나, 좋은 씨앗으로 열매를 맺게 될 것이다. 좀 더 빨리 혹은 조금 늦게 맺어지는 것뿐이다.

남쪽의 큰 강, 낙동강 하류에는 수문이 있어 들어오고 나가는 물의 양을 조절한다. 습지와 마른 땅을 조절하기 위한 방편이다. 그래서 때로 그 문은 닫혀있다. 그러나 큰 수로와 항구는 항상 열려 있다.

부산항에 많은 사람이 드나들지만 매일 유명한 사람만 있는 것은 아니다. 하나님이 사랑하는 평범한 사람들도 많이 오가고 있다. '평범한 사람들을 더 많이 만든 것을 보면, 하나님이 그런 사람을 더 사랑하시기 때문이다.' 이런 사람들을 위하여 복음은 선포되어야 한다.

미국에 있는 친구들에 의하여 지원을 받는 남성이 한 명 있다. 그는 한국어와 일본어를 하고 중국어도 좀 한다. 그는 선원들에게 성경을 팔면서 구원자에 관한 이야기를 해 준다. 이제는 구세군에서도 일꾼을 보내어 배에 앉아있는 사람들에게 전도한다. 이 일꾼들을 위하여 기도해 달라.

사람 낚는 어부! 더 많은 어부가 필요하다. 마산과 통영에서도 바다를 두려워하는 사람들에게 전도할 일꾼이 필요하다.

물이 옆으로 흐르는 돌밭의 길을 따라 올라가면, 언덕을 배경 삼아 많은 사람이 살고 있는데, 여러 마을에 아직 기독교인이 없다. 만약 계획대로 된다면 내년 3월 부산항에 내리는 새 선교사를 우리와 많은 한국인이 환영할 것이다. 그녀는 신자들을 만날 것이지만, 더 많은 안믿는 사람들을 볼 것이다. 그리고 그녀는 곧 말할 것이다.

"와서 도와 달라. 이곳에 해야 할 일이 많이 있다."

이 항구에는 생명이 몰려있다. 그들은 우리를 부르지만, 정말 필요한 사람은 목소리를 내지 못하고 있다. 그러나 주님은 아직 말씀하신다.

"가라... 세상 끝날까지 내가 너와 함께 하리라."

[더 크로니클, 1937년 1월 1일, 4]

46. 어느 환갑잔치

"다음 주 금요일, 저희 어머니 환갑잔치가 있습니다. 꼭 와주세요."

친절한 초청장이 도착하였다. 우리는 초청에 응하기로 하였다. 그날 완벽한 가을 아침, 우리 두 명은 가을 햇볕이 내리쬐는 멋진 풍경을 즐기며 버스를 타고 갔다.

우리가 도착하였을 때 그 어머니는 마침 아름다운 새 옷을 입는 중이었다. 옷은 가족이나 친구들이 선물로 주었는데, 우아하게 빛나는 새 신발만 빼고 모두 흰색이었다.

"오늘은 내가 꼭 새색시 같습니다."

우리를 본 어머니는 반가워하며 말하였다. 그러나 수줍던 처음의 새색시와는 다르다고 생각되었다. 젊거나 나이든 친구들이 작은 방을 채웠고, 나머지는 잔칫상 위의 음식을 마지막으로 손보고 있었다.

우리는 그녀를 위한 선물도 보았다. 비단에 수작업으로 수를 놓은 편하게 보이는 솜저고리와 치마였다. 다른 이는 여름 비단 목초를 선물하였다.

곧 목사가 도착하였다. 그 어머니 한 명만 빼고, 우리는 모두 햇볕이 드는 마당으로 나갔다. 그녀는 마루 위에 놓인 방석을 깔고 동상처럼 앉았고, 뒤로는 병풍이 둘러 있으며, 앞에는 잔칫상이 놓여 있었다. 상은 아직 천으로 덮여있었다.

작은 손풍금의 인도로 노래가 시작되었고, 행복한 예배가 진행되었다. 그녀의 일생을 말하였고, 그녀의 공적과 그리고 슬픈 일도 소개되었다. 몇 명이 축하의 말도 하였고, 노래단이 찬양도 하였다. 그리고 그녀의 자손이 모두 앞마당에 깔린 돗자리에 섰는데, 이 잔치를 열심히 준비한 며느리도 보였다. 이들은 허리를 굽혀 머리가 돗자리에 닿을 때까지 깊은 절을 하였다. 친척들도 절을 하였고, 친구들도 인사를 하였다. 우리는 그들처럼 깊게 절을 하지는 않았다.

어머니는 모든 것을 즐기고 있었고, 이제는 동상처럼 앉아있기만 하지도 않았다. 그녀는 아이가 넘어지는 것도 보았고, 먼 곳에서 온 친구가 뒷줄에 슬며시 끼어드는 것도 눈치를 채고 있었다.

"어려움이 있을 때 그녀는 얼마나 용감하였던가."

사람들은 과거를 회상하기도 하였고, 그녀의 신앙과 간증이 얼마나 힘이 있는지 말하기도 하였다.

햇볕, 우정, 사랑, 그리고 우리 주님의 기쁨. 모두가 우리의 이야기였고, 특히 요즈음같이 슬픈 일이 많은 시절이기에, 이 시간이 아마 더욱 행복한 날이었던 것 같다.

다른 곳에서 일이 기다리고 있기에 우리는 자리를 떴다. 길을 나서면서 우리는 이러한 행복한 기독교 가정이 이곳에 그리고 다른 곳에도 더 많아지기를 기도하였다.

[더 크로니클, 1938년 2월 1일, 11-12]

47. 멜버른, 시드니 그리고 거제

멜버른 1936, 시드니 1937, 거제 1938.

서로 멀리 떨어져 있지만, 한 분이 이들을 깊은 연합으로 이끈다. 세계여성기도일에 여러 나라에서 여성들이 다양한 언어로 하나의 소망과 목적으로 모인다.

한국도 이 국가들과 연합하여 주기도문을 통하여 우리가 하나 되는 날이 속히 오기를 간구하고 있다. 그런 날이 속히 오기를 우리는 얼마나 기다렸던가. 가장 어둡고 추운 시간은 곧 새벽이 밝아 오리라는 징조인 것을 우리는 안다.

아름다운 기도 예배는 한국어로 번역이 되었다. 그리고 그 순서지를 저비용으로 구할 수 있다고 들었다. 우리는 순서지를 구입하였고, 어떻게 사용할지 생각하기 시작하였다. 한 한국인 목사에게 제안서와 순서지를 보냈는데, 아직 대답이 없다. 그는 지금 섬에서 목회를 하고 있다.

또 다른 교회에서는 목사의 아내가 여전도회에 이 기도일에 대하여 안건을 내었는데, 여전도회 회원들은 적극적인 반응이었다. 그곳에서 몇 마일 떨어진 두 번째 교회에서도 마찬가지이었다. 가장 큰 섬에서는 전도부인이 순서지 몇 장을 나누어 주었다. 씨가 떨어졌으니 싹이 날 것이다.

우리 교회에서는 여성 중의 한 명인 목사의 아내, 양 씨, 그리고 다른 이들이 정성을 다하여 준비하였고, 그 결과 매우 도움이 되는 기도일을 저녁예배에서 진행하였다.

전도부인과 나는 거제 읍내로 들어갔다. 그곳에서 그 지역 여전도회 회장을 만났다. 통역을 통하여 우리는 대화를 나누었고, 그녀는 즉시 우리에게 아침과 저녁 시간에 두 번 기도회를 열자고 하였다. 그리고 이웃 교회에도 기도일에 대하여 알리기로 하고, 우리는 순서를 누가 맡을지 논의하였다. 그다음 날, 우리는 기도와 찬송을 인도할 회원들을 방문하였다. 그리고 저녁에는 교회에서 회의가 열린다고 알려주었다.

이날 저녁에 열성적인 작은 모임이 열렸다. 기도회는 여성들만 모여 하는 기도 시간으로, 그 취지와 운동을 설명하였고, 참가자들은 그것에 관하여 즐겁게 의견을 나누었다.

밤사이에는 비가 퍼부었지만, 그다음 날 아침, 기도회 전에는 개었다. 다른 교회에서는 3명의 여성이 참여하였다. 큰 교회가 아니었으므로 작은 숫자의 여성들이 모였지만, 강한 일치의 영을 서로 느낄 수 있었고, 하나님의 나라가 임하기를 간구하는 마음으로 세계의 많은 여성과 연대할 수 있었다.

참석한 대부분 여성이 기도회에서 순서를 맡았다. 또한, 대부분에게 낯선 찬송가 '주님의 교회는 잠들지 않는다'를 우리는 함께 불렀고, 은혜를 받았다. 저녁에는 참석하는 회원이 좀 바뀌었지만, 주요 회원들은 모두 다 참석하였다. 저녁 기도회에서는 더 큰 기쁨이 있었다. 한 명은 교회를 한동안 참석하지 않았었는데, 교회를 떠난 여성들을 위하여 기도하는 순서에 감동이 있었다. 우리 주님의 인내하는 사랑을 더 깊이 깨닫는 그런 시간이었다.

"주님의 나라가 임하시옵소서."

〔더 크로니클, 1938년 7월 1일, 7-8〕

48. 한국여전도회연합회

작년에는 한국 여선교사들의 대회가 열릴 수 있는 상황이 아니었다. 올해도 어떤 일이 일어날지 모르는 상태에서 우리는 대회에 갔다. 그러나 모임은 진행되었고, 안건도 다 처리되어 안전하게 돌아올 수 있었다.

대회 둘째 날 저녁에 우리는 이 연합모임의 10주년을 기념하였다. 그리고 이 대회의 성장을 생각하며 우리는 기뻐하였다. 우리는 단체 사진을 촬영하였는바, 여러분은 아마 오른쪽 끝에 있는 던 선교사를 찾을 수 있을 것이다. 또한, 같은 방향 두 번째 자리에 앉아있는 양 부인을 볼 수 있는데, 그녀는 몇 년 전 호주를 방문하였던 양한나의 시누이이다. 양한나는 최근 결혼하여 지금은 김 부인이다. 네 번째 앉아있는 사람은 연 부인으로 복음실수학교 교장의 아내이다. 양 부인이 회계이고 연 부인은 서기이다.

한 캐나다선교사가 복숙이가 얼마나 자신의 책을 잘 지키는지 나에게 말하였다. 그녀는 우리 미우라고아원 초기 출신인데 그녀가 책을 잘 정리하는 것은 아마 멘지스와 니븐의 훈련 때문일 것이다. 사진에 앉아있는 대부분 여성은 과거와 현재의 회장들이고, 뒤에 앉아있는 여성들은 현재 임원단이다.

뒷줄에 캐나다선교사와 미국선교사들 사이에 필자가 보인다. 앞줄 오른쪽에는 테잇과 함께 일을 하던 전도부인이 있는데, 그녀는 남쪽의 자신의 친구에 대한 소식을 모두 알고 싶어 하였다.

선교사들은 위원회에 포함되어 자문을 제공하지만, 이제는 한국인들의 대회로 그들이 운영하고 있다. 이들은 한국 밖의 자신의 선교사들을 지원하기도 한다. 식사시간에 섞여 앉아 이야기를 나누노라면 기쁘고 슬픈 일이 많았고, 다른 시간에는 오랜 친구와 더불어 새 친구들과도 교제를 나누었다.

모 연합회의 하나인 캐나다연합회는 이 연합회의 회장이 사용할 수 있도록 의사봉을 선물하였다. 의사봉이 회의가 종료되었음을 알리자, 이 의사봉 소리를 다시 들을 수 있다고 몇 명이나 생각하였겠는가. 한 전도부인이 지난주 나에게 말하였다.

"이 어려운 시기에 신앙이 넘어지지 않도록 기도해 주세요."

[더 크로니클, 1939년 2월 1일, 4]

이 학교는 부산에서 9마일 떨어진 동래에 있다. 지난 4년 동안 운영되고 있는바, 늦게 시작된 사역이다. 원래 통영의 고 왓슨 부인이 시작하였는데, 왓슨 부인이 마음과 자신의 집을 열어 소녀들에게 모든 생명의 주인인 그리스도를 가르친 것이다. 그곳의 신실한 몇 명의 여성 기독교인들도 그날을 축복하였다. 왓슨 부인은 자신의 손재주로 소녀들에게 수공예를 가르쳐 돈을 벌 수 있도록 하였다. 비록 다 성공하지는 못하였으나 여러 실험이 진행되었고, 미래에 나아가야 할 방향도 나타났다.

다른 선교사들이 그 뒤를 이었고, 학교가 세워졌다. 다른 곳에서는 교육을 받지 못하는 여성들이 입학하였다. 학생들은 오전에는 공부하였고, 오후에는 수공예 일을 하여 그것으로 수입을 얻어 자신들의 기숙사비와 다른 비용을 충당하였다.

커가 이 학교의 책임자로 임명을 받았으며, 외부의 활동도 발전시키었다. 닭장 사업이 시행되었고, 토끼와 염소 등을 들여와 동물농장을 시작하였다. 조금 다른 두 가지 제도가 필요하였는바, 이 학교는 4년 전에 생긴 것이다.

지금은 동래에서 40명의 모든 학생이 농장에서 함께 살고 있다. 소녀들은 여러 불행이 있는데, 어떤 이는 고아로, 어떤 이는 좋지 않은 길로 빠진 소녀들이다. 정신적으로도 조금씩 다른 정도를 가지고 있고, 육체적인 장애가 있는 학생들도 있다. 이들은 경상도 전역에서 왔으며, 심지어 더 먼 곳에서 온 아이도 있다.

학생들은 자신의 실제적인 일에 따라 몇 개의 '집'으로 나누었다. 각 집은 수공예 작업을 하고, 염소, 토끼, 닭 등을 돌보며, 자신들의 텃밭도 있다. 학생들은 동물에 관한 관심이 깊다. 하루는 세례를 위한 공부를 하고 돌아오는데, 한 집에서 염소 한 마리가 땅에 병들어 누워있는 모습을 보고 깜짝 놀랐다.

이런 경쟁적인 방법이 서로에게 도전이 되지만, 공동체의 협력하는 정신을 함양하는 방법이기도 하다. 야외에서의 노동은 공부와 바느질 작업과 상호 보완되며, 정신적으로나 육체적으로 좋은 균형을 이룬다.

몇 소녀는 기독교 가정으로 결혼을 잘하였고, 어떤 소녀는 사회에서 직업을 찾았다. 다른 학생들은 학교로 진학을 하거나 다른 기관으로 이전을 하였다. 몇 명은 자신의 가정으로 돌아갔다.

지난 3월, 8명의 학생이 2년의 과정을 모두 마쳤다. 지난해에 16명의 학생이 세례 공부 반에 받아들여졌고, 15명이 세례를 받아 교회의 정회원이 되었다. 상급반 소녀들은 주일학교에서 봉사하고, 지역교회의 유치부를 돕고 있다. 이 작은 봉사와 경험은 장차 이들이 자신들의 마을에서 할 일들을 준비하는 데 도움이 될 것이다.

학교에 대한 황 박사의 관심은 우리에게 자비를 베푸는 많은 손길 중의 하나인데, 하나님께 감사를 드린다. 그가 기독교인은 아니지만, 병에 대한 자문과 치료 그리고 약을 무료로 제공하고 있다. 아주 비싼 주사만 제외하고는 말이다. 몇 번의 경우에 학생들은 그 주사가 필요하였지만, 그는 염가로 주사를 놔 주었다.

올해 가장 심각하였던 경우는 학생 한 명이 폐렴에 걸린 일이다. 황 박사는 그 학생을 무료로 입원시키고 치료해 주었다. 그는 학생 모두를 진찰해 주었고, 대부분이 혈액 검사를 받도록 하였다. 봄에는 전체 학생에게 장티푸스 주사를 놔 주었다. 그는 스스로 자원하여 매주 학교에 와 보건과 위생에 대하여 학생들을 가르쳤다.

학교에 매우 큰 손실은 박필윤의 사망이었다. 그녀는 4년 동안 헌신적으로 이곳에서 일하였다. 박 교사는 미국에서 공부하였으며,

변화무쌍한 생을 살았다. 그녀의 깊고 조용한 신앙, 지혜와 상식의 달란트, 그리고 온전한 신실함은 그녀를 힘의 기둥이 되게 하였다. 그녀에 대한 기억은 여전히 생생하다. 그녀의 뒤를 이은 이삼남도 가치 있는 승계자임을 증명하고 있다.

이 학교의 모든 학생을 학교가 책임을 지고 있다는 사실을 잊지 않기를 바란다. 이들은 보통 자신이 입은 옷 외에는 아무것도 없이 학교에 온다. 여름옷, 겨울옷, 봄가을 옷 모두 학교가 제공하고 있다. 신발, 양말, 비누, 수건, 이불까지 말이다. 또한, 이들이 결혼하여 자신의 집으로 갈 때면, 작지만 결혼 예물까지 준비해 준다.

여러 사람이 다양한 형태로 우리를 지원하고 있다. 샌프란시스코 한국인 여선교사회에서 재정지원을 하였고, 서울의 감리교 신학교는 여름방학에 두 학생을 두 주일간 보내어 생활을 같이하게 하였다. 우리 학교는 정기 방학이 없다. 지역의 경찰서도 우리와 협력하고 있다. 술집에서 구출한 한 소녀를 우리에게 데려오기도 하였다. 그녀가 다른 두 명과 술집에 간 것은 공장에서의 봉급으로는 식량도 충분히 살 수 없었기 때문이다. 그런데 그녀가 확실한 어조로 기독교인이 되느니 차라리 죽겠다고 선언하는 것을 보며 우리는 당황스러웠다. 일 년 전의 일이다.

지금은 믿기 어려운 것이 이 산업반에서 그녀는 자신의 기도 순서를 기쁘게 맡고 있고, 자신의 동생 영적 상태를 염려하고 있다. 그녀는 3번이나 우리에게서 도망쳐 그 위험한 술집으로 갔었는데, 당시 우리가 많은 염려를 하였었던 그 소녀이다.

우리 학교는 여러 방면에서 경찰서의 부서들과 관계를 맺고 있다. 그들의 즉각적인 여러 도움을 이 편지에 기록할 수 있어 기쁘다. 통영에서 도망쳐 나온 한 불행한 소녀와 관계하여 경찰서에 신고까지 들어갔는데도, 그들은 우리 학교를 보호하며 연민을 가지고 그 소녀를 구해 주었다.

이 학교는 그 소녀들을 만나는 사람들에게 전도할 기회를 제공한다. 낮은 계층의 술집 어머니들이 우리 학교를 방문하여 몇 번 주말을 함께 보내기도 하였다. 그들은 교회에 가서 죄인들의 친구인 그분에 관한 이야기를 듣기도 하였다.

많은 일이 이루어졌고, 아직 진행되고 있다. 우리 소녀들이 주님을 알 수 있도록 기도해 주기를 바란다. 그리고 필요한 지혜와 인내와 사랑으로 매일의 문제점을 해결할 수 있도록 기도해 달라. 이 보고서의 많은 부분을 책임지고 있는 커는 휴가 중이고, 지금은 내가 그의 일을 진행하고 있다.

[더 크로니클, 1939년 7월 1일, 6-7]

50. 경애하는 홀즈워스 부인에게

훌륭한 성탄 선물을 저희에게 보내준 웨스트미어 지부 회원 모두에게 감사를 전합니다. 양복 조끼 같은 옷이 바로 이곳 나환자들이 좋아하는 옷입니다. 성탄절 이른 오후 예배 시, 젊거나 나이 든 환자들 42명이 요양원에 모였습니다. 그때 우리는 그들에게 선물을 나누어 주었고, 따뜻한 식사를 위한 쌀과 대구 생선도 나누어 주었습니다. 아기들에게는 담요를 주었는데, 어떤 것은 여러분이 보내준 것입니다.

최근 이들의 집에 화재가 있었습니다. 그래서 대부분이 지금 밖에서 잠을 이루고 있습니다. 지금까지 큰 한파는 없지만, 낮에는 햇빛이 나도 밤에는 적잖이 춥습니다. 여러분이 보내준 따뜻한 양말 등과 따뜻한 음식, 그리고 담요는 이들에게 큰 도움이 됩니다.

우리 요양원의 여성들에게는 비누와 세제 등을 주었습니다. 또한, 바셀린은 이곳에서 좋아하는 품목인데, 지금 밖에서 사기가 점점 어렵습니다. 이곳에서도 전에는 도매로 살 수 있었지만, 이제 그런 시절은 지났습니다.

미션 박스는 성탄절 며칠 전에 도착하였습니다. 그래서 우리는 시간에 맞추어 분류하고 준비할 수 있었습니다. 침대보는 쓰임이 많은데, 그것으로 옷을 만들기도 하였습니다. 그리고 쓰던 옥양목은 때로 새 옷감보다 좋아 모두 팔렸습니다. 집이 없는 소녀들에게는 표백하지 않은 옥양목을 선물로 주었습니다. 별로 좋은 선물같이 들리지 않겠지만, 이곳에서 그것을 사려면 훨씬 많은 돈이 듭니다. 그리고 그것들은 찾기 힘든 진품으로 이곳에서 환영을 받습니다.

우리의 환자들과 직원들은 여러분 모두에게 감사를 전합니다. 새해를 힘차게 시작하셨으리라 믿습니다. 주님의 평화가 함께 하시기를 빕니다.

통영, 조선.

1941년 1월 15일.

〔더 크로니클, 1941년 4월 1일, 13〕

51. 1941년의 통영선교부

올해는 통영의 여학교 일이 나의 주요 사역이 되었다. 스키너가 떠날 때 이곳에는 25명의 소녀와 3명의 교사가 있었다. 아침에는 정식 수업이 있었고, 오후에는 바느질하고, 텃밭을 가꾸고, 그리고 토끼를 돌보았다. 남성 교사는 가을에 지역의 정부 사무실로 취업이 되어 나갔다. 그는 여전히 우리 소녀들의 일에 관심을 가지고 방문하고 있지만, 자신의 새 일로 말미암아 통영을 자주 비우고 있다.

홍 부인은 지난 6년간 교사이면서 사감으로 있었는데, 지난 3월에 일본에 있는 아들들과 합류하였다. 그녀가 나간 후 얼마 안 되어 불가피한 조정이 뒤를 따랐다. 4월 말에 학생 중 반 정도가 집으로 보내어졌고, 우리는 남은 학생들과 수업을 계속하고 있다. 이들은 도움이 가장 필요한 소녀들이다.

지금은 전직 전도부인 한 명이 바느질 교사 겸 사감을 맡고 있다. 나의 '딸' 김복순의 남편인 문치운이 남교사이고, 레인과 나를 위한 서기 일도 보고 있다. 복순이가 유치원을 운영하고 있는데 정대금이 돕고 있다. 보조자 세 명의 소녀도 있고, 그중에 한 명은 우리 학교 과정을 막 졸업하였다. 그녀의 마을 교회에서는 일 년 후 그녀가 자신들의 교회 학교와 주중 학교 아이들을 가르치기를 희망하고 있다. 그녀는 몇 번 여름성경학교를 그곳에서 성공적으로 인도하였다.

작년에는 18개의 여름성경학교가 있었고, 전부 1,400명의 어린이가 참석하였다. 올해도 우리는 계획을 하고 있지만, 작년만큼 많이 할 여건은 안 된다. 우리의 소녀들과 전에 경험이 있는 소녀들과 몇 번의 준비 모임을 하고 있다.

전도부인들은 수년간의 신실한 봉사 후에 5월에 모두 일을 마치었다. 2명은 교회의 전도부인으로 부임하게 되었고, 한 명은 시내의 한 편한 집에 정착하였고, 그리고 나머지 우리는 환자들과 다른 이들을 지난 두 달 동안 방문하고 있다.

1월에는 정규적인 성경학원 예비반이 열리었다. 그러나 학교의 다른 일로 인하여 몇 명의 소녀만 참석하였다. 한 달에 한 주 정도 교회의 목사가 성경공부를 인도하고 있고, 나에게 몇 번 강의를 부탁하였다. 온기가 없는 교회당은 추웠지만, 학생들과 즐거운 교제로 인하여 따뜻하였다. 이것은 나에게 의미가 큰 것으로 이들과 어떤 신뢰가 있기 때문이다.

왓킨스가 떠난 후, 나는 근처의 교회만 방문하는 것으로 만족하였는데, 아침에 갔다가 저녁에 돌아올 수 있었다. 방문한 곳 중에 나환자촌도 몇 번 방문하였다. 그곳에는 43명 정도가 참석하고 있다. 1월에 말한 것을 다시 반복하기 원한다. 여러분이 보내준 사랑의 성탄 선물을 잘 받았다. 올해도 누가 이곳에 미션 박스를 보내준다면 우리 모두에게 기쁨이 되겠다. 지금부터 어느 때든지 가능하다. 9월부터 4월까지 나는 성경반이나 심방으로 교회들을 방문하였다.

5월에 부름이 왔고, 나는 짐을 싸고 떠날 준비가 되었다. 꼭 떠나야 한다는 내적인 확신은 없다. 송별회가 있었고, 10일에 나는 부산으로 가야 하였다. 그런데 9일에 (일본 당국으로부터) 떠날 수 없다는 통보를 받았다. 그래서 두 달을 더 이곳에서 나의 책임과 다른 일을 기꺼이 다 하였다.

리체가 떠난 후, 나는 매주 조금씩 마산에서 테잇과 시간을 함께 하였다. 우리는 김성호의 집에도 갔고, 그의 장례식에도 참석하였다. 그는 많은 주 집을 비웠고, 건강도 괜찮았는데, 갑자기 출혈이 왔다. 그의 삶은 아버지의 집에서 마쳤다.

그 후 테잇과 나는 부산 당국의 호출을 받았고, 어떤 이유로 우리가 출국할 수 없었는지에 대한 설명을 그들의 사무실에서 들었다. 부산진역의 서기가 이제는 해결되었다고 하면서 문건을 설명하였고, 우리는 서명을 하였다. 이제는 자유롭게 떠나거나 아니면 남아서 계속 일을 할 수 있다는 것이었다.

다음 날, 전형적인 장마철의 진흙 길을 따라 선창에서 올라왔다. 우리 둘은 서로 팔짱을 끼고 함께 찬송을 불렀다.

"여호와는 나의 목자시니 내게 부족함이 없으리로다."

이것이 아마 올해의 사역 요약이다. 그분은 매 순간 우리를 인도하고 보호하셨고, 앞으로도 그러실 것을 우리는 안다.

1941년 7월.

〔더 크로니클, 1941년 12월 1일, 5〕

52. 알렉산더를 추모하며

이 땅에서의 마가렛 알렉산더의 삶은 놀랍고 갑작스럽게 끝이 났다. 그녀는 4월 5일 수요일 브루클린의 이민자 호스텔 부근의 길 위에서 사고로 운명하였다. 그곳에서 그녀는 오후의 일을 막 마쳤을 때였다. 사건 자체가 고통스러운 것처럼, 그녀는 '그 자리에서' 사망한 것이다. 우리는 그녀의 죽음을 애도하며, 그녀의 가족에 위로를 전한다. 동시에 우리는 그녀의 신실한 삶과 하나님과 동료들에게 헌신 된 삶에 있는 그대로 감사를 드린다.

우리의 친구는 교회 환경 속에서 태어났다. 그녀의 인생은 80여

년 전에 모트레익에서 시작되었으며, 그곳은 자신의 부친 윌리엄 알렉산더가 목회하던 곳이다. 이 가족은 자신들의 의무를 사명으로 보았고, 신앙과 기쁨으로 모든 문제에 대처하였다. 아마 마가렛의 헌신된 삶보다 이 특성을 더 분명하게 드러낸 사람은 없을 것 같다.

아주 일찍부터 그녀는 자신의 아버지 교회에서 전력으로 일을 하였다. 디커네스와 유치원교사로 훈련을 받은 후, 그녀는 한국 선교사로 파송을 받았다. 그녀는 그곳에 1911년 도착하였다. 그 후 30년 동안 그 먼 땅에서 그녀는 다양한 일을 하였으며, 그리고 호주로 휴가를 올 때는 이곳의 많은 교회를 방문하였다.

높은 희망으로 시작한 그 긴 기간은 동방에서 전쟁이 일어나기 전, 슬프고 유쾌하지 못한 날들로 끝이 났다. 한국 기독교인들은 계속 증가하고 있었고, 외국선교사들이 일하는 곳은 기독교 신앙이 그 공동체에 매우 힘 있는 요소로 보였던 것이다.

성경반에서의 가르침과 유치원 운영에 대한 알렉산더의 공헌은 이루 다 쓸 수 없다. 대부분 우리에게 기억되는 그녀의 모습은 순회 전도자인바, 전도부인과 함께 아주 많은 마을을 다녔다. 그곳 개개인들의 필요에 그녀는 세심하게 응답하였다.

40년 전 한국을 여행하기는 쉽지 않았다. 기차와 버스는 있었지만, 대부분의 시골 마을은 걸어서 다녀야 하였다. 알렉산더는 지칠 줄 모르는 일꾼이었다. 오랜 시간 집을 떠나 다녔고, 얼마나 먼 거리를 걸었을지 아무도 모른다…. 아마 수백 마일 아니 수천 마일 될 것이다. 이러한 외국 여선교사의 방문은 많은 가정에 큰 도움과 격려가 되었다.

기독교 사역은 개인적인 만남과 개인적인 필요에 대한 목회를 통하여 많이 이루어진다. 두 가지 예를 들어보자. 한 소녀가 악명 높은 유흥 집에서 탈출하였다. 그리고 기독교 여성들에 의하여 여선교사의 집으로 데리고 왔다. 동시에 그 소녀의 주인은 그녀를 찾고 있었다. 그 소녀를 위장시켜 인근의 마을로 몰래 피신시키려는 계획이 세워졌다. 그리고 그곳에서 기차로 그녀를 데리고 서울의 피난처로 가려는 것이다. 아주 긴 이야기이지만, 위탁받은 알렉산더가 그 소녀와 동행하였다. 이것은 당국과도 문제가 생길 수 있었고, 위험할 수도 있는 여정이었다. 그러나 그녀는 그 일을 훌륭히 수행하였다.

한국에 한 귀한 가정이 있는데, 그 모친은 알렉산더에게 삶의 빚을 진 여성이다. 그녀가 어린 아기였을 때부터 알렉산더는 그녀의 생활과 학교를 책임지었고, 많은 세월 그녀를 자신의 딸로 삼았다. 이 때문에 그녀는 많은 돈을 지출하였을 것이다. 무조건의 사랑이 이제 보상이 된다는 것을 기억하는 것은 좋은 일이다.

한국을 떠나는 것은 매우 슬픈 일이다. 그러나 그것이 은퇴한다는 의미는 아니다. 와이얄라의 새 마을에 일꾼이 필요하였다. 알렉산더와 동료들은 그곳에 가 자신들의 신앙과 경험을 나누어주었다. 그리고 뉴 헤브리디스의 탕고아 훈련원에도 일꾼이 필요하였다. 그녀는 또다시 "내가 여기 있사오니" 하였다. 에나벨라에도 응급한 일이 생겼고, 여기에도 이 자원봉사자는 행동할 준비가 되어 있었다. 그녀를 자원봉사자라고 말하기에는 부족하지만 말이다. 멜버른에 있을 때 그녀는 정부 학교에서 종교를 가르쳤다.

생의 마지막 부분에서 알렉산더는 특별히 '세이브 더 칠드런 펀드'의 일꾼으로 이민자들을 돌보았다. 이것은 멜버른 전역을 다니는 일이었다. 어린이뿐만 아니라, 많은 가정의 문제에 응답하는 일이었다. 얼마나 그 일을 오래 할지는 불확실하였다. 그러나 마지막 순간까지 그녀가 그 일을 하였다는 것이 사실로 남아 있다.

알렉산더의 일은 일상적인 것이 아니었다. 새로 온 이민자 가정을 방문하고, 어떤 때는 그들을 만나려고 먼 길을 가야 하였다. 그녀는 한국에서 돌아온 선교사들과 연락하고 있었고, 가로파병원의 정기적인 방문자였다. 그 외에도 많은 다른 '목회적인 부름'에 그녀는 응답하고 있었다.

알렉산더는 자신이 하는 모든 일에 양심적이었다. 그녀는 자기 자신에 대하여 엄격하였지만, 다른 사람에게는 자신의 잣대를 들이대지 않았다. 그녀는 매우 검소한 여성이었고, 보통 평균적이고 일상적으로 필요한 것에까지 자신을 부정하였다.

그렇다고 그녀가 어려운 사람은 아니었다. 그것과는 거리가 멀다. 그녀의 오직 목적은 낭비를 피하자는 것이었고, 구하자는 것이었고, 그로 인하여 더 많이 줄 수 있었던 것이었다. 그녀가 자랑하지는 않지만, 우리는 그녀의 재능이 다방면으로 놀랍다는 것을 안다. 그녀는 매우 너그러운 여성이었다. 이것은 그녀가 많은 것을 나누어 주어서가 아니라, 자신이 가진 모든 것을 주었기 때문이다.

[더 크로니클, 1967년 5월, 10-11]